大学生职业认知与就业能力提升研究

高　凯　著

东北林业大学出版社

Northeast Forestry University Press

·哈尔滨·

大学生职业认知与就业能力提升研究 / 高凯著. --

哈尔滨：东北林业大学出版社, 2020.3

　ISBN 978-7-5674-2128-8

　Ⅰ.①大… Ⅱ.①高… Ⅲ.①大学生－就业－研究

Ⅳ.①G647.38

　中国版本图书馆CIP数据核字(2020)第0387

责任编辑：许　　然

封面设计：吕冠超

出版发行：东北林业大学出版社（哈尔滨市香坊区哈平六道街 6 号　邮编：150040）

印　　装：唐山唐文印刷有限公司

规　　格：185 mm×260 mm 16 开

印　　张：13

字　　数：300 千字

版　　次：2021年 9 月第 1 版

印　　次：2022年 9 月第 2 次印刷

定　　价：78.00 元

如发现印装质量问题，清与出版社联系凋换。

就业是一个国家重要的民生问题。党的十九大会议上，习近平总书记指出"要提高就业质量和人民收入水平，要促进高校毕业生等青年群体、农民工多渠道就业创业。"多年以来，大学生就业一直都是党中央、国务院关注的一个重要问题。2013 年 11 月，教育部发布了《关于做好 2014 年全国普通高等学校毕业生就业工作的通知》，就更好地贯彻党的十八届三中全会提出的"健全促进就业创业体制机制""促进以高校毕业生为重点的青年就业"工作提出了具体要求。

大学生就业是我国社会主义建设事业发展的重要一环。我们常说，大学生是我国四个现代化建设事业的接班人，就业是大学生接班的唯一选择。在就业岗位上，大学生将自己学到的知识转化成为实践，把自己的理想转化成为实现中民族伟大复兴的中国梦的实际行动。青年大学生有热血、有情怀，愿意为党和国家的建设事业付出青春和汗水，而这一切都要站在保障他们充分就业的基础上。就业岗位给他们提供一个平台，就像为他们提供一张上好的宣纸，让他们用青春的画笔展现自己的故事。

做好高校毕业生就业工作，事关大学生个人事业发展和价值实现，事关经济提质增效和转型升级，事关民生改善和社会和谐稳定。必须充分认识这项工作的重要性、艰巨性和紧迫性，始终摆在就业工作的首要位置，千方百计促进高校毕业生就业创业。

近年来，我国高校毕业生的就业促进工作有了很大的进步。通过高校的就业教育，大学生能够真切地了解到职业活动的实质，真正了解到自己在学习中有哪些不足，及时做好为社会发展努力的准备。本书站在大学生就业指导教育已经取得成就的基础上，对大学生职业认知和就业准备进行了更进一步地探索。总体上，本书的内容划分为七章，分别是大学生的职业认知、自我认知、基于职业生涯规划的职业认知、职业素养培育、就业能力教育、就业教育模式以及指向就业的大学生就业教育模式探索。

虽然本书撰写的过程中，尽到了很大的努力，但是由于水平有限，加之工作繁忙，时间仓促，书中难免有些疏漏和错误，希望读者予以斧正。

作 者

目 录
Contents

第一章　职业与职业认知

第一节　职业含义与职业分类

一、职业的概念

在社会生活中，人们无不与职业活动发生着紧密的联系，职业活动几乎贯穿于每个人的一生。人们在生命的早期阶段接受教育与培训，是为将来的职业活动做准备。从青年时期进入职业生涯，到老年最终离开职业岗位，长达几十年，即使退休以后，还仍然参与职业活动。因此，职业活动是每个人社会生活中的重要组成部分。每一个有劳动能力的人都要从事一定的生产劳动或工作，用以维持生活，承担社会义务，促进社会发展。人的社会生活和工作领域是非常广阔的，职业门类极其繁多，但每个社会成员却只能在某个领域做某种具体工作，以其有限的生命在有限的空间内占有一席位置，这就是他的职业。

职业（occupation），是人类社会发展到一定阶段的产物。职业是人的一种社会活动和生活方式，又是一种经济行为，也是人们从社会中获取多种利益的资源，对于每个人都极为重要。正确认识职业的概念与特性是正确设计个人职业生涯规划的基础条件。

人们从不同的角度出发，对职业的概念有不同的论述。

美国社会学家塞尔兹认为，职业是一个人为了不断地取得收入而连续从事的具有市场价值的特殊活动。这种活动决定着从事它的那个人的社会地位。

教育家、哲学家杜威把它概括为：职业不是别的，是可以从中得到利益的一种活动。

日本职业专家保谷六郎认为，职业是有劳动能力的人，为了生活所得而发挥个人能力，向社会贡献而连续从事的活动。

我国学者姚裕群认为，职业是一个中性的概念。从社会的角度而言，职业是指人们为了谋生和发展而从事的相对稳定的、有收入的、专门类型的社会劳动。就个人的角度而言，职业则是指职个人扮演的一系列工作角色。

二、职业的意义

法国启蒙思想家卢梭（1712—1778）认为："选择职业是人生大事，职业决定了一个人的未来。"

1. 职业是人的生活方式

无论是男是女，不论年长还是年少，不论是工人、干部还是农民、军人，不论在哪行哪业，不论家庭背景、教育程度、个人志向如何，在人的一生中，都要遇到职业问题。在一个人漫长的一生中，有着长达三四十年的职业生涯；在进入职业之前的十几年、二十几年，其生活经历（如上学的选择）与未来的职业预期有一定联系；年老退休以后的生活，也与以前的职业关系甚大。

因此，可以说职业是关系着每一个社会成员一生的重大问题，是人的一种重要生活方式。

2. 职业是人的社会角色

在人类社会产生以后，有了劳动的分工，也就产生了种种职业。社会越发展，职业种类也就越多。可以说，职业是一个有着广泛内容的博大精深的领域。

人，一般都在某种职业岗位上工作，这就使每个人都成了"职业"这个社会劳动大机器中的一个部件，受到社会方方面面的影响，又在社会的运转中扮演一个特定的职业角色：工人、厂长、工程师、总统、自由职业者、演员、导演、教师、军官……

3. 职业是关系各层面的大事

职业，是一种重要的社会现象，在人类社会的各个层面中都有其重要性。

（1）职业是关系个人前途的大事。从个人的角度看，职业是一个人的生存方式，是其生活的物质基础；同时也是个人从事社会活动的主要领域。在适宜的条件下，职业及其活动内容可能成为个人奋斗的目标与为之奉献的事业。

（2）职业是关系家庭状况的大事。从家庭的角度看，职业是需要做出重大选择的事情，甚至是家庭得以建立和维系的重要因素。

人们说，"男怕入错行，女怕嫁错郎"。前者即是职业问题；后者所嫁的"郎"，除了人品、个性等因素外，无疑也有丈夫的职业好坏问题。因为，"郎"的不同职业，可以带给家庭不同收入、不同名誉地位、不同社会关系、不同的资源，从而影响家庭的组合模式和总体利益，也带来夫妻关系的不同。在现代社会，女性从"锅台"旁得到解放走向社会，同样有着择业问题。因此，"女"也有怕入错"行"的问题。

家庭关系的另外一个内容，是代际关系。为人父母，都希望子女有前途、有成就，所谓前途和成就，也就是后代在职业方面的成功。解决好夫妻双方、父子两辈的职业选择、发展、晋升、调动等问题，在自己所热爱的岗位、热衷的领域工作，是任何一个家庭都关心的重大问题。

（3）职业是关系社会局面的大事。从全社会的角度看，职业世界构成社会存在的一项基础，构成社会运行的一种具体方式，也构成社会成员的阶层划分与社会地位归宿。职业，涉及人们从事社会生活的动力，涉及人的社会关系，涉及社会的矛盾和冲突，涉及社会财富和利益的分配，涉及人的价值观与整个社会风气，涉及一个社会的平等与效率选择。

4. 职业造就人的命运

人的命运是什么？命，是前世注定，还是今世奋斗？是他人、神灵、上天决定，还是靠自己的努力来开拓、来争取？人的际遇与命运是不是不可把握的？这的确是摆在每一个大学生面前的重要问题。

人们都有着对好际遇和好命运的渴望，但是人们的际遇和"命运"，往往是难于符合一己之见和自身的渴望的。即使人们为自身的前途已经做出了努力，但外部因素却不是自己能够改变的；在遇到种种不顺心的事情时，许多人就强调自己的"命运"不可知，以至求签拜神、皈依宗教，甚至相信邪教异说以此获得解脱。事实上，命运问题不是一个纯哲学的问题，不是一个抽象的社会心理问题，而是一个实实在在的如何看待人的社会存在——特别是如何看待自己的社会存在与相应的社会生活态度问题。

命运，实际上是人们自身条件、自我活动和努力与所处外部环境互动的产物。一个人为了自己生活得美好，进行方方面面的努力，于是才有了种种际遇；人在各种外界环境、条件下，通过种种努力、对策和应变措施，于是才有了种种结果；而种种际遇、种种结果的累积，才形成了一个人的命运。

大学生毕业后融入社会，有两项重要问题要解决，一是寻找工作岗位，二是组建家庭。"工作岗位问题"即职业社会化问题，"组建家庭"即婚姻社会化问题。所谓职业社会化，就是一个人走上社会，寻求到一定的职业岗位并在这个岗位上工作，适应职业、适应工作环境（物质环境与人际环境），在社会中寻找到自己的合适位置。从这个意义上说，人的职业生涯造就了人的命运。

职业实质上实现了劳动者与生产资料的结合，体现着人与人的社会关系。人们通过职业活动不仅满足了自身的需要，而且通过各自劳动成果的交换，满足了彼此的需要。因此，职业及职业活动对于个人和社会都有非常重要的意义。

第一，对个人而言，职业生活是人生的重要组成部分，职业问题解决得好坏，对个人一生能否顺利发展具有重要的意义。

职业活动为人们提供物质生活的基本条件，是人们赖以生存的手段，是个人收入的主要来源。生产劳动是人类社会发展中最重要的活动，而人们的职业和生产劳动是紧密相连的，这是因为人们总是通过一定形式的职业来进行劳动，以获取生存和发展所必需的生活资料，维持个人和家庭生活的基本需要。在现实生活中人们从事职业活动是为了取得一定的报酬，职业活动区别于其他活动的重要标志就是，职业是以获取经济收入、取得报酬为目的的。而人们在职业活动中取得个人经济利益的同时，也为社会创造了财富，实现了社会物质财富和精神财富的积累。因此，职业是经济性和社会性的统一。

职业能满足人们的精神需要，促进个性的健康发展。在马斯洛的人的需求层次里，人的需要有五个层次，即生理的需要、安全的需要、社交的需要、尊重的需要和自我实现的需要，后三种需要为精神需要。职业是个人获得名誉、地位、权利以及友谊、交往等精神需要的重要来源。同时，在人们按照一定的社会规范从事特定的职业时，出于某种职业都有不同于其他职业的活动内容和形式，必然对从业者的生理和心理产生重大影响。当这种工作能够使个人的才能得到发挥、个性得到不断发展与完善时，就成为促进个性健康发展的途径，而随着才能的逐步提高，人们自我实现的需要也得到满足。

第二，对社会而言，职业和职业活动构成了人类社会生活，是社会存在和发展的基础。其具体表现为：

①职业的存在及运动本身就构成人类社会的一项丰富内容。

②职业劳动生产出社会物质财富和精神财富，构成了社会发展的基础。

③职业分工及劳动构成社会经济制度及其运行的主要组成部分。

④职业的运动和转换可能成为社会发展的动力。

⑤职业是维持社会稳定，实现"安居乐业"的基本手段。

综上所述，职业参与社会分工，利用专门的知识和技能，为社会创造物质财富、精神财富，获取合理报酬作为物质生活来源，并满足精神需求。它是对人们的生活方式、社会角色、经济状况、文化水平、行为模式、思想情操的综合反映，也是一个人的权利、义务和职责，是一个人的社会地位的一般性表征。

三、职业的分类

（一）按照劳动性质与层次分类

按劳动的性质、层次进行分类，可将工作人员分为白领工作人员、蓝领工作人员和金领工作人员三类。

金领是指受过良好的教育，有丰富工作经验、经营策划能力、专业技能和一定的社会关系资源，是社会的精英。他们不一定拥有生产资料所有权，但拥有一个公司最重要的技术和经营权。

白领是指受过良好的教育，因出色的工作技能而被老板聘用，懂得把自己打扮得体，工作上能独当一面。面对无常的世事显得更加达观，处理问题的方式也更趋实用。

蓝领是指以实际动手能力为判定标准，具有丰富的经验、高超的操作技能，能够传授操作技巧的人才。

（二）按照心理个别差异分类

这种分类方法是根据美国著名的职业指导专家霍兰德创立的人格职业类型匹配理论，把人格类型划分为六种，即现实型、研究型、艺术型、社会型、事业型和常规型。

1. 现实型

这种人习惯于发现目标，创造目标和任务。遵守纪律，喜欢安定，感情较为贫乏，洞察力不够敏锐。他们喜欢操纵工具、机器，能适应客观自然和具有明确任务，重视物质的实际的收益。这类性格的人比较适合进行有明确要求和一定技能技巧，能按一定程序进行运作的丁作，如农业、机械、电子技术、采矿等行业。

2. 社会型

这类人助人为乐，惯于交际，容易合作，重视友谊，责任心强。适合于要求理解他人行为，缓和他人行为的环境。他们对那些为他人直接服务，为别人谋福利，与他人建立和发展各种关系的职业一往情深，如教育、咨询、医疗等行业。

3. 研究型

研究型的人好奇心强，强调分析和反省。他们乐于选择利用g那些智力、代码和观念革新、开拓性的生产环境。他们适合于需12要观察和科学分析的创造性活动与需要探索精神的工作项0，如科研、教育、创作、计算机编程等职业。

4. 艺术型

这种人具有丰富的想像力，有理想、好激动，善于创新。他们精于利用情感、直觉与想像来开创艺术形式或创造艺术作品，习惯从事非系统的、自由的，要求利用感情、直觉来欣赏、领会或创造艺术形式的职业，如美工、作曲、影视、文学创作等。

5. 事业型

这类人适合从事那些需要超强能量，高度热忱，冒险精神，具有关键作用和促进作用的目标或任务的工作，他们自信、交友广泛、精力旺盛，善于表达自己的意见。管理、生产供销、政治、外交等方面的职业比较适合他们。

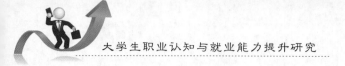

6. 常规型

这种人顺从，能自我控制，但缺乏想像力。倾向于稳定、有秩序的工作环境。适合于从事对众多信息进行加工和整理的工作。担负按一定要求、比较单调而又程式化的职业，能较好地完成工作任务，如办事员、仓库管理员、非技术操作工、会计等。

（三）我国的职业分类

1. 按我国人口普查的职业分类

国家有关部门为满足国民经济发展与社会人口普查及劳动人事规划指导等方面的需要，依据我国国情和社会主义社会的性质、特点，对职业分类工作进行了大量的调查研究，制定出有关职业分类的标准和政策。

1982年3月由国家统计局、国家标准总局、国务院人口普查办公室公布了供第三次全国人口普查使用的《职业分类标准》。《职业分类标准》是按照在业人口本人所从事的工作性质的同一性进行职业划分的，直接涉及劳动者本人应属于哪一种职业。

《中华人民共和国职业分类大典》编制工作于1995年初启动，历时4年，1999年初通过审定，1999年5月正式颁布。2010年逐步启动了各个行业的修订工作。

2015年7月29日，国家职业分类大典修订工作委员会召开全体会议审议、表决通过并颁布了新修订的2015版《中华人民共和国职业分类大典》。

2015新版《大典》职业分类结构为8个大类、75个中类、434个小类、1481个职业。与99版相比，维持8个大类、增加9个中类和21个小类，减少547个职业。经过系统专家努力，质检行业共24个职业列入大典，质检工作重要性进一步凸现。

2. 国民经济行业分类

行业分类，是指从事国民经济中同性质的生产或其他经济社会的经营单位或者个体的组织结构体系的详细划分，如林业，汽车业，银行业等。行业分类可以解释行业本身所处的发展阶段及其在国民经济中的地位。

1984年由国家计划委员会、国家经济委员会、国家统计局、国家标准局批准发布了《国民经济行业分类和代码》，分别于1994年和2002年进行修订，2011年第三次修订，2017年第四次修订。本标准采用经济活动的同质性原则划分国民经济行业。即每一个行业类别按照同一种经济活动的性质划分，而不是依据编制、会计制度或部门管理等划分。2017年版的国民经济行业分类将国民经济行业划分为门类、大类、中类和小类四级，共20个门类，97个小类。

3. 职业工种分类

1992年由原劳动部组织国务院46个行业主管部门编写发布的《职业工种分类目

录》，将职业工种按行业分成 46 个大类，并按"行业——专业——工种"的顺序依次编排工种。工种是劳动管理的需要，按照生产劳动的性质和工艺技术的特点而划分的工作种类，工种划分是以工人所从事的工作性质的同一性进行的。在 46 个大类中，共包括了 4700 多个工种，几乎覆盖了全国所有工人从事的工作种类。

职业作为人类社会发展到一定历史阶段的产物，往往随着社会的不断进步，而出现不断加速变迁的趋势。社会主义建设新时代是信息的时代，是知识经济时代，据专家预测，今后每 10 年将发生一次全面的"职业大革命"，其中重大变化每两年就会有一次。

许多经济学家认为，未来几年内，除高新技术职业将日益受到青睐外，其他职业也正处于一个交替变动的时期，实现由第一、第二产业向第三产业转移的职业变迁。

第二节 职业特征与职业认知

一、职业的特点

职业是个人在社会中所从事的作为主要生活来源的工作。职业具有如下特点：

1. 职业与社会分工的关系极为密切

马克思指出："每一种职业都是社会分工中的一定部门。"[①] 职业随着社会分工的产生而出现，随着社会分工的发展而变迁。

2. 职业具有明显的经济性和一定的连续性

所谓职业的经济性是说人们从事职业活动而会获得经济收入即报酬。这里所说职业活动的连续性是指一个人只有在较长时间内进行某种活动，并通过这项活动较稳定地获得一定的经济收入或报酬。

3. 职业具有知识性和技术性

在社会生活中不难发现，有人要从事某些职业，必须经过较长时间专门的知识学习或技术培训。从事这些职业活动的职业者，需要具备特殊的知识和技术。某些职业活动所需要的知识和技术比较容易掌握，而有一些职业活动的知识和技术不易掌握。有的职业活动的知识和技术必须在特定的学校、培训机构里获得，有的却可以在家庭，在就业实践中获得等。

---

① 《马克思恩格斯全集》第 6 卷，第 415 页

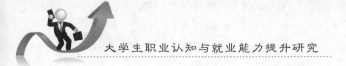

4. 职业具有规范性

从事职业活动必须遵从一定的规范，即职业规范，它是社会

规范的重要组成部分。社会规范是一个社会或社会群体的成员们所共有的行为规则和标准，包括法律条文、组织规章、道德规范、社会风俗、习惯及各种禁忌等。职业规范主要包括人们在就业活动中应遵守的各种操作规则及办事章程，职业道德规范和职业活动中养成的种种习惯。这些职业规范或以法律、法规，或以组织章程和有关条约、守则的方式体现出来，或只是一些约定俗成非正式的规范。无论职业规范是以什么方式体现，也不管就业者主要遵从哪一类职业规范，任何职业活动都不是无行为准则可循的，职业活动总要受一定职业规范的约束。

5. 职业具有差异性和层次性

职业的领域非常宽广，数量巨大，种类繁多。我国古代就有"三百六十行"之说，现代职业更是成千上万，并且不断分化出新的职业，每一种职业都需要特定的知识和技能，只有符合了这些特定的要求才能胜任所从事的职业。即使同一种职业，也有层次之分。例如，高校老师有助教、讲师、副教授、教授之分。

6. 职业具有历史性

每一种职业的涵义不是一成不变的。随着社会生产力和劳动分工不断发展，在特定的社会历史发展阶段，职业的性质和内容是有一定差别的。不同时期会出现不同的职业，相同名称的职业在不同的时期会有不同的内容，某些职业甚至发生了根本性的变化。例如：以前做记录的叫书记员，使用的工具是纸与笔，现在做记录的叫速录员，使用的工具是电脑。

二、职业的作用

没有社会分工就不可能出现职业和职业活动，没有职业也不能实践人与生产资料的有机结合。对每一个劳动者来说，职业的作用主要体现在三个方面。

1. 职业乃谋生之必需

职业生活是构成人生的重要组成部分，人们的职业生活首先表现在必须通过参加社会劳动来获取生存必需的生活资料，人类社会的生存与发展都是基于劳动创造实现的，没有社会每个人的劳动创造，也就没有人类社会今日的进步与发展。在现实社会中，劳动的目的是为了取得一定的报酬来作为生活资料的来源，人们通过参加一定职业岗位的劳动，来换取劳动报酬，满足谋生的需要，并积累个人的财富。在我国社会主义制度下，实行按劳分配为主体的多种分配形式相结合的原则，每个劳动者参加职业劳动的数量与质量，将成为决定其财富大小的基本因素。

2. 职业促进入的个性发展

职业活动对人的个性发展起着十分重要的影响作用。职业活动是按照一定的社会要求和内在规律运行的，每种职业都有其独特的活动方式，对从业者在生理和心理等方面都有特定的要求。人们通过参加职业活动逐步形成并不断发展与完善自我的个性，随着从业时间的增加，个人的智力、体力、知识与技能水平都有充分的发展与提高，从中满足自我实现的需要。

3. 职业是劳动者为社会做贡献的途径

职业的本质是劳动力与生产资料的结合，它体现着人与人之间的社会关系。人们的职业劳动在为个人获得谋生的生活资料的同时，也为社会创造了财富。现代社会的劳动者有着十分明确的分工，一个人一般只能从事某种具体的劳动，不可能同时从事直接生产其所需的全部生活资料的各种劳动，只有通过各自劳动成果的交换，才能满足彼此的需要。在这种平等的相互交换劳动成果的过程中，既体现出为他人服务的程度，又衡量出对社会和国家所做贡献的大小。

三、职业认知

（一）国际社会环境和分析

当今时代，经济全球化进程日益加快，科学技术发展迅猛异常，知识经济浪潮汹涌，为适应新的竞争形势，员工将随时面临这样的选择：炒老板鱿鱼和被老板炒鱿鱼。一切都在快速变化着。"不是我不明白，只是这世界变化快"，这是人们常常挂在嘴边的一句俏皮话。

全球性的经济危机和居高不下的失业率给当代的大学毕业生带来了巨大的压力，同时也带来了机遇和挑战，任何一名毕业生在做个人职业规划时都不得不考虑这个严峻的现实问题，必须要把握好个人当今的国际社会形式。

（二）我国就业形势

我国是世界上人口最多的国家，拥有世界上最多的劳动人口数量。我国就业人口实际包括两部分，一部分是城镇就业人口，另一部分是乡村就业人口。而从社会人才需求趋势看，我国目前已经进入劳动年龄人口增长高峰期，2019 年我国全国城镇新增劳动力约 1500 万人，另外还有部分下岗失业人员，每年需要安排就业人员达 2200 多万，而社会新增就业岗位约 1300 万。按照我们国家现在经济增长的速度和能够提供的新增就业岗位以及每年大学生的毕业人数来看，大学毕业生和其他就业者之间的竞争

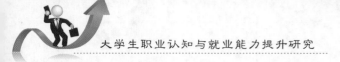
会十分激烈。

从毕业生供需情况看，经济发达地区和一些中心城市就业需求量普遍增大，供需比例明显提高，如北京、上海、天津、广州、江苏、浙江、陕西、四川、重庆、深圳、沈阳、大连、青岛等地区需求较旺，供需总量基本平衡。而其他地区需求虽有回升，但不明显，边远和经济欠发达地区需求依然明显不足，全国仍然存在着学科专业、学历层次、地区、院校、用人单位之间的需求失衡现象。这主要表现在：

学科专业之间：随着高新技术产业的迅猛发展和国家对基础设施投资的加大，计算机、通讯、电子、土建、机械、自动化、医药、师范等类专业的毕业生需求旺盛，而专业面较窄的社会需求较少。

学历层次之间：研究生供不应求，本科生供需基本持平，而专科生仍然是供大于求，其全国需求不到40%。一方面高层次人才的竞争在加剧，另一方面低层次、低学历的毕业生就业压力愈来愈大，二者形成较大反差。

院校之间：重点大学、名牌院校、热门专业的社会需求增加，而一般院校、一般专业的需求相对不足，社会需求愈来愈向名牌大学、热门专业集中，某些名牌学校本科生一次就业率约90%左右，专科生也在70%以上，而其他有的学校毕业生一次就业率最低的还不到15%，二者之间差距很大。

用人单位之间：作为毕业生就业的主渠道，国有大中型企业的需求虽略有回升，但没有明显增加，其吸纳能力仍然较弱，而外资企业、私人企业、民营企业及高校技术产业企业的需求量却大大增加，在一些地区，非公有制单位的用人需求已超过公有制单位的需求。

（三）我国大学生面临的问题

1. 人才结构失衡，供求矛盾加大

近年来的人才市场需求供给情况反应，各技术登记的劳动力呈现供不应求的局面，以机械加工为主的技术、技能型人才短缺．致使出现了部分工科类大学生在校期间又到劳动部门开设的技工培训学校学习拿技能等级证书的现象。其中，农业类人才需求错位是结构性矛盾最突出的问题。据统计，我国目前平均每百名农业劳动者中只有科技人才0.023名，每百亩耕地平均拥有科技人员0.0491名，与发达国家无法相比。在人才分布上，东部和西部、沿海和内部、发达地区和欠发达地区，结构性矛盾仍然突出。

2. 大学生就业形势严峻是前进和发展中的问题

目前，我国处在转型的特殊时期，在城乡二元制结构体制下，一方面，大量农村富余劳动力涌入城市，城市需要为他们开启新的就业市场和空间，另一方面．传统产

业开始衰落，大量产业工人下岗。农业虽然还在大量吸纳劳动力，但是就业市场已经饱和，服务缓慢增长的劳动就业市场难以容纳同时来自农业和工业外溢的劳动力，这种矛盾使得我国的就业局面非常不乐观。

3. 大学生就业形势严峻是我国经济体制改革中的阶段性问题

我国的高等教育还处在改革完善阶段，大学生就业市场机制不完善，造成就业局面不容乐观。第一，国家不再对毕业生统一分配工作，每年有数百万的大学生走向就业市场化之路，但是人们的思想认识还未做好充分准备，导致就业在供求方面出现矛盾。第二，大学生就业的市场化与教育改革滞后之间存在矛盾。人才培养没有从用人单位的实际需要出发，以致毕业生就业时供需失衡，专业结构失衡。第三，大学生就业的市场化与大学生落后的就业观之间存在矛盾，很多大学生的就业观念还没有转变，他们并非立足于选择最能发挥作用、实现自我价值的岗位，而是盲目追求高工资、大单位、大城市，甚至很多人缺乏自主择业、自谋职业、积极创业的观念。

四、职业演变的特点

随着生产力的发展和社会分工的变化，职业从产生以来一直处在不断更新的过程中，有的兴起、有的消亡，但从总体上看，职业演变呈现以下特点：

（一）职业种类不断增加

职业在产生初期，种类少，发展缓慢。但随着社会及科技的发展，出现了许多新的职业，比如家居装修、科技咨询、汽车美容等。

（二）职业种类更新加快

社会的进步和科技的快速发展，使得新职业不断产生，有些职业不断衰退，加快了职业的新陈代谢。例如，20世纪中期，晶体管收音机和半导体收音机进入百姓家，从事晶体管、半导体生产的人员非常多。而在20世纪后期，计算机网络技术飞速发展并得以广泛应用，从事电子计算机行业的队伍则随之空前壮大。

（三）职业分工由简单到精细

一种职业被细分成多种职业，例如农业，最早是种植业，后来随着生产力的发展，有了粮食作物种植和经济作物种植的区分。经济作物种植又分为棉花种植、果树种植、茶桑树种植等，于是产生了棉农、果农和茶农等。再如计算机出现后，有了硬件操作员、软件操作员、计算机销售员、计算机维修员、网络维护员等不同职业。

（四）职业的内容不断弃旧更新

同样的职业在不同的时代工作内容会有很大变化。旧的业务知识、技术方法过时了，逐步被新的业务知识、技术方法取代。例如：过去用铅版印刷时，印刷工人需要有铸字工、拣字工、排版工、打纸型工、印刷工等一系列工种，现在绝大多数印刷厂用电子计算机代替了铅版．胶印代替了铅印，使印刷工人的工作内容有了根本性的改变。

（五）职业的发展趋势

职业自产生以来，就随着社会生产力的进步和社会分工的变化而处于不断发展之中，主要表现在职业分工由简单到精细，职业内容不断更新，职业结构不断调整，新兴职业不断产生，对从业人员的素质要求不断提高等方面。

1. 新的职业种类不断出现，分工越来越细

职业产生的初期，种类少，发展缓慢。随着社会生产力的发展和科学技术的进步，社会分工越来越细，新职业不断涌现，职业种类增加的速度也越来越快。我国封建社会初期，社会职业与行业是同义词，只被分为王公（发号施令的统治者）、士大夫（负责执行的官员）、百工（各种手工业工匠）、商旅（商人）、农民（种田人）、妇功（纺织、编织的妇女）。所谓"百工"，就是技术匠人的总称，有木工 7 钟、金工 5 钟、皮工 5 种、染色工 5 种，加上其他一些工种也不过三四十种，十分简单。到了隋朝，行业有 100 多个，比周朝时增加了一倍多。宋朝时，行业达到了 200 多个，比隋朝时增加了 1 倍多。到了明朝，行业增至 300 多个，人称"三百六十行"。职业（行业）就是循着这一社会轨迹发展的。

国外职业发展的情况也是如此。美国于 1850 年专门进行了职业普查，设计商业、手工业、织造业、机械和矿业、农业、林牧业、军界、河海航行、法律、医学、教育及其他行业等 15 大行业，共列出 232 种。10 年后，即 1860 年，美国职业增至 584 种。到了 1965 年，美国职业统计已达到 21 个行业，1980 年则发展到 25000 种。

据有关资料介绍，在 20 世纪 70 年代，全世界职业的种类已超过 42000 种，目前则更多。进入社会主义新时代，在人身安全保障、健康保健、环境保护、海洋开发、太空资源利用等领域，将形成许多新的行业。

2. 职业的专业性增强，社会职业种类呈现综合化、多元化趋势

随着科学技术的发展，一些职业的专业性越来越强，从业者必须具有较强的专业能力，否则就不能适应职业发展的要求。同时，现代社会职业开始向综合化、多元化方向发展，打破了以往每种职业都有相对固定范围的界限，职业与职业之间也相互交

叉延伸。

3. 社会职业结构变迁速度加快，第三产业的相关职业调整加快

纵观人类社会的历史，不难发现，从农业革命到工业革命的发展经历了近千年，而自工业革命到产业革命只用了 200 多年。就在这 200 多年里，新的行业不断涌现，而且各行业主次地位也不断变更，工业革命时期，主要行业是纺织业，直到进入了 20 世纪，钢铁、汽车和建筑业才超过了纺织业，然而，电子行业从产生、发展到成为一个重要行业只用了几十年的时间。

就三大产业而言，在第二次世界大战前，其相互关系、各自比重较为稳定。随着科学技术水平的提高，第三产业的相关职业数量迅速增加，就业人员显著增多。现代社会发展凸显了第三产业在国家经济发展中的巨大作用，使第三产业受到了前所未有的重视。

我国第三产业发展 2018 年占到国民经济总值的 56.5%。全年全国服务业生产指数比上年增长 7.7%，保持较快增长。其中，信息传输、软件和信息技术服务业，租赁和商务服务业分别增长 37.0%、10.1%。12 月份，全国服务业生产指数同比增长 7.3%，比上月提高 0.1 个百分点。1—11 月份，规模以上服务业企业营业收入同比增长 11.5%，其中，战略性新兴服务业、科技服务业和高技术服务业企业营业收入同比分别增长 14.9%、15.0% 和 13.4%；规模以上服务业企业营业利润增长 5.7%。

4. 现代职业对人的素质要求越来越高

随着现代科学技术的发展，职业活动的内容发生了巨大变化。新型职业的不断产生，对从业人员的素质提出了更高要求。例如新技术的发明与应用、生产工具的革新、生产组织的改革和管理水平的提高，要求人们必须有更高的科学技术知识和操作技能，同时也要求人们打破传统观念、解放思想、开阔视野、树立时间观念、效率观念、竞争观念、团队协作意识和拼搏进取意识。由于职业的不断发展变化，从业人员转换职业越来越频繁，每次职业转换都是对从业者新的挑战，对从业人员也提出了新的要求，必须要更新观念，不断调整自己与外界的关系，不断提高自己的职业素质，以适应新职业的要求。

5. 职业发展过程中的职业变换更加频繁

随着社会主义市场经济的发展，单位用人原则发生了变化，人们的就业观念也发生了深刻的变化，一次就业定终身的观念已经让位于不断变换的职业选择，这也体现了社会的进步和开放程度。

第三节 职业生涯与规划

鉴于当代社会环境发展的特点，大学生们需要在大一就着手进行职业生涯规划，客观地认识自己，学会准确定位，合理规划未来。避免自己在认识职业生涯的过程中出现认识不清、不了解自己的兴趣和特长，在今后的人生道路上走不少弯路。

一、职业生涯的含义

社会学家麦克·法兰德指出："职业生涯是指一个人依据理想的长期目标，所形成的一系列工作选择，以及相关的教育和训练活动，是有计划的发展历程。职业生涯也是一个人一生职业、社会与人际关系的总称，即个人终生发展的历程。"

职业生涯分外职业生涯和内职业生涯。

外职业生涯是指从事一种职业时的工作时间、工作地点、工作单位、工作内容、工作职务与职称、工资待遇等因素的组合及其变化过程。外职业生涯是相对组织而言的，是指劳动者由接受教育开始，经工作直至退休的职业经历，是职业生涯的有形层面，包括职业的各个阶段以及其中所显示的地位阶梯。比如说，你当过教师、开过的士、开过店，这一段历程就外职业生涯。

内职业生涯是指从事一种职业时的知识、观念、能力、心理素质、内心感受等因素的组合及其变化过程，是职业的内心体验经历。内职业生涯是外职业生涯的主观层面或无形层面，是个人对职业追求的一种主观愿望，是由个人的能力、兴趣、气质、价值观以及对家庭义务、休闲需求等多种因素决定的。比如说，你当教师，你认为当老师能学到知识，掌握技能，有较高的收入和地位，有闲暇时间，能尽到家庭义务，符合你的性格、兴趣、价值观，你比较满意这份职业。这时如果你的外在职业是教师，则我们说你的内在职业生涯和外在职业生涯是统一的，是乐业的，这是一种最佳状态。否则，是不统一的，不乐业的，对你未来的发展是不利的。进行职业生涯规划教育就是使大家能做到内在职业生涯和外在职业生涯统一，做到实现乐业。

二、职业生涯发展阶段

职业生涯贯穿我们的一生。每个人在实现职业生涯宏伟目标过程中，都会经历不同的发展阶段，有着不同的职业需求和人生追求，但紧要之处往往只有几步。不同的阶段任务，组成了一个人向职业生涯顶峰攀登的崎岖之路，同时也将决定自己未来的职业生涯去向。职业周期的阶段和任务与生物社会周期的阶段和任务紧密相关，因为两者都与年龄和文化准则连接在一起。一般来说，一个人在 20 岁左右时希望尽快进入角色，30 岁左右追求发展空间，40 岁左右追求突破，50 岁左右则可能力求平稳。正确地认识职业生涯发展规律以及自己所处的发展阶段，对制定有效的职业生涯规划是非常重要的。

依据国外的研究成果．结合中国的实际，人的职业生涯大体可以分为以下 6 个阶段：

1. 职业准备阶段（一般从 14—15 岁开始，延续到 18—22 岁）

这是一个人就业前学习专业、职业知识和技能的时期，也是素质形成的主要时期。但对于这个职业生涯的起点，在大学以前的各阶段，我们许多人是盲目的，甚至是由别人（通常是家长或老师）代替决定的。所以在进入大学后，这个阶段要特别重视。

2. 职业探索阶段（一般集中在 23—25 岁）

如何起步，直接关系到今后的成败。一个人为了找到最适合自己的职业，可能要经历几次选择和磨合。自身的职业能力、人格特点等素质与工作岗位要求差距较大者，难以达到与职业要求相适应，则需要重新选择职业；而个人素质超过岗位要求、个人兴趣与现职业类别很不相符者，也可能重新对职业进行选择。通过进入就业市场，对自我能力及角色、职业进行反复探索，生涯初步确定并试验其成为长期职业生活的可能性，使职业偏好逐渐具体化并实现职业偏好。

3. 确立阶段（一般在 26—30 岁）

经过上一阶段的尝试，不合适者会谋求变迁或做其他探索，该阶段要确立在整个事业生涯中属于自己的位置，掌握一定的技能，开始考虑如何保住这个"位置"，并固定下来，也就是中国人所说的三十而立。

4. 职业锚阶段（一般在 31—45 岁）

职业锚是指当一个人不得不做出选择的时候，无论如何都不会放弃的职业中的那种至关重要的东西或价值观。这个阶段也就是中国人所说的四十不惑。当人们有了丰富的工作阅历后，真正从事某种职业的原因在于一个人进入成年期的潜在需要的动机，这个阶段应该找到自己准备终身从事的职业。当职业锚明确时，就会"下锚"生根，努力创造新发展。找到职业锚，你就会愿意为自己所做的事情承担风险，付出时间和精力，有时可能失去名誉、地位、金钱，甚至有的时候会损害健康、威胁生命安全，你仍义无反顾、绝不放弃。从确定职业锚那天起，你的职业就转变为你的事业。

这一阶段可能存在诸如发展稳定、遭遇发展瓶颈、面临中年危机、取得阶段成功等不同情况。对于大部分人来说，这一阶段应该致力于某一领域的深入发展，求得升迁和专精。它不仅是劳动效果最好的时期，也是人们担负繁重家庭责任的时期。一个人除非有特别的才干和抱负，40岁应该是职业锚扎根的时候，不宜再更换职业。既使真的处于职业生涯的瓶颈口和转折点，需要重新调整职业和修订自己的目标，也应在45岁以前完成。

5. 维持阶段（一般在46—65岁）

这一时期，个体仍希望继续维持属于他的工作"位置"，同时会面对新的人员的挑战。由于生理条件的变化，能力缓慢减退，心理需求逐步降低而求稳妥维持现状。也有一些人，智力并没有减退，而知识、经验还呈现越来越高的现象（有学者称之为"晶态智力"）。这种晶态智力的发挥，能够使他们的素质进一步提高，出现第二次创造高峰，直至巅峰。这些人往往是所从事职业领域里的专家权威或专业方面的学术带头人。

6. 衰退阶段（一般指65岁以上）

这一时期由于生理及心理机能日渐衰退，个体不得不面对现实从积极参与到隐退。

三、影响职业生涯的因素

每个人的职业生涯都会受到教育、家庭、性格、兴趣、能力、气质、专业、价值观、社会环境、机遇等主观和客观因素的影响。

教育是赋予个人才能，塑造个人人格，促进个人发展的社会活动。它奠定了一个人的基本素质。一个人通过接受教育或培训，形成了自己特有的知识结构、能力和才干，对人的生涯有着巨大的影响。

首先，获得不同的教育程度的人在职业选择与被选择时，具有不同的能量。这关系到一个人职业生涯开端与适应期是否良好，还关系到以后的发展、晋升是否顺利。从一般规律看，有较高教育水平的人，在就业以后会有较大的发展，即使工作不尽如人意，其流动能力与动机也较强。

其次，人们所学专业及职业种类，对其职业生涯有着决定性影响。一专多能者、专业水平和应用技术俱佳者，往往得到更多的机会，在职业生涯发展中居于主动。

此外，人们所接受的不同等级的教育，所学的不同学科门类，所在的不同院校及其不同的教育思想，会使受教育者形成不同的思维模式，从而采用不同的态度来对待自己，对待社会，对待职业生涯的发展。

家庭是人的第一所学校。一个人的家庭也是造就其素质以至影响生涯的主要因素之一。人从幼年起，就会受到家庭深刻和潜移默化的影响，导致形成一定的价值观和行为模式。有的人还从家庭中自觉或不自觉地习得某些职业知识或技能。此外，一个人的家庭其他成员，在其择业或就业后的流动中，往往给予一定的干预或影响，也会对人的职业生涯产生很大的影响。

性格对一个人的职业生涯有极大的影响。职业生涯设计大师霍兰德将人的性格分成 6 种类型。一般人具备的性格可能是其中一种或两种以上的混合类型。从事与自己性格相适合的工作，才能让人充分施展自己的才华，全身心地投入工作，取得好的绩效。如果性格与工作不合，再好的能力也难以发挥。

个人的需求与动机和一个人的追求、价值观、行为方式等都会直接影响到职业生涯的进展，同样的工作对不同的人有着不同的价值，而同一个人对不同的职业会有不同的态度与抉择。美国教育测试服务中心的学者归纳出有物质报酬、名望、权利、安定性、自主性、专精、亲和、多样性、创意、休闲、追寻意义等 11 种职业价值观。在就业时，人们会根据对不同的职业的评价和价值取向来选择自己的职业。人们在不同的年龄阶段、不同的阅历、特别是不同的职业经历状况下，都会针对自己的主观和客观条件，在对职业的选择和调整方面有不同的动机和需求。

当然社会环境及组织也是影响职业生涯的重要因素。首先，社会的政治经济形势、社会文化与习俗、职业的社会评价及其时尚等，这些大环境因素决定着社会职业岗位的数量与结构，决定着其出现的随机性与波动性，也决定了人们对不同职业的认定和步入职业生涯、调整职业生涯的决策。其次，除非你自己创办公司，一个人的职业空间来自于组织，因此组织中的人力资源观念、管理措施及管理者的水平，也是影响个人职业生涯的重要因素。

在个人职业生涯发展过程中，不可避免地也会受到某些被称为机遇的偶然性因素的影响。有的时候，这些因素的作用是巨大而难以抵制的。然而，"有志者事竟成"。机会约等于个人的努力，有所准备的人总是要比那些缺乏准备的人更易于掌握主动权，更容易获得机遇的青睐。

四、大学生职业生涯规划概述

（一）职业生涯规划的概念

什么是职业生涯规划？国内外很多学者对此概念进行了深入探讨，本书比较赞同国内学者周德明的看法，他认为"职业生涯规划又叫职业生涯设计，它是指个人与组织相结合，在对个人职业生涯的主客观条件进行测定、分析、总结的基础上，对自己的兴趣、爱好、能力、特点进行综合分析与权衡，结合社会的需求，根据自己的职业倾向，确定最佳的职业奋斗目标，并为实现这一目标做出行之有效的安排。"

按照规划的时间维度，职业生涯规划可以划分为短期规划、中期规划、长期规划和人生规划 4 种类型。

（1）短期规划．即 2 年以内的规划，主要是确定近期目标，规划近期应完成的任务。

（2）中期规划，一般涉及 2—5 车内的职业目标和任务，是最常用的一种职业生涯规划。

（3）长期规划，一般指 5—10 年的规划，主要是设定较长远的目标，以及为实现此目标应采取的具体措施。

（4）人生规划，是指整个职业生涯的规划，时间长达 40 年左右，设定整个人生的发展目标和阶梯。

从字面上看，个人职业生涯规划从短期到中期，再到长期，直至整个人生规划，如同台阶需要一步步地发展。但在实际操作中，跨度时间太长的规划由于环境和个人自身的变化难以把握，所以，针对大学生一般人们把个人职业规划的重点放在 2—5 年内的中期规划，这样既便于根据实际情况设定可行目标，又便于随时根据现实的反馈进行修正或调整。

（二）职业生涯规划的要素

著名职业生涯规划专家罗双平曾用公式总结出了职业生涯规划的三大要素，即：

职业生涯规划＝知己＋知彼＋抉择

其中，"知己"是对自身条件的充分认识和全面了解；

"知彼"是对欲从事职业的环境、相关的组织等信息的有效掌握；

"抉择"是在知己知彼基础上，再来确定符合现实、能充分发挥自己专长和强项、自己有浓厚兴趣并且与环境相适应的职业目标。

因此，"择己所长"（选择自己擅长的领域，才能发挥自我优势）、"择己所爱"（只有对自己选择的职业有极大的热爱，才会全身心地投入，做出一番成绩）、"择世所需"（职业只有为社会所需，才会有发展的保障）和"受益最大"（适合自己，并有发展前景的职业）就是正确抉择的黄金准则。

（三）职业生涯规划的作用

1. 职业生涯规划能够帮助个人确定职业发展的目标和方向

职业生涯规划可以帮助个人对自我进行全面的分析，从而认识自己，了解自己的特点和兴趣，评估自己的能力、优势和不足。在设计和规划的过程中，通过对客观环境的分析，可以明确自我职业发展的方向，正确选择职业目标，并运用适当的方法，采取有效的措施，克服职业生涯发展中的困难和障碍，使自己的才能得到充分发挥，从而获得事业上的成功，实现人生的理想。

2. 职业生涯规划能够促进个人努力工作

任何工作和事业都必须经过艰苦的个人努力方能成功获得。因此，一旦制定了自己的职业生涯规划之后，一方面让自己明确了努力的目标，另一方面也有了不断地督促自己努力工作的鞭策力。职业生涯规划就好似给自己树立了一个明确的镖靶，惟有目标明确我们才能奋勇直进。随着这些规划内容逐步实现，又增强自己对目标的成就感，进一步促进自己向新的目标前进。制定和实现职业生涯规划就好似一场比赛，随着时间的推移，一步一步地实现所制定的规划，自己的思想方式和工作方式又会不断地完善和发展。

3. 职业生涯规划有助于个人抓住工作的重点

制定职业生涯规划的一个最重要的作用就是有助于合理地安排日常工作，评价工作的轻重缓急。没有职业生涯规划，就很容易被日常事务所缠绕，甚至被日常琐碎的事务掩埋，无法实现人生目标。通过职业生涯规划，能够使我们紧紧抓住工作的重点，增强成功的可能性。有人曾经说过："智慧就是懂得该忽视什么东西的艺术。"任何事情、任何项目都有其工作的重点，如果不能对工作重点的轻重缓急进行排序，不能紧紧抓住工作的重点，必然是对工作面面俱到、浅尝辄止，而重要的工作却没有用足够的精力去完成，其结果难以成功。

4. 职业生涯规划能够激发个人发挥潜能

没有制定职业生涯规划的人，很容易沉陷于繁杂事务，精力分散，就很难全神贯注地工作，也很难充分发挥自己的才干。职业生涯规划能够帮助我们集中精力，为实现自己的职业目标尽可能发挥个人的潜能。其实一个人的潜能是无限的，需要我们充分地去挖掘。并不是任何人都在某些方面具有得天独厚的天赋，惟有善于激发个人潜能，才会努力学习从而实现能力的提高和锻炼。历史上很多伟大的科学家、军事家等，开始也都不是从事这些方面的工作，但是在客观环境要求和个人人生追求的鞭策下，经过刻苦努力，个人潜能得到开发，最后都获得了巨大成功。

（四）职业生涯规划的原则与步骤

1. 职业生涯规划的原则

毫无疑问，时间的流逝是单向运动，无法追回，人生之旅只发单程车票。任何人都会希望自己在有生之年把握机遇，运筹帷幄，走向辉煌。所以在制定个人职业生涯规划时，既要有挑战性，又要避免好高骛远，注意适时调整。更重要的还要掌握制定个人职业生涯规划的重要原则。下面7条原则，可供大家参考：

第一，长期性原则。规划一定要从长远考虑，着眼于大方向。

第二，挑战性原则。为避免陷于平庸，应该注意考虑制定目标或措施是否具有挑战性。目标选择能否对自己起到内在的激励作用？如果计划完成，能否产生成就感？

第三，清晰性原则。应该考虑目标、措施是否清晰、明确？实现目标的步骤是否直截了当？安排是否具体？

第四，可行性原则。应注意规划是否从实际出发考虑到了个人、社会和企业环境的特点与需要？与企业需求是否协调？各阶段的路线划分与措施是否具体可行？

第五，顺序原则。要考虑达到各种目标的行动安排，先后次序是否做出了明确的时间限制或标准？时间表是否足以作为日后行动检查的依据？

第六，适应性原则。应考虑目标或措施是否具有弹性或缓冲性？是否能随环境的变化而做调整？

第七，持续性原则。人生的各个发展阶段应该是持续连贯衔接发展的。因此，应该考虑人生发展的整个过程。注意主要目标与分目标是否统一？具体规划与人生总规划是否一致？

2. 职业生涯规划的步骤

一份完整有效的职业生涯规划应包括职业素质分析（自我识别与测评定位）、职业环境分析、职业生涯目标的确定、实施策略与措施和反馈调整 5 个环节。

第一步，职业素质分析（自我识别与测评定位）。自我识别和测评定位的主要内容是与个人相关的所有因素，包括兴趣、气质、性格、能力、特长、学识水平、思维方式、价值观、情商以及潜能等。简言之，即要弄清我是谁？我想做什么？我能做什么？在自我识别的基础上，更重要的是通过科学测评来准确定位，避免自己一厢情愿。当然，一个人对自己的认识往往是片面的，所以在自我识别和定位中还应善于听取他人的意见。

第二步，职业环境分析。包括对社会政治环境、经济环境和组织（企业）环境的分析。即要评估和分析职业环境条件的特点、发展与需求变化的趋势、自己与职业环境的关系以及职业环境对自己的有利条件和不利因素等等，以便不断地调整自己适应职业环境的变化和要求。

第三步，职业生涯目标的确定。"明确方向是成功的一半"。说到底，我们制定个人职业生涯规划，就是为了实现某种职业生涯目标，进而获得自己理想的生活，所以目标抉择才是职业生涯规划的核心。职业生涯目标的确定是指可预想到的、有一定实现可能的最长远目标，包括人生目标、长期目标、中期目标和短期目标。一般我们可以首先根据个人素质与社会大环境条件，确立人生目标和长期目标，然后通过目标分解，分化成符合现实和组织需要的中期、短期目标。

第四步，实施策略与措施。所谓职业生涯策略与措施，是指为实现职业生涯目标而制定的行动计划。在我们确定职业生涯目标后，就要制定相应的行动方案来实现它们。这就如同设计我们攀登目标的阶梯。实施策略措施要具体可行，容易评量。它应包括职业生涯发展路线、教育培训安排、时间计划等方面的措施。

第五步，反馈调整。由于社会环境的变化以及其他不确定因素的存在，我们原来的职业生涯规划与实际情况肯定会存在一定的偏差。"计划赶不上变化"。尤其在现代职业领域，只有变化才是永恒的主题。影响职业生涯设计的因素很多。有的变化因素是可以预测的，而有些则是难以预料的。这就需要对职业生涯目标和生涯规划进行必要的调整。此时，职业生涯的评估和反馈会给我们带来收获。评估与反馈过程是个人对自己不断认识的过程，也是对社会不断认识的过程，是使职业生涯更加有效的手段。对职业生涯设计的评估与反馈主要包括职业的重新选择、职业生涯路线的重新选择、人生目标的修正、实施措施与计划的变更等。

第四节　职业选择与人生关系

一、职业选择与幸福人生

幸福人生离不开职业满足感。一个人如果不能不能从事自己感兴趣的工作，不能从事于自己擅长的工作，不可能获得职业满足感。个人的职业生涯一般从求学开始，称为职业生涯的准备阶段，到退休前后进入职业生涯晚期。职业生涯从时间跨度上看，几乎约等于人生。因此，没有职业满足感的人生是不会幸福的。

幸福人生需要职业成功来奠定物质基础。一个人的职业成功与个人特质、努力、机遇等多种因素有关，但是如果个人特质不能满足胜任特征（指的是在特定工作岗位、组织环境和企业文化氛围中有优异成绩者所具备的、可以客观衡量的个人特质，它包括完成工作需要具备的专业知识、工作能力和性格），是不太可能获得职业成功的；如果个人特质高于胜任特征，那又是一种浪费，不能获得更大的成功。不管如何，个人的求职活动，必须着眼于职业生涯，必须为实现幸福人生服务。

不同的人具有不同的个人特质，比如人的能力有水平差异，不同个体能力水平不一样；人的能力有类型差异，有的人又这样的能力，有的人有那样的能力，一个人各方面能力水平都高，可能性不大；人的能力发展还有先后差异，有的人能力发展早，但是失去了后劲，有的人能力发展晚，有很大的发展空间。教育与培训是有用的，但是其作用又是有限的。

因此招聘时的甄选就显得尤为重要。用人单位能不能寻找高于胜任特征的人呢？

这就是所谓的人才高消费。但是，人力资源市场是一个双向选择的过程，用人单位人才的高消费必须支付相应的高成本，这不符合招聘低成本的要求。同时，大材小用的员工不能获得成就感，很容易流失。而从用人单位招聘的角度来看，要把胜任特征与个人特质相匹配，也就是把"人岗匹配"作为招牌的第一原则。尤其是一些特殊的职业或岗位的胜任特征对个人特质提出了严格的标准，甚至有些标准已成为法律，要求绝对的适应。如国家公务员录用考试要求大专以上学历，对知识方面的个人特质提出了要求；为保证食品安全和食品卫生，国家要求食品从业人员必须身体健康，并持有健康证书上岗，这样的规定就具有绝对性；驾驶员必须具备辨别红、黄、绿的色彩识别能力，这也是绝对的；飞行员这个职业，更是设定课更高的身体和心理的标准；中国神舟五号选拔航天员甚至设置了身高在 1.66 至 1.72 米这样苛刻的条件。可以说，"人岗匹配"是人力资源管理中的重要原则，个人特质与胜任特征相互匹配，就是这个原则的具体表现形式。

个人特质与胜任特征的相互匹配，要求用人单位要做好人力资源管理的基础性工作，为每个岗位制定出胜任特征，并写出岗位说明书。这样招聘时就有了明确的标准。特别需要注意的两点：第一，胜任特征必须建立在科学的工作分析基础上，要求不能高，也不能低，更不能出现偏差。第二，由于岗位工作内容会发生变化，因此对胜任特征的归纳不能一蹴而就，不要以不变应万变。对于求职者来说，要认识个人特质，不断丰富并提升个人特质，这样在职场竞争中，才有更大的选择余地，更多的发展空间。

个人特质与胜任特质相互匹配的绝对性，对用人单位来说，就是要严格坚持胜任特征的标准选人，宁缺勿滥。对于求职者来说，必须以个人特质为基础，规划自己的职业生涯；在职业生涯规划的基础上，有针对性地进行求职活动。个人特质与胜任特征相互匹配的相对性，无论是对于用人单位还是对于求职者来说，都增加了灵活性。在招聘形式比较严峻的条件下，用人单位可以适当降格以求。松下公司用人有个"70分原则"，就是不必追求完美，满意即可。在求职形势比较严峻的今天，求职者也可以放低身段，"先就业，后择业"不失为一种现实的态度。

"人岗匹配"是人力资源管理中的重要原则，个人特质与胜任特质相互匹配，是这个原则的具体表现形式。这种匹配具有必然性，同时又具有绝对性与相对性，它要求用人单位招聘活动和求职者的求职活动中既要坚持这个原则，又要保持一定的灵活性。

二、个性发展与职业选择

在现实中，个人通常会根据社会职业为其规定的能力要求、职业标准变革主体条件，以符合社会的需要。个人借此形式取得基本的生存资料和发展途径。然而，按照社会的要求去选择，就存在着与个人的自我意愿相违背的可能性。其个性可能在未来的职业活动中无法自由地发挥、伸展，或者由于专业局限，只发展了极其有限的内容，而这是与个性自由伸展、自我完善的内在要求、趋势相悖的。因此，个性发展与职业选择问题本质上是协调个人发展与社会需要的矛盾问题，实现二者在社会中的统一。

按照马克思的观点，个性自由发展是一种价值诉求，更是一个历史发展过程。也就是说，这个问题是如何把个性发展诉求与人生价值目标尤其是职业发展价值的实现统一起来，即通过现实的个人的活动，将个性发展诉求落实到人生价值的实现上来。二者实现统一的机制、动力是什么；在社会中实现统一的具体途径是什么，这是个性发展与职业选择问题的主要内容。

个体生命形式、社会资源的有限性决定了大多数人通常只能选择某一种社会职业作为自己的终生奋斗目标，那么，在一定社会条件下，职业的自由变换是否可行？马克思把个性发展问题与职业的自由变换联系起来思考，并认为职业自由变换是通向个性自由的现实途径，它只有在世界历史的前提下才有可能存在。职业变换的目的就是自由扩展个人社会交往范围，充分利用人类文明成果来丰富和发展自己的个性，逐渐获得其全面性。职业的自由变换是可能的，是个性发展的重要途径。但是，在现有生产力发展水平和社会交往形式的前提下，职业自由变换如何获得其现实性，这是解决个性发展与职业选择问题的难点。

要合理解决现实社会中的个性发展与职业选择问题，研究马克思的个性理论就成为必然。只有基于此，我们才能深刻认识到马克思个性基本理念对于职业选择的重要价值和意义，我们才能实际地运用并发展它。

第二章 大学阶段的职业定位与自我认知

第一节 大学教育的内涵

大学，一直被冠以"学术象牙塔"的美名。中国，作为一个崛起中的大国，更是将教育作为崛起的动力，而大学教育，绝对是最重要的，它直接向社会的各个社会阶层提供人才。这点来看，咱们国家的"985"和"211"就很明显。另外，上大学不仅可以学到新知识、高级技术，而且还可以学习如何接受新知识新技术，学习进一步深造（读研究生）的学问。大学还有很多的综合能力的训练：学生自我管理的训练，交际协调能力的训练等，你的一些弱点会在融入大学之后逐步克服。或许这样说太不切合实际，从我们自身出发，在当今这个社会，我们不能说不上大学就一定找不到工作一金吃不上饭。但大学文凭真的是很奇怪的东西，没有它，大部分情况你连应聘的资格都没有，找工作当然难之又难。另外，大学的多种职能对你以后的发展会有很大帮助。

大学是探究未知世界的场所。具有好奇心的年轻人与致力于探究未知世界的教师结成共同体，大家志同道合，在满足好奇中推动人的发展和社会发展，这样的职能是其他社会机构无法替代的。

大学是年轻人交往的地方。大学把来自四面八方，有着各种文化背景、生活体验与经历的学生汇集起来，让年轻人相互交往并且相互学习，为每一个学习者提供发现不同的交往伙伴的机会，这是一个人成长中极为宝贵的财富。

大学是实现学生身份到工作身份转化的必要预备。大学在帮助学生形成工作所需要的专业能力的同时，帮助他们完成"工作准备"、形成个人就业的"配置能力"（个人在就业市场上发现机会、自我判断、抓住机会实现就业的能力）。大学对学生在心理、文化、人际交往、专业等方面的训练，正是为了这样的"配置能力"。这是推动学生转型为"职业人"的社会化过程。

大学帮助年轻人获得安身立命的专业能力。高等教育往往决定多数人终身的专业方向和职业领域，它帮助学生形成专业化的劳动能力，在今天这样分工高度专业化的社会，专业教育具有关键作用。

一、大学学习的本质

当今世界科学知识迅猛增加，科学技术突飞猛进，向整个社会及每个个体提出了前所未有的挑战。据估计，近30年来，人们创造的科学技术成果的数量超过了过去两千年的总和，科学知识总量，在19世纪每50年增加1倍，目前是每10年翻一番。据联合国教科文组织"世界科学技术情况系统"的统计，科学知识每年的增长率，20世纪60年代以来，已从9.5％增长到10.6％，到20世纪80年代，每年增长率达到12.5％。显然，每一个社会成员在有限的生命中以传统的学习模式根本无法掌握和驾驭无限增长的知识量。"如果普通学科要具有充分的教育价值，那就必须注意使智力训练和体力训练和谐一致，并经常把学习与工作结合起来。"

以前，如果问一个人"你学会怎样学习了么？"也许他会满头雾水，很难做出什么判断；今天，如果有人问你"马克思是哪一年死的？尼罗河有多长？黄果树瀑布有多宽？"你可能一时回答不出来，但这并不能说明你没有文化，更不能说明你不是人才，你可以马上从网上或者电子出版物上迅速查找出来。专家指出，现在衡量人才的标准已经由知识的积累改变为知识的检索和创造。现代人才应该在最短的时间内，用最有效的方法获得原来不知道的知识，这就是新时代学习的本质特征。

现实告诉我们，新的知识将不断增长，新的科技发明不断涌现，新的专业领域不断扩展，青年大学生们该怎么办？这就必须跳出"仓库理论"下的传统教育和旧有的学习模式，去寻求具有创造性的学习方法和求知的模式，在大学的学习过程中获得"黄金"固然重要，然而获得"点金术"的重要意义就更不言而喻了，正所谓"求之一鱼，一饭之需；求之以渔，享用终身"。

联合国教科文组织把"学会认识""学会做事""学会共同生活"和"学会生存"作为教育的四大目标。未来的世界是人才竞争的世界，衡量人才素质的根本标准就是他是否具有学习能力。因此，学会学习是未来立足社会的头号本领。尤其是当代大学生，学会学习是其未来生存和发展必备的能力和素质。从这个意义上说，大学教育就是教会学生学习的教育，大学学习的本质就是学会学习。

学会学习的内涵十分丰富，包括学习计划的制定；学习目标、学习原则、学习内容的确定；学习进程、学习时间的安排；学习方式、学习方法及手段的选择；学习环境、学习条件的改善和创造；学习成效的测试和评价；学习的自我总结和反思；在学习过程中，学习目标、学习内容、学习进程、学习方法的不断调控等。

二、构建合理的知识结构

知识的积累是其成才的基础和必要条件。但知识数量的多寡并不能完全代表一个人真正的智力水平，况且在人类知识更新周期缩短、知识量剧增的今天，一个人在校期间所能掌握的知识毕竟是有限的。而现代职业对求职者的要求则是：能够根据职业和社会不断发展的具体要求，将已有的知识科学地重组，形成合理的结构，满足实际需要。因此，建构合理的知识结构，最大限度地发挥知识的整体效能，对于成功就业和成就事业越来越重要。

（一）知识结构及其模式

所谓知识结构是指一个人所拥有的知识体系的构成状况与结合方式。即外在的知识体系经过求知者的输入、储存和加工，在头脑中形成的由智力因素联系起来的多要素、多系列、多层次的知识组合情况，其中包括各种知识的比例，相互间的联系、作用和协调，以及由此而形成的具有一定功能的统一整体。知识结构是文化素质的质的方面，它与知识程度二者有机地结合成为一个人的文化素质。

不同的知识只有处于一个合理的结构之中，才能使其静有其位，动有其规，各显其能，优势互补。然而，合理的知识结构并不存在固定的、普遍适用的模式。目前，学术界较有代表性的看法有以下三种。

1. 宝塔型知识结构

它把基础理论知识形象地比喻为宝塔的底部，然后从下到上依次由专业基础知识、专业知识、学科前沿知识构成。宝塔顶部是主攻或从事的职业目标。这种知识结构模式强调基础理论的宽厚扎实和专业知识的精深，容易把所具备的知识集中于主攻目标上，有利于迅速接近学科前沿和从事纯理论及应用科学的研究工作。我国高校培养出来的人才大多具有这样的知识结构模式。

2. 网络型知识结构

这种结构是以所学的专业知识为中心点，把其他与该专业接近的、有着较大相互作用的知识作为网络的各个连接点，相互连接而形成适应性强、能够在较大空间发挥作用的知识结构。这种知识结构能使专业知识处于网络的中心，并侧重与专业相关联的系统知识的辅助作用，在运用知识时还能充分发挥整体知识的协调作用。这种知识结构是知识广度与深度的统一。具有这种知识结构的求职者，在就业过程中能因自身知识结构的弹性与应变能力而在人才市场上掌握主动。

3. 帷幕型知识结构

这种结构的具体含义是：一个具体的社会组织对其组织成员在知识结构上有一个

总体的要求，而作为该组织的个体成员将依其在组织中所处的层次，在知识结构上存在一些差异。以一个企业为例：企业对其成员的整体知识结构要求具备财务、会计、安全、商业、管理等知识与具体技术，而对企业中处于不同层次的个体来说，要求掌握上述知识的比重是明显不同的。这种知识结构强调个体知识结构与组织整体知识结构的有机结合。这种知识结构要求求职者在求职过程中不但要注意所选职业类型在整体上对求职者知识结构的要求，同时还要了解所选职业岗位在其所在社会组织中的位置及具体层次。需要提醒的是，尚未涉足职业领域的大学生们不能因此而在学习过程中就单攻某种知识领域而使自己偏科，因为你在学习期间所臆想的职业岗位是虚幻的，将来能否抓住它并不完全取决于你的意愿；即使将来如愿，你也不能确定你就能在这一职业岗位上度过一生。

（二）大学生应具备的知识结构

1. 基础知识结构

基础知识是指包括自然科学知识、社会科学知识和人文科学知识的宽厚广博的基础知识储备。基础知识主要有自然科学中的数学、物理学、化学、天文、地理、生理学等；社会科学中的哲学、逻辑学、政治学、政治经济学、历史、文学艺术等；人文科学中的心理学、思维科学、脑生物科学等。

求职者无论要选择何种职业，也不管要向哪个专业方向发展，都少不了宽厚扎实的基础知识。特别是随着市场经济的运行和经济的高速发展，社会的产业、行业、职业结构调整的速度必然加快，求职者在择业、就业上已不可能再是"从一而终"，职业岗位随时变动的状况不可避免，要适应这种变化，必须靠扎实的基础知识。

2. 专业知识结构

专业是学科专业赖以生存和发展的基础，通常都是专业知识和基础知识的融合。专业知识是知识结构的核心部分，也是科技人才知识结构的特色所在。对求职者自身所要从事专业的知识和技术有质和量的要求，对概念体系、理论体系、研究方法、学科历史和现状、国内外最新信息等都要了解和把握。同时，对与其专业邻近领域的知识也要有所了解和熟悉，善于将其所学专业知识领域与其他相关知识领域紧密结合起来。知识广博精深已成为对当前人才素质的重要要求。

3. 动态知识结构

动态知识主要是指现代科学发展的最新成就和尚处于探讨阶段、有可能成为显科学的隐科学知识。如现代三论——耗散结构理论、协同论、突破论等方面的知识，这些知识尚未成熟，正在发展过程中．一旦发展成为成熟学科，便可融人到基础知识或专业知识结构中去。动态知识结构对完善知识结构具有捕捉、过滤和沉淀信息的作用，并能改善和调整整体知识结构，使之不断趋于完善和合理的功能。

4. 应用技术知识结构

应用技术知识结构即电子计算机应用及相关学科现代化应用技术方面的知识。现代科学技术飞速发展，计算机应用已普及到社会的各个领域，成为现代人必须具备的技术手段，所以，计算机应用方面的知识对大学生来讲是必须具备的。某些专业学科的应用、测试技术也在飞速地发展，许多新技术、新方法已成为科学研究的主要基础，不掌握这些应用技术是不可能在专业学科上有所建树的，也不可能适应实际工作的需要。因此，掌握计算机等方面的应用技术和有关学科的应用技术是时代对大学生的要求。

5. 经济管理知识结构

要适应社会主义市场经济发展的需要，求职者除具有广博的专业知识和较高的文化素质以外，根据实际需要和管理科学的发展规律，还必须很好地掌握党的方针、政策，了解税务、工商、外贸等经济知识。

6. 其他知识结构

现代各类职业都要求从业者的知识"程度高、内容新、实用强"。"程度高"指知识量大、面宽；"内容新"指从业者的知识结构中应以反映当今科学技术发展状况的新知识、新信息为主；"实用强"指从业者的知识在生产、工作中有很强的实用价值。市场经济的发展进一步强化了企业及其员工的社会化功能，任何一个企业或其员工都不可能再像以前那样只单一地面对少数几个部门和经常打交道的几个人，他们必须面对整个社会，不断与市场打交道，并根据市场这个晴雨表来不断调整自己的行为。正因为如此，尽可能多地掌握一些别的技能的员工就更为用人单位所看重，这也就是除专业知识之外掌握一技之长诸如书法、绘画、驾驶、公关等的求职者更易成功的原因所在。

三、大学里如何学习

人与人之间是不可能完全等同的。因此，人与人之间的学习方法也不可能完全等同。如果你在学习中可以借鉴他人的经验，那你就去借鉴，但不要忘了你的目的是找到最适合自己的方法。所以，别人的方法可以用，但不能完全照搬照抄。学习生活是大学生活的重要组成部分。学会在大学的新环境和新要求下更有效率、更有成效地学习，是每一个大学生必须正视的问题。

（一）树立新的学习理念

进入大学，学习的内容、形式和要求都发生了变化。同学们不仅要努力学习，而且要学会学习；不仅要掌握知识，而且要掌握获得知识的能力；不仅要在学业上不断进步，而且要在综合素质上不断提高。

树立自主学习理念。自主学习首先是一种能动的学习。它要求同学们有明确的学习目的，自觉适应专业要求和社会需要，积极主动地掌握相关知识、技能和方法，使自己真正成为学习的主人。自主学习还是一种独立性学习。大学的学习生活，离不开教师的指导，但同学们不能被动地接受教师的指导，而要有强烈的求知欲望和独立性，根据培养方案的要求，并结合个人的兴趣和特长去学习。在大学阶段，大量的自学时间、自由的学习空间、充足的文献资料和良好的实验条件，为同学们自主学习提供了良好的条件，同时也对自主学习理念的树立提出了明确的要求。同学们要学会根据教学计划和所学专业的特点，合理确定学习目标，科学安排学习时间，掌握正确的学习方法，全面提高自主学习能力。

树立全面学习理念。大学的学习不应当是单一的专业知识学习，而是一种全面的能力建构和综合素质培养。首先，大学的学习应该是全面的，不仅要学习专业知识，而且要学习与专业有关的其他相关学科知识，从而建构合理的知识结构；不仅要学习和掌握科学文化知识，而且要学习和掌握获取知识的方法，掌握知识管理方法和技能，培养科学的思维方式，提高观察、认识、解决问题的能力；不仅要学习科学文化知识，还要学习为人处世的本领，学会关心他人、尊重他人，学会与他人协作，学会按照道德准则和法律规范做人处事；不仅要向书本学习，还要向实践学习、向生活学习，在生活和实践中长见识，增才干。

树立创新学习理念。创新学习是一种以求真务实为基础，采取创造性方法，积极追求创造性成果的学习。树立创新学习的理念，必须脚踏实地，打下扎实宽厚的专业功底；同时要勤于思考，勇于怀疑，敢于突破陈旧的思维定势，敢于挑战既有的权威，不断激发创新意识，努力从事探索性活动，培养创新精神。社会的发展和未来的事业，要求同学们自觉培养创新学习的能力。要变练习性学习为研究性学习；变接受性学习为创新性学习。要懂得学习的目的并不在于掌握科学文化和专业理论知识，而在于运用所学理论、知识、技能去创造新知识、新产品、新生活。

树立终身学习理念。当今世界，科技和文化发展日新月异，知识更新和增长空前快速（知识半衰期明显缩短），信息爆炸式增长，人类进入了终身学习的时代。在当今时代，任何人都不可能凭借原有的知识和能力应对不断出现的新情况、新问题、新挑战。面对急剧变化的世界，一个国家必须建设学习化社会，一个人则必须树立终身学习理念，创造学习化人生。在大学阶段，同学们与其说是学习知识，毋宁说学习如何学习。大学生必须变知识积累性学习为方法掌握性学习，为走出校门后的继续学习、终身学习打下良好的基础。可以说，如果一个大学生在大学期间学到的仅仅是一些知识，而没有学会如何学习，尤其是没有学会如何继续学习，没有终身学习的能力，那么，这样的知识对他眼下的学习成绩或许是有用的，但对他未来的成功的意义则要大打折扣。

（二）培养优良学风

学习是大学生的主要任务，是大学生活的中心内容。只有学风端正，才能充分利用大学期间的宝贵时光，学到扎实的知识，掌握真正的本领，培养创造精神，圆满完成祖国和人民交给的学习任务。同学们是国家未来建设的宝贵人才，只有养成优良的学风，才能在将来的工作岗位上有所成就、有所贡献。从这个意义上说，优良的学风是同学们终生受益的宝贵财富。

大学生的学习生活在一定意义上可以视为一种"准科学研究"，因而，大学生的优良学风可以说就是科学精神在大学生学习生活中的具体体现。具体地说，大学生的优良学风主要表现为勤奋、严谨、求实、创新。

勤奋。就是要发奋努力、不畏艰难、锲而不舍、永不懈怠。唐代思想家韩愈有句名言："业精于勤，荒于嬉；行成于思，毁于随。"优良的学业是辛勤汗水的结晶，突出的成就只有通过刻苦学习和拼搏才能获得。马克思说过："在科学上没有平坦的大道，只有不畏劳苦沿着陡峭山路攀登的人，才有希望达到光辉的顶点。"大学学习内容的专业性、系统性的特点，在广度和深度上增加了学习的难度。这就要求同学们更加刻苦、更加勤奋，通过自己的不懈努力成长为国家的有用之才。客观地说，大学生都曾是勤奋学习的典范。同学们能够迈进大学的校门，尤其是能够进入知名大学，就是大家勤奋的明证。但有必要指出的是，有部分大学生进入大学后往往会产生松口气、歇歇脚的思想，从而勤奋不再，疏于学习，有的甚至会荒废学业。

严谨。就是要一丝不苟、认真负责，做到严肃、严格、严密。严肃是指认真的学习态度和扎实的学习作风，反对学习上轻率飘浮、马虎应付的态度；严格是指对知识的掌握要弄懂弄通，对技术的掌握要严守规范，反对粗制滥造和不求甚解，反对急功近利和投机取巧；严密是指对学习、对生活、对工作要严谨细致、精益求精，包括在学习的安排上要周全有序，有条不紊地妥善处理学习中的各种关系。要坚决抵制急功近利的浮躁之风，坚决抵制违反科学和学术道德的不良风气，做一个有科学道德和学术道德的人。

求实。就是要脚踏实地，求真务实，不轻信，不弄虚作假，不贪图虚名，"知之为知之，不知为不知"。对于大学生来说，要培养扎实打基础、老实做学问的学风，不驰于空想，不骛于虚声，唯以求真的态度做踏实的功夫。谦虚是求实的必然要求，只有虚怀若谷，才能博采众长，掌握更加丰富的知识。同学们要培养像大海一样宽广的胸怀，谦虚谨慎、戒骄戒躁，永远保持一种积极奋发、昂扬进取的精神状态。

创新。就是要不囿于陈规，不迷信权威，富有怀疑精神，敢为人先，勇于开拓，勤于和善于进行创造性的学习和思维。要努力培养创新人格，积极训练创造性思维，积极学习和掌握创新方法和技能技巧，不断提高和拓展自己的创新能力。大学生作为国家未来建设的人才，作为今后几十年社会各条战线的骨干，更需要自觉培养勇于创新的品质和才干。党和国家提出了建设创新型国家的宏伟蓝图，新一代大学生要在实现这一宏伟蓝图中发挥重要作用。

（三）讲究学习方法和策略

一本《学习的革命》曾在世界教育领域掀起不小的风暴，书中揭示的最重要理念就是：方法就是成功，有了良好的方法你可以使学习效率提高若干倍。在知识"爆炸"的今天，一个真正的人才不在于储备了多少知识，而在于掌握一个好的获取知识的方法，学会学习是至关重要的。学习方法多种多样，且因人而异，既需要我们学习和借鉴以往大学生的成功学习经验，也需要我们根据个人特点不断地在大学学习生活实践中摸索和总结。对于大学生来说，讲究学习方法至少应当注意以下三个方面的问题。

（1）要尝试探索研究性学习。大学生在学习中，不能仅仅被动地接收书本上的知识和教师的观点，而应在认真汲取和消化书本知识和教师教学内容的基础上，尽可能多地了解所学理论和所涉及问题的研究进展情况，了解学界对某些问题的各种理论观点，并对不同的理论观点进行比较分析，从而形成自己的选择和取舍。在研究性学习中，大学生要注意寻找不同课程、不同学科的理论和知识之间的联系，在不同学科的理论和知识的交叉融合中发现新问题，寻找新方法，形成新知识和新观点。研究性学习，就需要大学生有敏锐的观察力，注意把所学的理论知识与现实的生活实践联系起来，在解决实践中提出的问题中提高自己的学习能力。

（2）要学会时间管理和运筹。高尔基说过，世界上最快而又最慢，最长而又最短，最平凡而又最珍贵，最容易忽视而又最令人后悔的就是时间。对于每一位立志成才的大学生，要珍惜时间，更要善于运筹时间，讲究支配时间的艺术。

第一，要学会重点运筹。即集中精力用整块时间去完成难度较大，最重要的工作，而用小块时间，零碎时间去做相对简单、次要的事情。

第二，要学会交错运筹。即在学习、研究、工作与休息的安排上适当地变换内容，使之相互交错，以求大脑的兴奋点不断得以调节，保持一个最佳的工作状态。在有效的时间内创造出较高的价值。马克思在工作与学习研究时经常是看书累了，就读一些诗或算一些数学题，转移一下注意的兴奋点，再去研究有关的问题。把学习的内容安排得丰富多彩，既可保证大脑健康，又可以提高学习效率。

第三，要学会积累运筹。即把日常生活中能够支配的零星时间加以充分利用，积零为整，将是一笔可观的数目。大数学家科尔，1903 年攻克一道二百年无人攻取的数学难题而轰动数学界。有人问他："你解这道难题用了多少时间？"科尔回答："我用了将近三年的全部星期天。"大学生要养成今日事今日毕的好习惯。要懂得，昨天是一张作废的支票；明天是一张远水不解近渴的期票，只有今天才是你唯一拥有的现金。

（3）要学会知识管理。总结就是对所学内容的系统整理和复习。总结可以分为单元总结、阶段总结和全面总结。认真做好总结，对于掌握要点，发现疑难，系统掌握知识具有十分重要的作用，这是个屡试不爽的好方法。

同时，学习本身又是一种信息传递活动。探讨和交流是传递信息的重要手段。作家肖伯纳曾对此做过形象的比喻：倘若你有一个苹果，我也有一个苹果，而我们彼此交换这些苹果，那么，你和我仍然是各有一个苹果。但是，倘若你有一种思想，我有一种思想，彼此交流，我们每个人将各有两种思想。物理学家吴健雄女士回忆说，她之所以能以一个封建旧中国出身的女子跻身于物理学家之林，一个重要因素，是因为她在中学和大学学习期间积极与男同学一起探讨交流、开阔了思路、增长了见识。纵观世界科技史上许多著名的学术组织和学派之所以能群星灿烂，硕果累累，不受拘束地探讨和交流是重要原因之一。加强同学之间和师生之间的交流，积极参加第二课堂的活动，多聆听讲座等等，都是极好的交流形式。

第二节　大学生的社会角色与自我认知

一、大学生的社会角色分析

角色形象指角色扮演者的精神面貌、个性特点、行为风格、言行习惯、思想品德、文化素养、价值观念、生活方式以及身体条件等方面的总和。开放式问卷调查的主要是特质和行为，从开放式问卷搜集的特质及其维度看，被试大学生心目中的"理想大学生"的理想角色形象主要有三类：一是公民角色，二是善学好学者角色（学习者），三是成年人角色。

（一）大学生的公民角色

研究者认为，公民的角色至少需要符合两种想象，一种是公民人格的特质，另一种是符合公民道德规范的要求。关于什么是公民人格特质或者公民角色，不同的研究者有不同的看法，刘铁芳认为，公民人格核也素质包括三个方面，一是独立自主，二是公共生活的判断为和公民理性，三是社会关怀。独立自主是提升人的自主性，培养具有主体性、公共性和法理制度性的现代公民人格。从这点看，被试心目中的"理想大学生"特质中的独立自主、友善助人、责任与担当等角色维度符合现代公民人格的内涵要求。

道德（morality）是依靠舆论力量、传统习俗和内也信念驱使来支持的行为准则的总和，主要用于调节人与人、人与社会以及人与自然关系。道德主要分私人道德、公德与社会公德贺职业道德。而品德是社会道德在个体身上的反映，是道德品质的简称，品德是个性中最有道德评价意义的部分。在伦理学中，品德又被称之为"德性"。2001年颁布实施的《公民道德建设实施纲要》提出了公民道德基本规范。其中道德基本规范在"总结古今中外和我国现实道德实践的基础上"提出的，这一规范的明确提出对公民道德素质，培育四有新人具有十分重要的实践意义和理论意义。在界定公民人格或者公民角色特质时应该参考《公民道德建设事实纲要》提出的公民基本道德规范是：爱国守法、明礼诚信、团结友善、勤俭自强、敬业奉献基本一致，说明要成为一名"理想大学生"首先必须具备一个好公民所必须具备的特质。

公民道德基本规范是一种角色规范。要成为一个好公民其"底线"规范，要成为一名"理想大学生"也必须遵守这种公民道德角色规范。规范（normal）一词来源于拉下文"norma"，原意是指木匠使用的"规尺"，后来被用来研究人的社会行为，作为人的行为标准，品德的发展就是个体学习社会规范，逐渐建构自己行为判断准则的过程。参与班级管理、加入学生会、共青团组织也是政治社会化和培育现代公民的途径。本人曾经担任7年的某大学二级学院团委书记的职务，每三年一届的共青团、学生会代表大会是"广大团员青年政治生活中的一件大事"。程天君在《"接班人"的诞生：学校中的政治仪式考察》一书中通过对学校教育中的政治仪式进行分析，呈现一幅学校教育的政治社会学图景，显扬一种改良国人心理基因的教育担当。高校通过这种"仪式"塑造了大学生的公民角色，在潜移默化中，大学生认同了蕴含在政治仪式背后的政治价值、政治规则以及政治制度模式。"人是天生的政治动物"，公民角色的塑造即是通过政治社会化塑造"政治人"的过程。

（二）"好学善学者"角色形象

学习是学生的天职，学生角色的本职就是学好科学文化知识，对开放式问卷搜集到的关于学习的特质进行归纳发现，在被试大学生也目当中，排在第四位的是学习，这里的学习主要是指科学文化、专业知识与技能的学习。开放式问卷中，学习好、好学、成绩好、掌握一计之长、学习能力强、吸收能力强等都是"好学善学者"的特质，同时认真、仔细、细也、耐也等也是"好学善学者"必须具备的素质。因此，本研究认为被试大学生心目中"理想大学生"具有"好学者善学者"的角色形象。学习好并不是一个判断一个学生好坏的唯一标准，在学习过程中表现出来的非智力因素，比如认真、尽责、兴趣等也扮演了非常重要的角色。角色是人格的外部表现，这两种人格形象和角色形象应该不是孤立的，而是整合。

大学生在大学期间培养积板向上的自动、自发意巧；适当参加社会实践，积累工作经验；加强课外学习，提高自己的综合能力；做好职业生涯规划，给自己一个合理的定位。以上几点可以说都是个人在校期间没有做到的，特别是自主学习的意识，自信的心态。目前面临毕业季，求职经历才让我逐渐的领悟到许多东西，大学期间必须得给自己做一个合理有效的职业定位，并在此基础上学习知识，提高自身的职业综合素质，这对于毕业季找工作有着很大的帮助。在现实生活中，"学霸"可以看成是勤学善学者的同义词。什么人能够称之为学霸呢？学霸就是那些"比你聪明，还比你努力"的神人。从心理学角度看，"学霸"涉及了智力因素和非智力因素在个体成长过程中谁的作用更大的问题。燕国材曾经就非智力因素与学习的关系进行过专门的、系统的研究，他认为，从广义上说，凡是智力因素（观察力、记忆力、想象为、思维力、注意力）以外的一切心理因素，甚至于道德品质都是非智力因素。而从狭义的角度说，动机、兴趣、情感、意志和性格等都属于非智力因素。研究者通常所说的"天才出自勤奋"，其中"天才"属于智力范畴，是智力高度发展的结果，而"勤奋"属于非智力因素，是非智为因素的几种体现。"学习"是学生角色最主要的活动，因此"善学好学"角色蕴含了"天才出自勤奋"的含义。

（三）"成年人"角色形象

在开放式问卷中有"成熟"一词多次出现，而独立自主等特质是成年人的标识。大学生正处于青少年期向成年早期过渡的阶段，由于成人感（feeling be an adult）的产生而谋求获得独立（independence），形成良好的自我意识，学习成人，适应成人社会，形成适应能力是青少年期社会性发展的特点！从18—35岁的成年前期，正处于从"志于学"到"而立"之年。成年前期，即青年晚期的发展任务。大学生就处于这一个比较特殊的时期，其主要任务的是更好地适应成人社会的社会。所有的社会都要对儿童地位和成年人的地位进行区别，大多数原始社会都有引导青年进入成年期的严格程式，即让青年经历某些青春仪式，也就是过渡仪式，这种仪式的强调程度不同，在此之后，青年就被看成是一个成人。大学生和所有青年人一样有着十分强烈的自主自立的意识，他们认为自觉已经成大成人，可自己替自己作主自己选择，它们不愿意和父母和成人总是把自己当孩子看，也讨厌被人的管束。独立和依赖在青年的发展中形成了一种张力，一方面当代青年人精神上要求独立，却在经济上希望依赖，这在大学生更是如此，另一方面，青年在权利上的独立和责任上的依赖，他们在行使自己权利的同时，总是希望被人我为其承担责任。被试大学生必目中的"理想大学生"是一个"成年人"角色。"成年人"在中国传统文化中也被称之为"大人"，相对于幼稚的"小孩"而言的。因此，成年意味着"成熟"。成熟原本是一个生物学概念，泛指生物体发育到完备的阶段，或事物或行为发展到完善的程度。与生理性成熟相对应，心理成熟和社会成熟也构成"成熟"的重要方面。"成年人"的心理成熟首先表现在认知方面，皮亚杰将人的认知发展阶段划分为四个阶段，其中最后一个称之为"形式运算阶段"，青少年开始脱离开具体的物体和特定的事例，思维更加符号化，基于抽象原则。这一阶段的推理能力得到提高，能从多种维度对抽象的性质进行思维。他们可以采用逻辑推理、归纳或演绎的方式来解决问题，能理解符号的意义、隐喻和真喻，能做一定的概括，其思维发展已经接近成人水平，即具备了比较强的逻辑思维，而逻辑思维是理性的体现，也就是说成年人是具有理性思维的人，是理性的人。心理成熟的第二个方面即情绪的成熟，表现为一种平和的也境。"理性平和"的心态是一个成年人心理成熟的标志。成年人的心理成熟也表现在意志行为上，他们能够有意识、决定达到某种目的、有计划地调节和支配自己行为，而不是像弗洛伊德所说的"自我"一样只遵循"快乐原则"的本能式的满足。"成年人"的社会成熟，意味着"社会化"，但有时候"过度社会化"的代表名词。社会成熟可以看成是一种社会适应性的完美状态，即人的行为符合社会文化的标准。通过上述分析，"成年人"理想角色的核也是健康人格。因为，世界卫生组织提出"健康不仅是躯体没有疾病，还要具备心理健康、社会适应良好和有道德"，而"大人"角色与健康内涵比较一致。但是在戏剧中，成年人未必都是以健康人的形象出现，现实生活中也是如此。《说文解字》将教育释为："教，上所施下所效也"，由此可见成年人对下一代人的影响是巨大的，社会、家庭等不同场域中"成年人"的言行举止对大学校园内"成年人"的影响是巨大的。与"成人"角色相对的"幼稚"的孩子角色。皮亚杰认为孩子出于道德"他律"阶段，而成年人处于道德"自律"阶段，孩子童大多数处于"自我中心"发展阶段，不能从别人的角度去考虑问题。

（四）"好人"角色形象

在日常生活当中，友善、乐于助人、善良、善也之人一般被称之为"好人"。因此，当被问及理想大学生具备何种特质时，大多数被试脑海里浮现的是他们身边的那个善良、乐于助人、待人友善的"好人"。"好人"是否就是"君子"尚不好妄下结论，但是"好人"是传统中国人对道德形象的一种通俗的说法。但是,"好人"必须具备仁爱之心。在中国传统的大人格思想中,君子—小人是两种对立的不同的人格类型。所谓"君子—小人"二分式人格类型说,主要以德行高低(兼顾才智大小)为标准,其中,"君子"指的是"有才德的人",而"小人"指的是"无德之人"。

那么,什么标准来区分"君子"或"小人"呢?在儒家文化的中,标准主要有十四个:仁、义、礼、智、信、忠、恕、诚、勇、中庸、文质彬彬、和而不同、谦虚和自强。如果一个人较好地体现出这十四种素质的人就是君子;反之,就是小人。"好人"角色的内核应该是道德人格,必须通过道德教育。那么,培育公民形象的公民教育和培育好人角色的道德教育有什么区别呢?学者认为,公民政治教育的目标是培养好公民,而道德教育的目标是培养一个善者,即一个善良的人,一个正义的人,一个能够关心他人的人.道德教育的目标应当是实现政治教育目标的前提。这是因为,一个政治上合格的公民首先应当是一个道德上的好人,也就是说公民首先应当是一个道德人,才可以是一个政治上的合格者。如果一个人的道德人格有问题,再好的政治教育都不可能在这样的人格中实现。因此,各种角色当中,"好人"角色是核心。在戏剧中,"好人"角色是一个"正面角色",正面角色当然是相对与反面角色而言的,主要是指那些遵守社会公德与法律,具有正义感,为社会做出了一定贡献,受到人们尊崇的人物角色定位。对于书籍以及影视作品当中的正面角色,往往定位的标准都是很鲜明的,他们大多武功高强、也地善良、具有正义感,无所畏惧,敢于同恶人斗争到底,对于弱小的群体都极具同情心,所以人们把他们定位为正面角色,但是在现实生活中,其实正面角色的定位标准是很模糊的,人们往往只能用遵守社会公德与法律、具有同情心,敢于见义勇为、敢于为民众伸张正义等等这些标准来定义现代的正面角色了。mA

二、大学生的自我认知

(一)大学生自我认知的内容

1. 兴趣

兴趣是人们探究某种事物或者从事某种活动的心理倾向,它以认识或探索外界的需要为基础。人对有兴趣的东西会表现出极大的积极性,并伴随产生某种肯定的情绪体验。

职业兴趣是兴趣在职业选择活动方面的一种表现,它体现了职业的多样性、复杂性与从业人员个性的多样性与复杂性之间的相互影响。通过对职业兴趣的分类,可以将个体归属到某种职业兴趣类型中,从而找到其适合从事的职业。

兴趣对职业生涯的影响主要表现在三个方面。

（1）兴趣是职业生涯选择的重要依据。兴趣是强大的精神力量，可以使人集中精力去获得所喜欢的知识，启迪智慧并创造性地开展工作。当一个人对某种职业发生兴趣时，他就能全身心地投入；就能积极地感知和关注与该职业有关的知识、动态，并且积极思考；就能精神饱满、想象丰富；就能增强记忆效果，增强克服困难的意志。

（2）兴趣可以让人充分发挥才能。1960—1980年，哈佛商学院对1500名毕业生进行研究，一开始将其分成两组：第一组，计划先赚钱，然后做自己想做的事，共1245人，占83%；第二组，先追求自己真正的兴趣，认为以后财源自然会滚滚而来，共255人，占17%。结果20年后，两组共诞生101位百万富翁，其中，1人属于第一组，100人属于第二组。结果分析显示，兴趣是激励行为的重要动力。如果一个人对其所从事的工作有浓厚的兴趣，就能够发挥自己全部才能的80%—90%，且长时间保持高效率而不感到疲劳；而从事没兴趣的工作，只能发挥全部才能的20%—30%，且容易感到筋疲力尽。

（3）兴趣是保证职业稳定、职场成功的重要因素。对工作感兴趣，就愿意钻研，就会出成就，这正是兴趣的作用所在。从事自己感兴趣的职业，不但让你感到满意，而且能够让你的工作单位感到满意，并由此保证工作的长期性和稳定性。因此，兴趣是职场成功的一个重要因素，它能将你的潜能最大限度地调动起来，使你长期专注于某一方向，做出艰苦的努力，取得令人瞩目的成绩。

兴趣测验是对职业指导有直接用途的工具之一。兴趣测验之所以对职业指导有直接作用，是因为通过兴趣测验可以测量出求职者未觉察的兴趣，或者证实求职者所谓的兴趣等，通过兴趣测验可以发现一个人真正的兴趣所在。正因如此，兴趣测验越来越广泛地应用到职业指导上，在诸如高考专业选择、人员安置、劝导改行等方面发挥出它特有的效能。

职业兴趣是一个不断发展、不断明晰的过程，也是一个从感性到理性的过程。作为即将走出校门的大学生来说，自己的职业兴趣也已经基本成熟，需要的是要通过科学的方法将这种兴趣明朗化、清晰化，为自己的职业规划选择正确的方向。职业兴趣是可以培养的，即使最初没有兴趣的工作，也可能在了解并从事一段时间后，干得很出色或者能很好地适应。建议同学们在做兼职或者找工作的时候，如果开始不喜欢，最好坚持一段时间再重新评价或做决定。

2. 气质与性格

（1）气质

苏联心理学家巧妙设计了"看戏迟到"的特定问题情境，对四种典型气质类型的人进行观察研究。结果发现，四种基本气质类型的观众，在面临同一情境时有截然不同的行为表现，气质使其心理活动染上了一种独特的色彩。

胆汁质的人面红耳赤地与检票员争吵起来，甚至企图推开检票员，冲过检票口，径直跑到自己的座位上去，并且还会埋怨说，戏院时钟走得太快了。

多血质的人明白检票员不会放他进去，他不与检票员发生争吵，而是悄悄跑到楼上另寻一个适当的地方来看戏剧表演。

黏液质的人看到检票员不让他从检票口进去，便想：反正第一场戏不太精彩，还是暂且到小卖部待一会儿，待幕间休息再进去。

抑郁质的人对此情景会说自己老是不走运，偶尔来一次戏院就这样倒霉，接着就垂头丧气地回家了。

气质是表现心理活动的强度、速度、灵活性与指向性等方面的一种稳定的心理特征，也就是我们平时所说的脾气、秉性。人的气质差异是先天的，比如刚生下来的孩子，有的就爱哭好动，有的就非常安静。

气质是人的天性，没有好坏之分，它不决定人的成就，也不具有道德评价的含义，它只是给人们的言行增添了某种色彩，但它对于人的活动还是有非常大的影响的。不同气质类型的人在面对同一件事情的时候，其态度、方法甚至是效果可能是截然不同的。在现实生活中，并不是每个人的气质都只属于某一气质类型。除少数人具有某种气质类型的典型特征之外，大多数人都偏于中间型或混合型。

（2）性格

性格是指人们对现实和周围世界的态度，主要表现在对自己、对别人、对事物的态度和所采取的言行上。性格表现了一个人的品德，受人的价值观、人生观和世界观的影响，是在后天社会环境中形成的，性格有好坏之分，能直接反映一个人的道德风貌。

1）MBTI 人格理论

著名心理学家卡尔·荣格先生关于心理类型的划分，后经一对母女 Katharine Cook Briggs 与 Isabel Briggs Myers 研究并加以发展。这种理论可以帮助解释为什么不同的人对不同的事物感兴趣、擅长不同的工作，有时不能互相理解。它在世界上运用了将近 30 年的时间，夫妻利用它增进融洽，老师学生利用它提高学习、授课效率，青年人利用它选择职业，组织利用它改善人际关系、团队沟通、组织建设、组织诊断等多个方面。在世界五百强企业中，有 80% 的有 MBTI 的应用经验。MBTI 人格共有四个维度，每个维度有两个方向，共计八个方面。分别是：

外向（E）和内向（I）；

感觉（S）和直觉（N）；

思考（T）和情感（F）；

判断（J）和知觉（P）。

2）九型人格

关于性格的分类，流传最久也最有名的是"九型人格论"。九型人格又名性格形态学、九种性格，起源于中东阿拉伯地区，后来由西方的心理学家传到欧洲，再传到美洲，开始被人们所认识。"九型人格论"是一种更深层次去了解人、认识人的简单有效的管理工具。按照人们惯性的思维模式、情绪反应和行为习惯等性格特质，将人分为九种，称为九型人格或九型性格。

完美型。重原则，不易妥协，黑白分明，对自己和别人的要求都很高、追求完美。

付出型。渴望与别人建立良好关系，以人为本，能够迁就他人。

成就型。好胜心强，以成就来衡量自己价值的高低，是一名工作狂。

感觉型。比较情绪化，害怕被人拒绝，觉得别人不理解自己，我行我素。

思想型。喜欢思考分析，求知欲强，但缺乏行动，对物质生活要求不高。

忠诚型。做事小心谨慎，不易相信别人，多疑虑，喜欢群体生活，工作尽心尽力。

开朗型。比较乐观，喜欢新鲜感、爱赶潮流，不喜欢承受压力。

领导型。追求权力，讲究实力，不靠他人，有正义感。

和谐型。怕纷争，难于拒绝他人，祈求融洽相处，须花长时间做决策。

近年来，九型人格备受美国斯坦福等国际知名大学 MBA 学院的推崇并成为现今最热门的课程之一，已风行欧美学术界和工商界。

（3）气质与性格的关系

首先，二者具有显著的区别：第一，性格更具有社会的特点；第二，气质更多受到遗传因素的影响。性格是在人自身与环境的相互作用中形成的，比气质更具有可塑性。

其次，性格与气质之间又是相互影响和相互作用的：第一，人的气质特征直接影响一个人的性格。同样是勤劳的人，具有多血质气质的人在劳动中容易表现为情绪饱满、精力充沛，而有黏液质气质的人则可能表现为踏实肯干，操作精细；第二，性格也会在一定程度上掩盖、改造气质，使其服从于实践要求的行为方式。长期从事需要精细操作、耐心坚持的性格特征的工作，有可能逐步地改变胆汁质的冲动与多血质的注意力容易转移等特性。

（4）气质、性格与职业的关系

职业心理学研究表明，气质和性格影响着一个人对职业的适应性。越来越多的机构开始重视人力资源的合理使用。一方面，用人单位逐渐开始利用心理学相关知识进行人才选拔；另一方面，个人也越来越多地考虑自己的特点及职业要求。个体通过了解自己的气质特征和性格特点去选择职业，可以扬长避短。

3. 能力

（1）能力的概念与分类

能力是一种心理特征，是顺利实现某种活动的心理条件。能力表现在所从事的各种活动中，并在活动中得到发展。人的能力是各种各样的。美国心理学家加德纳提出多元智能理论。他认为能力的内涵是多元的，它由8种相对独立的能力成分构成，分别为逻辑—数理能力、语言—言语能力、音乐—节奏能力、视觉—空间能力、身体—动觉能力、交往—交流能力、自知—内省能力和自然能力。

（2）能力与职业的关系

根据加德纳的"多元智能理论"，将他所描述的8种能力与相关职业进行匹配，具体如下。

逻辑—数理能力：运算和推理等科学或者数学的一般能力以及通过数理运算和逻辑推理等辨别逻辑或者数字模式的特殊能力、处理较长推理的能力。这种能力在侦探、律师、工程师、科学家和数学家身上有较突出的表现。

语言—言语能力：听、说、读、写的能力，表现为个人能够顺利而有效地利用语言描述事件、表达思想并与人交流的能力以及对声音、韵律、单词的意义和语言不同功用的敏感能力。这种能力在记者、编辑、作家、演讲家和政治领袖等人身上有比较突出的表现。

音乐—节奏能力：谱写歌曲和器乐演奏的能力，包括感受、辨别、记忆、改变和表达音乐的能力，表现为个人对音乐包括节奏、音调、音色和旋律的敏感以及通过作曲、演奏和歌唱等表达音乐的能力以及对音乐表现形式的欣赏。这种能力在作曲家、指挥家、歌唱家、演奏家、乐器制造者和乐器调音师身上有比较突出的表现。

视觉—空间能力：准确感受空间世界的能力，包括感受、辨别、记忆、改变物体的空间关系，并借此表达思想和情感的能力，表现为对线条、形状、结构、色彩和空间关系的敏感以及通过平面图形和立体造型将它们表现出来的能力。这种能力在画家、雕刻家、建筑师、航海家、博物学家和军事战略家的身上有比较突出的表现。

身体—动觉能力：控制自己身体运动和技术性地处理目标的能力，表现为能够较好地控制自己的身体，对事件能够做出适当的身体反应以及善于利用身体语言来表达自己的思想和情感的能力。这种能力在运动员、舞蹈家、外科医生、赛车手和发明家身上有比较突出的表现。

交往—交流能力：与人交往的能力，表现为觉察体验他人情绪、情感、气质、意图和需求的能力并据此做出适当反应的能力。这种能力在教师、律师、推销员、公关人员、谈话节目主持人、管理者和政治家等人身上有比较突出的表现。

自知—自省能力：认识、洞察和反省自身的能力，表现为能够正确地意识和评价自身的情绪、动机、欲望、个性、意志，并在正确的自我意识和自我评价的基础上形成自尊、自律和自制的能力。这种能力在哲学家、小说家、律师等人身上有比较突出的表现。

自然能力：认识动物、植物和自然环境其他部分的能力。在猎人、植物学家或者解剖学家等人身上有比较突出的表现。

（3）职业能力的评定方法

现在开始采用能力倾向测试的方式来评定人的职业能力。能力倾向测试具有明显的预测性，近几十年间发展较快。随着企业、事业、机关对人才研究的深入和职位分类制度的建立，能力倾向测试的研究得到了很大的发展。在中国，最具代表性的就是公务员考试中的"行政职业能力测验"。

4．价值观

（1）价值观的概念

价值观是指一个人对周围的客观事物（包括人、事、物）的意义、重要性的总评价和总看法。一方面表现为价值取向、价值追求，表现为一定的价值目标；另一方面表现为价值尺度和准则，成为人们判断价值事物有无价值及价值大小的评价标准。价值观往往是基于日常生活，而又集中体现在日常生活中，也就是我们常说的"值不值"。

美国心理学家洛特克在《人类价值观的本质》一书中，提出了14种价值观，即成就感、美感的追求、挑战、健康、收入与财富、独立性、爱、家庭与人际关系、道德感、欢乐、权力、安全感、自我成长、协助他人。价值观不仅指向一些有形的东西，还可以列出一些无形的价值取向，比如诚信、积极、热情、谦虚、礼貌、节俭、冒险、尊重、感恩、爱心、勤奋等。

（2）价值观与职业的关系

职业价值观是人生目标和人生态度在职业选择方面的具体表现，是指一个人对职业的认识和态度以及他对职业目标的追求和向往。俗话说，"人各有志"，这个"志"表现在职业选择上就是职业价值观。也就是说，它表明了一个人通过工作所要追求的理想，是钱、权还是自我实现等。它支配着人们的择业心态、择业行为以及对某一职业的价值判断等。

职业价值观包括三个方面：第一，是指发展要素，包括能满足兴趣爱好、工作有挑战性、能发挥自己才能、工作具有自主性、能促进个人发展等，这些项目都与个人发展有关；第二，是指保健要素，包括福利好、提供保险、收入高、交通便利快捷、工作环境优雅等，这些与生活水准有关；第三，是指地位要素，包括单位知名度、单位规模、较高社会地位等，这些与社会地位有关。

职业价值观具有四个方面的特性：第一，因人而异；第二，相对稳定；第三，具有阶段性；第四，一个人的职业价值观不是唯一的。

不同时代、不同制度环境，甚至不同自然条件下的人们会有不同的职业价值观。即使是在同一个年代、同一地区的人，也会因各自的成长环境、教育背景、个性追求等的差异而各有所好。

（3）职业价值观的澄清

对自己的价值观有清楚认识的人在做职业生涯决策时有较少的困难。一些专家认为，对于选择来说，最重要的是价值观的澄清过程而不是价值观本身。他们确定了价值观澄清的三个阶段。第一阶段是选择一个价值观，包括你自由地选择一个价值观，不考虑他人的压力，也不考虑其他的价值观，然后思考每一个选择的后果。第二阶段是珍视你的价值观，包括珍爱和喜欢你的价值观，愿意在合适的时候向他人公开声明自己的选择。最后一个阶段是依照你的价值观行动，包括做出一些与你的选择有关的行为，不断以一种与你的价值观选择相一致的模式行动。

职业价值观反映了一个人在工作中最看重什么、最想要得到什么和最不在意什么。大学生必须尽量去发现和了解自己的职业价值观，要对自身的需要进行梳理，这是个人职业生涯决策的依据。如果职业价值观与工作相吻合，那么在工作中个人就会发自内心地百分百努力；如果不吻合，除了感到疲惫和无助外，工作效率也会大大降低。所以我们每位同学在进行职业选择时都要进行个人职业价值观的澄清。

（二）大学生自我认知的方法

1. 自我评价

春秋时期，曾子就曾说过"吾日三省吾身"，意思是"我每天多次反省自己的言行"；古希腊哲学家苏格拉底也曾说过"未经反省的生活是无价值的生活"。所以说，反省对于加强自我了解是非常必要的。

可以找个安静的地方，沉静下来，认真回顾自己过去的经历，了解和分析自己的兴趣、气质性格和能力等，然后思考一下自己的未来，挖掘自己内心的需要。通过回忆那些对自己人生有重要影响的关键事件并进行反思与分析，比如高考的成败、专业与学校的选择等，将这些学习生活中已经发生过的关键事件一一进行分析，找出原因，这将有助于进行更深入的自我了解。同时，每个人也可以根据自己的实际情况，通过写日记的方式来进行自我评价。

2. 360 度评估

360 度评估法又称多渠道评估法，是指通过收集与自己有密切关系的不同层面人员（如老师、家人、朋友、同学、社会人士等）的评估信息来全方位地评估自己。通过评估反馈，可以获得多层面人员对自己素质、能力等方面的意见，比较全面、客观地了解有关受评者的个人特质、优缺点等信息，作为自己进行职业生涯规划及能力发展的参考。

3. 橱窗分析法

橱窗理论是由约翰·鲁夫特和哈瑞·英格哈姆两位学者提出的。橱窗理论借助直角坐标系的四个象限来表示人的四个部分，它以别人知道或不知道为横坐标、自己知道或不知道为纵坐标，把自我划分为四个部分，即公开我、隐私我、潜在我和背脊我。

橱窗1："公开我"，自己知道、别人也知道的部分，属于个人展现在外，无所隐藏的部分，比如个人的身高、年龄、学历、专业、生源地等。

橱窗2："隐私我"，自己知道、别人不知道的部分，属于个人的秘密部分，比如一些往事或情绪等自己不愿暴露的缺点或不敢告诉别人的愿望、想法等。比如我们喜欢谁、讨厌谁等。

橱窗3："潜在我"，自己不知道、别人也不知道，有待开发的部分。著名心理学家奥托指出，人一生发挥出来的能力，只占他全部能力的4％，也就是说一个人96％的能力还未开发。由此可见，认识、了解"潜在我"，是自我认识的重点之一。企业面试看求职者的简历，从同学们大学四年的经历和收获，推知你的价值和能力，也就是看你的潜力。

橱窗4："背脊我"，自己不知道、别人知道的部分，比如口头语等。虽然我们自己不知道这部分内容，但是如果自己诚恳地征询他人的意见和看法，就不难了解"背脊我"。我们可以采取同自己的家人、朋友、同事等交流的方式，可以借助录音笔、录像设备等来发现。当然，要想获得这方面的客观信息，需要我们坦诚地面对他们的描述和评价。在参加面试时，面试官总会通过各种问题，包括看似很普通的问题，来发现你的兴趣、性格、价值观等，看你与企业文化和岗位需求是否吻合。

通过这四个橱窗的分析，避免了对自己认识的单一性和片面性，可以全方位、立体地实现自我了解，如此方能不打无准备之仗。

4. 职业测评法

职业测评法是指运用科学的方法，对被测者的职业兴趣、职业性格、职业能力、职业价值观等方面进行测量和评价，目的是为了达到最佳的人职匹配。职业测评属于心理测验的一个分支，其中主要包括的心理测验有以下一些类型：职业兴趣测验、能力倾向测验、人格测验、动机测验等，我们熟知的霍兰德职业兴趣测验就属于其中的一种，将会在后面的章节中逐一进行介绍。

通过职业测评法，一方面可以进行为人择事的职业指导，通过测评被测者的个人特点，明晰被测者的优、劣势，判断被测者与各职业类型间的匹配程度，为个人在职业和个人发展方向上提供建议。另一方面还可以进行为事择人的职业选拔和安置,现在有许多企业、组织等也开始运用职业测评为招聘、考核、晋升等提供依据。

认识自我是一个漫长的过程,需要经历时间、空间的发现和多种方式、途径的结合,切不可通过一种方式简单对自己下定义和贴标签,给自己不适合的暗示,错过机会,追悔莫及,影响一生的发展。

第三节　大学教育阶段的大学生发展

一、大学阶段学业规划与发展

学业规划是大学阶段生涯规划的核心和重点。大学阶段生涯规划的如何,直接关系到毕业时的择业、就业,关系到未来的职业生涯发展和事业成功,因此,明确大学期间各阶段的主要特征、任务、奋斗目标,进行有效的自我规划和管理是非常重要的。

(一) 大学期间生涯阶段划分及生涯发展任务

发达国家通常很重视对学生进行职业生涯教育。职业生涯教育是从小学开始,很多中学生在上大学之前就有很好的职业生涯意识,甚至已经确立未来自己的职业生涯目标。

大学阶段的主要生涯发展任务是获得与未来职业相关的专业知识和技能。而事实上,目前我国的职业生涯教育是从大学阶段才刚刚起步,所以,在大学四年里不仅要学习专业知识和技能,还要补上在中小学阶段"落下的功课",也就是说,大学生职业生涯规划教育的目标应该涵盖职业生涯的认知、技能、态度等各个方面的教育目标。

大学四年可以分为四个阶段,每个阶段都有各自的职业生涯发展任务 (见表2-1)。

表 2-1　大学生生涯发展阶段及其任务

阶段	时间跨度	生涯发展任务
预备期	入学——大一下学期	• 树立职业生理意识,了解职业与社会、生活的关系 • 掌握职业生涯规划的方法 • 自我探索和环境探索 • 形成初步的职业期望 • 搜集和评价职业信息 • 确定职业生涯目标 • 制定个人职业生涯规划(长期、短期)

阶段	时间跨度	生涯发展任务
分化期	大二上学期——大三下学期	• 学习专业知识、技能 • 根据需要选修、辅修课程，拓展技能领域 • 参加培训、考证，增强就业竞争力 • 发展个性，提高综合素质 • 继续搜集和评价职业信息 • 参加实习、社会实践活动 • 修改自己的职业生涯战略
求职期	大四上学期——签约	• 搜集和分析招聘信息 • 准备求职材料、训练求职技巧 • 求职应聘，与用人单位签约
过渡期	大四下学期——签约离校	• 根据签约单位的文化与岗位的具体要求，有针对性地进行知识、技能、综合素质的补充训练

（二）大学阶段生涯规划特征与任务

1. 一年级——认识自我，认知专业

大学一年级是大学生涯的起步阶段，也是大学生活重要的打基础时期。一年级大学生从中学升入大学，其所处的社会环境、社会地位、学习方式、生活方式都发生了比较明显的变化。在转变过程中，大学生往往会在心理上、思想上和行为上，产生出诸多的不适应，表现为自主意识增强，但自理能力较差；自我期望很高，但自制能力较差；情感丰富，但理智力较差。由中学时代对大学的美好想象到亲身体验大学生活的现实，常常会因实际上的差异而引起复杂的心理矛盾，并且这些冲突和矛盾会在日常的学习生活中反映出来。有相当多的新生入学后认为中学追求的目标实现了，产生了"船靠码头车到站"的想法，学业上自我放松要求；有的对大学学习方法、学习规律缺乏正确的认识和合理的把握，学习上感到吃力；也有的对学习上可能遇到的挫折和困难心理准备不足，因而显得很不适应，以致产生许多烦恼，等等。

大一学生要初步了解职业，特别是自己未来想从事的职业或自己所学专业对口的职业，提高人际沟通能力。具体方法包括与高年级的同学尤其是毕业班学长交流，询问就业情况；参加学校、院系和班级开展的各种活动，在活动中锻炼自己的沟通能力；加强外语学习为顺利通过四级考试做准备；学习计算机基本应用知识，掌握运用计算机和网络辅助自己学习的能力；为将来可能的就业、创业、考研、出国等求职选择做好资料收集及课程准备。大一新生应端正认识，走出对大学认识的误区，认真、刻苦、

努力地学习，树立明确具体的目标（比如拿专业奖学金、过英语四级或六级、考研、出国等），并为实现自己的目标而不懈努力。

一年级大学生活的主要任务是要尽快融入新的集体，认识自我并彰显个人独特的个性，抓好基础课的学习。这一时期的主要规划任务是：

（1）尽快熟悉大学，要充分利用新生入学教育阶段的各种活动，了解学校的发展历史和办学特色，了解所在院系的发展状况以及所学专业人才培养的规格与要求。

（2）要尽快了解和熟悉大学学习生活的特点，努力适应大学学习的方式和方法，掌握大学学习的基本规律，为学业的进一步深化打下良好基础。

（3）要初步了解职业，特别是要加深对本专业的培养目标和就业方向的认识，增强学习专业知识的自觉性，并初步了解将来所从事的职业，为将来制定的职业目标打下基础。

（4）要通过科学认知的方法和手段，如借助于职业兴趣测验和性格测验以及周围人对你的评价等，对自己的职业兴趣、气质、性格、能力、职业价值观等进行全面认识，清楚自己的优势与特长、劣势与不足。

（5）要利用各种讲座、辅导、培训等机会，加强对自我的认识，把握自己的成才目标，增强使命感和责任感，对自己的职业理想进行初步的规划。

2. 二年级——寻找定位，确定目标

大学二年级是大学生基础性学习的重要阶段，也是大学生充实自身力量，发展个人兴趣爱好的重要阶段。这一时期大学生群体开始出现不同发展趋向上的分化，品学兼优的学生及特长学生崭露头角，各种"问题"学生也开始出现。二年级大学生由于对大学环境已经基本熟悉和适应，专业知识、社会知识也进一步得到深化，普遍存在着一种适应感和自信感，自我独立和自我表现的倾向开始突出出来，兴趣爱好开始向广度发展，思想更为活跃，对未来充满了憧憬，除课程学习以外，开始渴求通过多种渠道开拓新的知识领域和业余文化生活阵地。这一时期多数学生开始完成自我期望的价值定向，世界观、人生观基本形成。在品德修养方面，多数同学开始重视个人修养，法纪观念、自我约束和自我校制能力有所增强。但也有一部分同学开始放松对自己的要求，不太重视基础文明修养，组织纪律观念淡漠，易发生违纪违法事件。

大二学生应考虑清楚未来是考研还是就业，并了解有关的社会实践活动，确定参加哪些活动以提高自身的基本素质。可以通过参加学生会或各种社团，锻炼自己的各种能力，也可以开始尝试兼职，检验自己的知识技能；最好能在假期长时间从事与自己未来职业或本专业有关的工作，提高自己的责任感、主动性和受挫能力，并积累职业经验，参加英语口语能力和计算机应用能力培训，通过英语和计算机的相关证书考试，并开始有选择地辅修其他专业的知识充实自己。这一时期的主要规划任务是：

（1）要将主要的精力和时间用于学业方面，关注本专业的发展前沿、学科动态，养成勤奋刻苦、自立自强的作风。这一时期是为将来报考研究生、继续深造积蓄力量的关键时期。

（2）要增强法制纪律观念，培养自我管理、自我教育的能力，防止因适应感、自信感带来的松懈情绪和懒散现象的滋生与蔓延。

（3）可以通过参加学生会或社团等组织，锻炼自己的各种能力，同时检验自己的知识技能，如参与学生会工作，提高自己的责任感、组织协调能力；除了掌握宽厚的基础知识和精深的专业知识外，还要拓宽专业知识面，掌握或了解与本专业相关、相近的若干专业知识和技术，并根据个人兴趣与能力修订个人的职业生涯规划。

3．三年级明确方向，提尚技能

大学三年级是大学生全面拓展自身素质的重要阶段，是由基础课学习向专业课学习过渡时期，也是大学生思想观念更趋成熟、职业理想进一步明确的时期。三年级大学生应该具有更强的历史使命和社会责任感，思维能力明显增强，都希望自己像成人一样待人处世，比较自觉地进行这方面的训练，喜欢参加社会活动，兴趣爱好相对集中，希望通过实际锻炼增长自己的才干，并且许多人已成为学生会或各种社团组织的骨干。在学业方面，更加注重专业的发展、职业的定向和本专业毕业生的就业情况，注重实践环节和各种实用技能的掌握。

大三学生应把目标锁定在提高求职技能、收集公司信息，并确定自己是否要考研究生。加强专业学术论文写作锻炼，大胆提出自己的见解，锻炼自己独立解决问题的能力和创造性思维的能力；参加和专业有关的暑期实习；和高年级同学交流求职工作心得体会；了解收集就业信息的渠道，了解往年的求职就业情况。这一时期的主要规划任务是：

（1）要通过各种实践环节和课内课外的学习机会，进一步全面、客观地认识和了解社会，正确地认识和了解自己。

（2）搞好专业知识的学习。大学三年级是专业知识学习的关键时期，这一阶段要注重理论与实践的结合，特别是要注重对本专业领域新知识、新技术的学习和掌握。

（3）要积极参加与专业技能相关的各种资格认证的考试，对于一些重要的职业资格证书，要根据自己的职业定向努力去获取，以增强自己在未来职业选择中的竞争力。

（4）要进一步明确自己的职业定向，职业目标应更加具体化．并努力在校内外的实践中使自身的职业能力进一步得到强化和提高。

4．四年级——积极求职，成功就业

大学四年级是大学生由学校走向社会转折阶段，也是大学生走向社会开始新生活的全面准备时期。处于大四阶段的毕业生，其总体状况可以概括为"思想活跃、独立性强、跃跃欲试、心绪不定"。毕业班的大学生独立性明显增强，职业定向已处于完成阶段，社会责任感提高，成就感强烈，但实现抱负的紧迫感与适应社会的忧虑感同在。经过几年大学的专业学习和各种活动的锻炼，大学毕业生基本具备了服务社会的知识能力。但许多毕业生对自己的知识能力估计过高，理想的自我与现实的自我既有统一又有矛盾。还有的毕业生缺乏面对现实的勇气，存在畏难心理，渴望成功的同时，又不愿去艰苦的环境中经受磨炼，缺乏艰苦奋斗、开拓进取的意志和勇气。

到了大四，该找工作的找工作、该考研的考研、该出国的出国，不能再犹豫不决。大部分学生的目标应该锁定在找一份满意的工作上。这时。可先对前三年的准备做个总结：首先检验自己已确立的职业目标是否明确，前三年的准备是否已充分；然后，开始进入求职阶段，积极参加招聘活动，在实践中检验自己的积累和准备；最后，制作一份适合自己的简历，积极准备面试，为找到一份满意的工作做全面准备。积极利用学校提供的条件，了解就业指导中心提供的用人单位资料信息，强化求职技巧，进行模拟面试等训练，尽可能地在做了较为充分准备的情况下进行施展演练。这一时期的主要规划任务是：

（1）要完成自己的职业意向定位。要使自己的职业理想建立在现实的基础之上，应通过认真规划、设计和不断修订自己的职业定向，努力缩短理想自我与现实自我的距离，以期达到社会需要、自我需要与现实条件的协调一致。

（2）要认真完成大学后阶段的学习任务。毕业实习、毕业设计和毕业论文等课业任务，是大学所学知识的综合运用，是对大学生专业知识和专业技能掌握情况的综合检验，也是大学生提高自身专业素养、完成大学学业的关键一环。

（3）要做好求职择业的各项准备，在"双向选择"中实现成功就业。要积极参加各种就业、创业培训，进行自我包装和推荐，广泛收集需求信息，主动出击，抓紧时间及时择业、就业。

（4）要抓紧大学阶段的最后时光，为即将开始的职业生涯有针对性地进行"充电"。在职业岗位确定后，要抓紧时间对职位要求的能力素质进行准备，对自己的不足进一步完善和充实，以便能够更快地适应岗位要求。

（二）大学生涯规划管理

对大学阶段的生涯进行有效地规划及其管理，最重要的就是完成从"校园人"到"职业人"的过渡，以利于大学生毕业后较快地适应职场、适应社会。菲力普·加德纳等人曾经专门研究大学毕业生在工作时容易遇到的问题。他指出，大学毕业生难以适应职场的问题很普遍。这些领域包括：将学业知识应用于现实情境；团队工作技能；领导团队；目标设定，时间管理；理解职业价值观和伦理道德；处理冲突和批评，起草项目计划。其中自我管理技能和人际关系技能方面是大学生的薄弱环节，这部分知识和技能恰恰是在大学期间的学习中最不被重视的。因此，重视和加强大学生涯规划及其管理是非常重要的。

1. 目标管理

目标管理是美国著名管理学家德鲁克的首创。1954 年，他在《管理实践》一书中，首先提出"目标管理与自我控制"的主张，随后在《管理——任务、责任、实践》一书中对此作了进一步阐述。德鲁克认为，并不是有了工作才有目标，而是相反，有了目标才能确定每个人的工作。目标管理是以相信人的积极性和能力为基础的。

树立起远大的志向后，它的实现不是一蹴而就的。因而需要将其进行分解。根据实际情况进行合理取舍和科学的组合，使其清晰化、具体化，形成具体步骤的可操作实施的方案。

（1）目标的分解

目标的分解是制定计划、实现目标的第一步。它根据观念、知识、能力差距，将远大目标分解为有时间规定的长期、中期、短期目标，直至将目标分解为某一特定时间段内可以实施的具体计划和方案。目标分解是将目标清晰化、具体化的过程，是将目标量化成可操作的实施方案的有效手段。

目标分解的方法有两种：一是按时间分解为人生目标、长期目标、中期目标和短期目标；二是按性质分解为外职业生涯目标和内职业生涯目标。

按时间分解是最常见的目标分解方法。其具体方法就是将最终目标分解为若干个长期目标，然后再将每一个长期目标继续分解为多个中期目标，最后再进一步分解成为短期目标。

依据性质因素可将目标分解为外职业生涯目标和内职业生涯目标。美国职业心理学家埃德加·施恩最先将职业生旺分为外职业生涯和内职业生涯，相应的职业生涯目标也可以分为外职业生涯目标和内职业生涯目标。

在今天的中国，随着改革开放和经济体制转型的深入，人们在意识形态上也在经历一场悄悄的变革，自我意识上升到前所未有的高度，人人期望成功，渴望实现自我价值。但是，人们的价值观念的多样化，导致职业生涯目标的多样化、对职业成功的理解多样化。现在社会有相当一部分人热衷于追求外职业生涯目标—职位晋升越快越好、收人越高越好、行业内的名气越大越好。然而内职业生涯目标一个人素质的提升、经验的积累、自我成就感的获得，却没有得到同等程度的重视。这种认识误区不在于他们对外职业生涯目标的追求，而在于对内职业生涯目标的忽略。事实上，内、外职业生涯目标同样重要，不可偏废，应该将内、外职业生涯很好的结合在一起：

1）提高：等级层次、能力、专业水平、声望（地位）、自主权、创业、自我控制。

2）学习：获取新的技能、新能力。

3）生理和生存的需求：赚钱（购买力）、就业技能。

4）心理：满足、认知、自尊和自我实现。

（2）目标的选择

目标经过分解之后，可能有众多的子目标等待我们作出安排，因而有必要作出选择。目标的选择有三种状态：

一是保留。就是将规划阶段内对总体目标贡献最大的、必须马上予以实现的子目标进行排序、筛选并确定下来的过程。在不同的情况下，同一个目标在不同人眼里的重要性是不同的。我们在目标选择过程中，要针对自己的实际情况和外界客观条件作出取舍。

二是放下。放下不等于放弃，放下是目标的重要程度和迫切程度，对于那些对总体目标有贡献，但是在资源有限的情况下暂时不那么重要和迫切的目标暂时搁置起来，等待时间允许、条件成熟的时候，再重新予以考虑并保留。

三是放弃。放弃就是完全抛弃，彻底放弃一部分对总体目标贡献不大甚至相违背的一部分目标。

（3）目标的组合

在同一时期内，你可能有几个意欲实现的目标，例如，作为一名大学生，你希望在毕业之际收获更多，就要从上大学之初规划好自己的发展道路。例如，如果你的目标是将来做一名在技术上过硬的工程师，你需要学好专业课程，参加相关的等级考试和认证，深入企业生产一线去实习。此外你可能还有其他的目标，例如学习外语、发展一项兴趣爱好、课余时间做一份兼职……这些目标之间应该组合在一起，哪些可以先做、哪些可以后做、哪些可以同时进行，应该事先统筹规划好。首先，理想的目标和现实的目标应该组合好，例如，有自主创业计划的人，对现有的工作不能不管不顾；其次，职业目标和生活目标应该组合在一起，事业和家庭要尽量做到两全其美、相辅相成。职业生涯目标应该放在更广阔的生活场景中进行考察，包括学习、休闲、亲情、爱情、精神信仰等等。这些目标都是职业生涯目标的一部分，仅仅片面的考虑职业目标，不仅是短现的，而且为将来的发展留下隐患。例如，"工作狂"比常人更容易获得事业上的成功，但是他们的健康和婚姻有时很容易亮红灯。

目标组合的方法有两种：时间上的组合和功能上的组合。

时间上的组合又分为并进和连续两种。并进是指同时着手两个现行目标。它既可以理解为做好本职工作的同时，学习某项专业技能。也可以理解为两种工作目标或学习目标同时进行。例如，有的同学在大学期间发现对自己所学专业并不是非常感兴趣，于是他在不放弃现有专业的前提下，利用课余时间选修了一门辅修课程，或者攻读双学位，为自己长远的规划做好准备。

连续是指对各个目标进行排序，实现一个目标再进行下一个目标，连接而有序地实现各个目标。各个目标之间按照时间先后的内在逻辑联系起来，一环扣一环，层层递进。例如，有的同学在大学期间希望加人党组织，一人校便向党组织提交人党申请书，表明自己的人党意向，随后参加人党积极分子培训班、向老党员学习、向组织汇报自己的思想等，并严格按照党员的标准要求自己，为人党做好准备。

功能上的组合又分为因果关系组合、互补关系组合以及全方位的组合三种。

因果关系组合，是指很多具有因果关系的子目标之间的组合。例如，通常情况下，内职业生涯目标是外职业生涯目标实现的前提，能力目标的实现有助于经济目标的实现。

互补关系组合，是指有些没有明显 H 果关系但却存在互补关系的子目标之间的组合。例如专业知识的积累和社会工作实践之间存在互补关系，二者共同促进成才培养目标的实现。

全方位的组合。在我们一生的发展过程中，不但要追求个人事业的成功，还要力求家庭生活和个人事业的均衡协调发展。例如，美国学者汉森（Hansen）1997 年提出的完整生活计划（ILP）是一个全面的职业生涯规划模型。ILP 涵盖与职业生涯规划相关的多方面目标：爱情、学习、劳动、闲暇和公民身份等在生活中的作用。只有兼顾生活的诸多方面，才能获得更大的发展潜力。

2. 时间管理

对时间你需要规划，一些大学生不善于管理时间，闲的时候不知道怎么打发时间才好，只觉得好无聊，忙的时候又好像热锅上的蚂蚁。管理时间，首先要有长远目标和短期计划，短期计划的最终目的要指向长远目标的实现。短期计划又分月计划、周计划甚至每一天的计划等等。作计划的时候应该合理分配每件事情所占时间的比例。《高效能人士的七个习惯》的作者史蒂芬·柯维认为，每种事情都有"重要性"和"紧急性"两个维度，在你的计划里就要优先考虑既重要又紧急的事情，其次是花少量时间处理紧急而不重要的事情，再次花较多的时间做不紧急却很重要的事情，而对于既不重要也不紧急的事情就可以暂时不做考虑了。如果你没有计划，或者你的计划里凡事不分轻重缓急，那么很可能你每天面对的都是紧急的事，每天都疲于应对紧急的事，你就没有时间做重要的事，这是个恶性循环。大学生应该养成良好的习惯，合理地管理自己的时间。

二八法则（the80/20principle。），又称为帕累托法则、帕累托定律、最省力法则或不平衡原则。此法则是由意大利经济学家帕累托提出的。二八法则认为：原因和结果、投人和产出、努力和报酬之间本来存在着无法解释的不平衡。若以数学方式测量这个不平衡，得到的基准线是一个 80/20 关系。一个典型的模式表明，80％的产出源自 20％的投入，80％的结论源自 20％的起因，80％的收获源自 20％的努力。生活与工作中，普遍存在着二八现象：经济学家说，20％的人手里掌握着世界上 80％的财富；社会学家说，20％的人身上集中了人类 80％的智慧，他们一生卓越；管理学家说，一个企业或一个组织往往是 20％的人完成 80％的工作任务，创造 80％的财富。这说明少量的原因、投入和努力会有大量的收获、产出或回报。只有几件事情是重要的，大部分都微不足道。

要善于利用二八法则来提高效率。人们总是容易在一些事情的处理上拖拖拉拉，不幸的是，大多数人拖延不做的正是那些最重要、最有价值的 10％或 20％的工作，也就是那些"举足轻重的少数事情"。相反，他们终日为 80％毫无价值的事情而忙碌，为"无足轻重的多数事情"而奔波。生活中随处可以看到这样的人，他们似乎终日奔波忙碌，实际上却毫无作为，自然也不会为人们所称道。原因就在于他们总是忙于应付那些微不足道的、琐碎庸常的小事，却耽搁了对自己、对公司都可说是真正举足轻重的工作。

你每天要做的最有价值的工作，往往也是最困难、最复杂的。但是，一旦你有效地完成了这些工作，它们带给你的回报也将是十分惊人的。因此，如果你手边有 20％重要的工作，就决不要先去做那 80％微不足道的事情。开始工作前，不妨先问问自己："这个任务是用于那 20％的高价值部分呢，还是属于剩下那 80％的低价值部分？"只要想到自己即将开始处理并将善始善终地完成一项重要工作，你就会动力十足，不再有片刻迟疑。事实上完成一项重要工作所需的时间，和完成一项琐碎的工作所需要的时间基本上是相同的。它们之间的区别在于：前者能给你一种自豪感和满足感；相反，用同样的时间和精力完成一项平庸的工作，你只能得到极少的满足感，甚至毫无成就感可言。

时间管理实际上是对人生的管理和规划，它的实质内容就是控制做事情的顺序。时间管理能帮助你决定下一步做什么。虽然你有权利自由选择下一步做什么，但是，能否对事情的轻重程度做出甄别，却在很大程度上决定了你生活和工作的成功与否。

3. 学业管理

大学生学业管理，是指大学生对与其事业（职业）目标相关的学业所进行的安排。具体来讲，是指大学生通过对自身特点（性格特点、能力特点）和社会未来需求的深入分析和正确认识，确定自己的事业（职业）目标，进而确定学业发展方向。然后结合自己的实际情况（经济条件、学习状况、生活现状、家庭情况等等）制定学业发展计划并实施。换言之，学业管理就是大学生通过解决学什么、怎么学、用什么学、什么时候学等问题，以确保自身顺利完成学业，为成功实现就业或开辟事业打好基础。

如果大学生没有进行有效的学业管理，大学生的时间、精力就会处于荒废和散乱之中，很容易进入与学业无关的琐事中，虚度美好光阴。相反，能够有效进行学业管理的学生能够合理调节自己的日常学习，自己做的每一点都是实现未来目标的一部分，对学业的顺利完成做到心中有数，热情高涨，也使得他们心中学习意识的转变，从"要我学"变为"我要学"，由被动变为主动。

学业管理主要包含三个方面：

（1）学业目标的确立

首先，分析自己的兴趣爱好，认定自己想做什么。古今中外，因兴趣之花而点燃成功之火的事例不胜枚举，兴趣是理想产生的基础，但目前很多大学生的兴趣模糊，甚至没有。所以一定要认定自己的兴趣爱好是什么，选择自己喜欢的专业方向和研究领域进行奋斗和学习。

其次，分析自己的能力和特长，确定自己能干什么。能力是一个人综合素质在现实行动中的表现。任何职业都要求从业者掌握一定的技能，具备一定的条件，所以学生应该结合自己的兴趣爱好，在认定自己想干什么的基础上确定已经具备的能力和应该开发、培养的潜在能力。

再次，根据现代社会的发展前景和方向，确定社会需求是什么。选择符合社会需求又最适合发挥优势的专业方向和研究领域才是最好的。同时充分听取他人意见以及各种有关规划的事例，并联系自己所在学校的教育方式、背景才能做出好的决策。

（2）制定学习计划

制定出总的学业目标以后，要对其进行自上而下的分解，即制定学习计划。这可以按照以下的思路进行：在校期间总的学习目标—每学年的学习目标—每学期的学习目标—每月的学习目标—每周的学习目标—每日的学习目标。从而使自己的学业规划落实到学习生活的每一天，确保学业计划的严格执行。

（3）学业评估和激励

在实施过程中，应及时地对环境和条件做出评价和估计，对自己的执行情况做出评估。在市场经济条件下，由于现实生活中种种不确定因素的存在，这就使得学业规划的设计具有一定的弹性，我们应该及时反省和修正自己的学业目标，变更实施措施与计划，做到定期评估：每年、每学期、每月、每日地进行检查、评估，进而分析原因和障碍．找出改进的方法和措施。激励措施能将人的潜能和积极性激发出来，惩罚可以有效地防止惰性的产生，因而有必要制定出完成阶段目标后对自己的奖励和惩罚措施。

4. 健康管理

我们的健康状况与个人对健康的认识、周围环境、医疗保健、个人的生物学因素和生活方式以及自我进行的保健有着密切的关系。其中生活方式是由我们自己来掌控的。我们能够通过对自己生活方式的调整，适当采取保健措施，来达到最大限度促进自身健康的目的。健康管理就是基于个人健康档案基础上的个性化健康事务管理服务，它是建立在现代营养学和信息化管理技术模式上，从社会、心理、环境、营养、运动的角度来对每个人进行全面的健康保障服务。它帮助、指导人们成功有效地把握与维护自身的健康。

心理健康是大学生健康管理的重要方面。学习是大学生的主要活动，心理健康的学生是能够进行正常学习的，在学习中获得智力与能力，并将学得的智力与能力用于进一步的学习中。由于在学习中能充分发挥智力与能力的作用，就会产生成就感，由于成就感不断得到满足，就会产生乐学感，如此形成良性循环。人总要与他人交往并建立一定的人际关系。大学生的人际关系主要涉及亲子关系、师生关系和同伴关系等方面。学生处理错综复杂的人际关系的能力直接体现了其心理健康水平。心理健康的人了解自己，并悦纳自己。"人贵有自知之明"，心理健康的人能正确客观地认识自我，了解自己的能力、性格、需要。他们既不自卑，也不盲目自信；他们经常进行自我反思，看到自己的长处；更能容纳自己的不足，并寻求方法加以改进。心理健康的人能正确地认识自我、检验自我和控制自我。

5. 实践管理

一句关于实践的谚语是这样说的："我听到的会忘掉，我看见的能记住，我做过的才真正明白。"大学所学的专业知识，归根到底都是为了实践，只有实践才能体现知识的价值和知识的拥有者一人才的价值。然而并不是从法律系毕业就能当一名律师或法官，并不是从医学院毕业就能够当一名医生。有的大学生在学校里考试成绩很好，就自以为知道得很多，其实他们吸取的也许是过时的知识。更有学生完全迷失了方向，甚至不知道自己已经知道了什么，该知道什么。对于这个问题，只有实践才能澄清事实的真相。

很多大学生在大四找工作要写求职简历的时候，才努力地回忆自己在大学期间的工作经历和社会实践，面对用人单位的各种要求无所适从。匆忙上阵的结果只能是手忙脚乱，忙中出错，招招被动。有的大学生考研、出国、找工作什么都要兼顾，目标始终不确定。还有一部分大学生认为车到山前自有路，没有就业的紧迫感和主动意识。相反，有一部分大学生经过冷静思索能比较早地定下目标，想找工作的话，转行或是不转，想去什么样的用人单位，利用各种渠道搜集相关用人单位的信息，将用人单位的要求与自己的条件进行对比，从中找出差距，利用做兼职、社会实践甚至自学去缩小差距。

当然，有社会实践的经历并不意味着你就驶上了求职的快车道。仅仅是为了履历而打工的做法并不可取，大学生不要追求表面的东西，而要踏踏实实地做些事情，从中得到真正意义上的锻炼。有的同学的求职简历很花哨，说自己干了多少社会工作，其实任何伪装都逃不过那些面试者锐利的双眼。用人单位关心的是你在所从事的社会工作中是怎么干的，取得了什么成果，深人程度如何，只要深人地追问下去，就可以发现你是不是为了履历而打工。而为了打工而影响正常的学习则更不可取。

第三章　基于职业生涯规划的大学生职业认知理论

第一节　职业选择理论下的大学生职业认知

职业选择是个体按照自身的职业兴趣和职业预期，发挥自身能力，运用已掌握的信息来选择职业，使个人能力素质和职业需求二者相吻合的过程。也可以说个体根据自己的个性、兴趣和特长等，结合职业本身的经济报酬、劳动强度、发展空间等信息做出的一种主客观多方面综合考虑比较后的价值判断。职业选择是一个双向选择的过程，求职者对职业岗位的选择也就是职业岗位对求职者的选择，两者双向互动，达到最终的优化配置。

一、当前主要职业选择理论概述

（一）帕森斯的特性因素理论

帕森斯的特性因素理论又称帕森斯的人职匹配理论，特性因素论是最早的职业辅导理论，1909 年美国波士顿大学教授弗兰克·帕森斯在其《职业选择》的著作中提出了"人与职业相匹配是职业选择的焦点"的观点。他认为，每个人都有自己独特的人格模式，每种人格模式都有与其相适应的职业类型。

1. 理论假设

该理论认为个体差异是普遍存在的，每个人都有一系列独特的特性，这些特性可以客观有效地进行测量；不同职业需要具有不同特性的从业者；最佳的人职匹配是可以实现的；个人特性与职业要求之间的匹配越好，个人在职业上成功的可能性就越大。"特性"是指个人的人格特征，包括兴趣、能力、气质性格和价值观等，这些都可以通过心理测量工具来加以评量。"因素"是指在工作上要取得成功所必须具备的条件或资格，这可以通过对工作的分析来了解。

2. 职业选择的三大要素

第一步是评价求职者的生理和心理特点。通过心理测量及其他测评手段，获得有关求职者的身体状况、能力倾向、兴趣爱好、气质与性格等方面的个人资料，并通过会谈、调查等方法获得有关求职者的家庭背景、学业成绩、工作经历等情况，并对这些资料进行评价。

第二步是分析各种职业对人的要求，并向求职者提供有关的职业信息。包括：①职业的性质、工资待遇、工作条件以及晋升的可能性；②求职的最低条件，诸如学历要求、所需的专业训练、身体要求、年龄、各种能力以及其他心理特点的要求；③为准备就业而设置的教育课程计划，以及提供这种训练的教育机构、学习年限、入学资格和费用等；④就业机会。

第三步是人—职匹配。指导人员在了解求职者的特性和职业的各项指标的基础上，帮助求职者进行比较分析，以便选择一种适合其个人特点又有可能得到并能在职业上取得成功的职业。

3. 人职匹配的类型

（1）条件匹配（活找人），即所需专门技术和专业知识的职业与掌握该特殊技能和专业知识的择业者相匹配。

（2）特长匹配（人找活），即某些职业需要有一定的特长，如具有细心、谨慎、沉稳、冷静、对数字敏感的人，宜于做财务工作。

特性因素强调个人具有的人格特征（特性）与职业所需要的素质与技能（因素）之间的协调和匹配。为了对个体的特性进行深入详细地了解与掌握，特性因素论十分重视人才测评的作用，职业指导是以对人的特性的测评为基本前提的。这一理论奠定了人才测评理论的理论基础，推动了人才测评在职业选拔与指导中的运用和发展。

（二）霍兰德的人格类型理论

约翰·霍普金斯大学心理学教授约翰·霍兰德是美国著名的职业指导专家。他于1971年提出了具有广泛社会影响的"人格类型理论"，即"人格—职业匹配理论"，这是一种在特性因素理论基础上发展起来的人格与职业类型相匹配的理论。霍兰德认为，在同等条件下，人和环境的适配性或一致性将增加个体的工作满意度、职业稳定性和职业成就感。

1. 霍兰德生涯理论的主要内容

霍兰德生涯理论的主要内容包括以下几点。

（1）大多数人的人格特质可以归纳为6种类型，即现实型、研究型、艺术型、社会型、管理型和常规型。

（2）工作环境也有 6 种类型，其名称及性质与人格类型的分类一致。

（3）人们都尽量寻找那些能运用自己的技术、体现自己的价值和能在其中扮演令自己愉快的角色的职业，例如一个现实型的人会尽力去寻找现实型的职业，其他几种人格类型和职业类型的匹配亦然。

（4）一个人的行为表现是职业环境类型和人格类型相互作用的结果。如果知道自己的人格类型和职业类型，我们就可以预测自己的职业选择、工作变换、职业成就、个人竞争和教育及社会行为。

2. 人格类型与特征要求

在现实生活中，我们会发现同一职业的从业者有着相似的人格类型和反应方式，如木匠手艺灵巧、律师能言善辩、演员表现欲强、会计计算精确、科学家不善于社交，诸如此类。霍兰德假定大多数人可以归为 6 种人格类型：现实型、研究型、艺术型、社会型、管理型和常规型。各人格类型有其相应的人格特质、兴趣和价值观。人们寻求足以发展其能力、展现其人格特质与价值观的环境。与人格类型相应的职业世界，也可以归纳为以下六种职业类型。如表 3-1 所示。

表 3-1　霍兰德的职业类型

人格类型	特征	喜欢的工作类型	职业
现实型	身体强壮、粗旷、稳健，擅长机械和体力劳动，具有较强的实践性	喜欢用手或工具制造或修理一些东西，愿意从事实物性的工作，喜欢从事户外工作或操作机器	制造、渔业、野生动物管理、技术贸易、机械、农业、技术、林业、特种工程师和军事工作等
研究型	聪明、好奇、有学问、具有创造性和批判性，具有数学和科学天赋等，喜欢独立工作	喜欢与思想有关的研究活动，喜欢研究需要分析、思考的抽象问题	实验室工作人员、生物学家、化学家、社会学家、工程设计师、物理学家和程序设计员
艺术型	善于表达，有直觉力，具有想象力和创造力，具有表演、写作、音乐创作和讲演等天赋和天生的审美能力	喜欢在写作、音乐、艺术和戏剧等方面进行艺术创作，喜欢将自己完全投注在自己所制定的项目中，会尽力避免过度模式化的环境	作家、艺术家、音乐家、诗人、漫画家、演员、戏剧导演、作曲家、乐队指挥和室内装潢

人格类型	特征	喜欢的工作类型	职业
社会型	易合作、友好、仁慈、随和、机智、善解人意	喜欢与人建立关系、与群体合作、与人相处以及通话来解决问题和困难的工作环境	教学、社会工作者、宗教、心理咨询和娱乐
管理型	精力充沛、自负、热情、自信，具有冒险精神，能控制形势，擅长表达和领导	喜欢追求高收入，喜欢利用权力，关心地位，希望成就一番事业	商业管理、律师、政治运动领袖、推销商、市场经理或销售经理、体育运动策划者、采购员、投资商、电视制片人和保险代理
常规型	细心、顺从、依赖、有序、有条理、有毅力、有效率	喜欢规范化的工作或活动，希望确切地知道别人希望他们怎么样或让他们干什么，喜欢整洁有序	会计、银行出纳、图书管理员、秘书、档案文书、税务专家和计算机操作员

3. 劳动者职业性向与职业类型的匹配及模型

霍兰德认为同一类型的劳动者与同一类型的职业互相结合便达到适应状态，这样劳动者就找到了适宜的职业岗位，其才能和积极性才得以发挥。依照霍兰德理论，劳动者的职业性向类型与职业类型相关系数越大，二者适应程度越高；二者相关系数越小，相互适应程度就越低。为了直观地阐明自己的意思，霍兰德设计了一个平面六角形的图形（图3-1）。

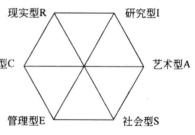

图3-1　霍兰德六角形模型

图3-1所示的六个角分别代表六种职业类型和六种职业性向类型，六种类型的劳动者与六种类型的职业相关联，在图形上以连线表示。

连线距离越短，两种类型的人职相关系数就越大，适应程度就越高。当连线距离为零，劳动者类型与职业类型高度相关，统一在一个点上（即图中六个角顶端所示），表明某种类型劳动者从事相应类型职业，或者某类型职业有相应类型劳动者来担当，此种情况下，人职匹配最适宜，是最好的职业选择。

4. 职业选择时应遵循的原则

霍兰德模型中的六种职业性向并非完全独立。在一些性向之间，存在着重要的相关性。在这个六边形中，每种职业人格类型与其邻近的两种类型属于相近关系，与处于次对角线上的两种类型属于中性关系，与处于主对角线上的职业人格类型属于相斥关系。

模型的六角形状及上述劳动者人格类型与职业类型的关系表明，当人们无法在个人所偏好的部门找到合适的工作时，往往在六角形邻近的部门找到的工作比与之位置较远的部门更能成为令人满意的选择。据此，霍兰德提出了职业选择时应遵循以下几个原则。

（1）相宜原则。即每种职业人格类型的人适宜从事同种类型的职业。

（2）相近原则。即每种职业人格类型的人选择从事与人格类型相近类型的职业，比较容易适应。

（3）中性原则。即人们选择从事与人格类型呈中性关系类型的职业，经过艰苦努力，也较容易适应。

（4）相斥原则。即人们如果选择与人格类型相斥关系类型的职业，则很难适应。

其实，大多数人实际上都并非只有一种倾向，如果他具有的两种职业倾向是紧挨着的，那么他就会很容易选定一种职业。

然而，如果此人的职业性向是相互对立的，那么他在进行职业选择时将会面临较多犹豫不决的情况，这是因为他的多种兴趣将驱使他在多种不同的职业之间进行选择。霍兰德认为，这些性向越相似或相容性越强，则一个人在选择职业时所面临的内在冲突和犹豫就会越少。

（三）罗伊的需要理论

罗伊（Anne Roe）是一位临床心理学家，她的人格理论约在 20 世纪 60 年代提出。罗伊的理论试图说明遗传因素和儿童时期的经验对于未来职业行为的影响。罗伊认为：早年经验会增强或削弱个人高层次的需求，进而影响人的生涯发展。她特别强调早期经验对个体以后的择业行为的影响。

罗伊认为需求满足的发展与个人早期的家庭气氛及成年后的职业选择有着密切的关系。如个体成长过程中，父母对他（她）是接纳的还是拒绝的，家中气氛是温暖的还是冷漠的，父母对他（她）的行为是自由放任的还是保守严厉的，这些都会反映在个人所做的职业选择上。

罗伊认为父母对个体早期的教养方式，对其今后的职业选择有很大的影响。她把父母对孩子管教的态度从"温暖"和"冷漠"两个基本方面，大致划分为三种类型、六种情况，并非常形象地把亲子关系和职业选择的关系用图 3-2 来表示。

从图 3-2 中，我们可以清楚地看出亲子交互反应的形态与人际倾向之间的关系，而两者的关系又取决于需求满足的方式与程度。

第一型"关心子女型"中的"过度保护型"父母，会毫无保留地满足子女的生理需求，却不见得能满足子女对爱与自尊的需求，即使这些需求都能得到满足，子女的

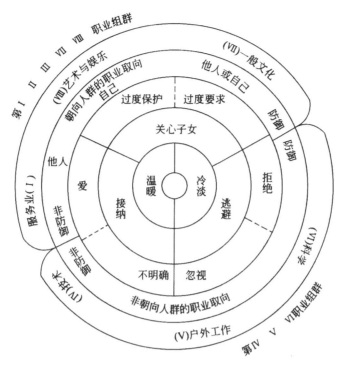

图 3-2 亲子关系与职业选择的关系

行为未必是社会认可的行为。所以，在这类氛围下长大的子女，日后显示出较多的人际倾向，而且不是出自防御的心理机制。

而"过度要求型"的父母，对于子女需求的满足往往附加某些条件，也就是当子女表现出顺从的行为，或表现出父母认可的成就或行为时，其生理需求或爱的需求才能得到满足，这种在父母的高标准严要求下长大的孩子会变成完美主义者。他们会为表现得不够完美而焦虑，因而在做职业选择时较为困难。

二、从职业选择出发大学生的职业认识

（一）国家的相关政策

政策有学校关于毕业生就业工作的细则、做法及相关操作程序，各用人单位的用人制度及选拔毕业生的条件。这些都是学生求职择业的依据。

在这里需要说明的是，目前由于各种各样的原因，有些地方政府在制定有关毕业生就业政策时，尚带有明显的地方保护主义色彩，甚至严重违反国家有关规定，人为地在毕业生就业工作中设置障碍。如有些地方政府，在引进大学毕业生时，对大学生的学历、专业、生源所在地等方面的要求进行了严格规定，这些规定的存在，也对毕业生就业产生了直接的影响。

部分省会城市还存在着进入指标和户口指标的限制，一些限制大学生自由流动的就业政策依然存在，使毕业生跨区域就业出现障碍，就业渠道还有待通畅，到西部去，到基层去就业，仍然受到一些客观条件的影响和制约；一些不合理不合法的收费政策（城市增容费，出省、出系统费等）还客观存在。另外，现行的人事制度对人才的流动也产生了严重的束缚，毕业生一旦进入一个单位，其档案和户籍相对"固化"，使得毕业生正常流动困难，使"先就业，后择业"的现代理念遭遇极大的挑战。

随着毕业生就业制度的改革，就业政策的深化，随着国家劳动认识制度的改革配套，社会将尽可能为大学生求职择业提供较好的环境，职业选择的机会将大大增加，这必定为大学生施展自己的才能提供广阔的天地，也有利于大学生自身的发展与成才。但同时也必须看到，我国目前的生产力还比较落后，供需形势不平衡，教育结构不合理，社会为大学生提供的工作岗位不可能使每个人都满意。另外我国的毕业生就业市场还需要进一步完善，不正之风还有可乘之机。用人单位自主权扩大以后，对大学生要求更加严格。

（二）单位吸引力

大学生对自己所能获得的实际收入和福利待遇较为看重。在市场经济的社会里，这是顺应时代潮流的。在当前我国多数家庭经济水平并不很高的情况下，三、四年，甚至五年的大学生活，经济成本是相对昂贵的，不少大学生是靠勤工俭学和助学贷款完成学业的。经济压力迫使他们选择工资福利较好的招聘单位，有时甚至被迫放弃自己心爱的专业。因而，用人单位在招聘时，除了详细介绍单位的基本情况，应该明确地向前来竞聘的大学生传递工资福利信息。主要包括：工资水平，奖金数额，医疗保险，养老保险，住房公积金比例，带薪假期等。否则，大学生不知道自己应聘后到底能拿多少工资，能得多少福利。一旦存在这种顾虑，他们就难以做出自己的求职决策。这也表明大学生的职业价值定位正由以往的"立志成才，振兴中华，报效祖国"，追求事业前途，实现人生远大志向的精神状态和行为取向逐步转向满足物质利益的要求。

但就业过程中功利主义、经济利益驱动色彩浓重。会导致大学生偏离正确的政治方向，难以履行对国家、对社会的责任。胸无大志、讲求实惠，不愿到国家需要的地方去建功立业。"哪里艰苦哪里去，哪里需要哪安家"的职业取向日趋虚化，一心向"外"（外国、外资湖南省大学生职业选择的影响因素研究企业、涉外单位）成为时髦。

多数大学生集中在热门行业和大城市的一些待遇优厚的行业就业，从而导致局部的供过于求。而一些地处偏远、急需人才的用人单位则苦于得不到人才。人才分布失衡、高才低就的现象在一定程度上造成了教育成果贬值和人才资源配置的失衡。

经济收入作为社会职业评价的主要标准也引导着大学生不断流向能够较好地实现

自我价值的沿海开放城市、经济特区和三资企业等地区和企业。比如大学生最看重的是三资企业的高级管理人员，因为有较好的经济收入和有较多的实现自我价值的机会；随着国家公务员制度的推进，政府机关对大学生的吸引力就有了进一步增强的趋势；另一方面随着社会主导观念一再倡导的"尊重知识、尊重科学"，特别是国家"科教兴国"战略的实施，高等学校和科研单位也赢得了大学生的进一步认可；而中、小学教师待遇偏低，社会地位下降和国防军工单位的地处偏僻，条件艰苦对急功近利、目光短视的大学生的吸引力越来越小。

大学生把求职行业的发展前景放在极其重要的位置。在市场经济的社会里，把发展前景看得比工资福利还重要，反映出大学生这个特殊求职群体的英才智慧和独特识见，也在一定程度上体现出中国大学生并非拜金主义的或惟利是图的。

（三）单位的管理文化

单位的管理文化因素包括：所求职业的社会声望和地位，招聘单位的管理激励措施，领导者的风格特点，工作的挑战性。

大学生十分重视工作的挑战性。从某种意义上说，挑战也就是机遇，把握机遇，也就是创造命运。怀抱利器，艺高胆大的优秀学子，当然敢于迎接挑战，掌握命运。注重挑战性，是一种攻的策略。血气方刚，风华正茂的大学生，十年磨一剑，当然会以攻为守，在变化中求发展。大学生这种求职理念，在风云变幻的现代社会里，是与时俱大学生职业选择的就业政策形势影响因素包括：实习时的表现和实习单位的评定意见，能转入招聘单位的正式编制，国家和地方对大学生的就业政策，国家对自主创业的相关政策，近年本校本专业毕业生的就业状况，招聘单位对外地大学生就业的政策。

就业政策是国家及各级行政教育部门为完成一定时期的毕业生就业任务而制定的行为准则。大学生就业必然要受到国家就业方针政策的制约。从宏观上讲，就业政策有国家制定的就业方针政策、各级政府及各级行政教育部门制定的就业政策和规定；从微观上讲，就业招聘单位的管理激励措施是决定其生存和发展的重要因素，同时维系着员工积极性的调动。大学生要在工作中获得生存也要获得自身价值的实现，因此对其管理激励措施甚为关注。而一个单位的领导风格左右着企业的管理，因而领导风格也是他们关心的。与一个单位的领导格格不入的员工是无法在那里获得生存的乐趣的。

（四）应聘者的实力

应聘者的实力包括：求职者的应聘洽谈和面试技巧，应聘者的实际能力，应聘者的交往能力。在应聘者的实力的方面，大学生最为关注的是求职面试和应聘洽谈技能。

毕业生要想让用人单位全面认识、了解和选择自己，就需要利用各种途径和方法，正确地宣传、展示和推销自己，"毕业生自荐"是让用人单位选择自己的第一步，是一次不见面的"面试"，决定着用人单位是否愿意同你进一步接触，进行"面试"。在择业过程中，不少毕业生因自荐方法处理不当，自荐材料准备不够充分，不能恰当地、实事求是地表达、介绍自己，没有显示出自己的魅力，从而痛失良机。

在择业过程中，用人单位常常通过当面交谈问答的方式对应试者进行考核，这是因为面试与笔试相比具有更大的灵活性和综合性，它不仅能考核一个人的业务水平，且可以通过面对面的观察，了解应聘者的口头表达能力和应变能力，面试已成为用人部门选拔人才的一个重要环节。而部分毕业生因缺乏面试技巧，失去被录用的机会。不少大学生谈到过自己参加竞聘面试前的忐忑不安与诚惶诚恐。少数大学生甚至表现出害怕面试的退缩行为，这种现象在遭遇过几次求职挫折后尤为突出。这个问题的存在，一方面要求有关方面对大学生进行相关的求职技能培训，提高他们的求职素质和求职成功率；另一方面，应该加强大学生的心理疏导工作，化解由求职挫折造成的心理创伤。在这里，更为重要的一点是，要帮助大学生理顺求职理念，调整求职心态，合理把握自己的求职价位。因为书生意气的大学生，求职时往往容易高估自己的价位。

能力是择业的重要依据，是求职者开启职业大门的钥匙。能力是直接影响活动效率，使活动顺利完成的个性心理特征，是指能胜任某项任务的主观条件。人的活动是多种多样的，人的能力也就有各种各样的类型。能力的养成则是在学习和实践过程中经过不断综合、长期努力，渐渐积累而获得的。能力的增长是比较缓慢的，但能力一旦形成之后，就具有相对的稳定性。具有多种能力的学生才是用人单位欢迎的人才。

（五）工作的特性

工作的特性包括工作的稳定性，招聘单位的工作性质（事业或企业单位等），最短签约年限。

随着人事制度改革，大学生"铁饭碗"意识淡化，职业风险意识正在提高。现在的大学生面对择业的失败并不再像以前那样怨天尤人。受到极度重视的"工作的稳定性"这一因素，经济收入等因素之后，越来越被不少人放在不太重要的地位上。无疑的，现代社会所需要的职业风险意识正在人们中间形成并得到强化。但选择事业单位、公务员意味工作岗位的相对稳定性较高，实际上，这种反差反映出现代职业观念和传统价值观的冲突，以及传统价值观对大学生的潜在影响依然很强。

教育科研单位、党政机关、三资企业分列大学生职业意向的前三位，"教育科研等事业单位"倍受大学生青睐，说明我国科教兴国战略正在深入人心，在知识经济时代，知识、技术作为生产要素参与分配，高校、科研等单位的科学技术人员利用知识创造财富，大大提高了他们的经济和社会地位。这几年，政府加大从应届毕业生中招收公务员力度，公开考试，公开选拔，吸引了大学生，这也与公务员的社会地位逐步提高，经济待遇不断改善有关。外资企业较好的经济待遇和注重个人发展空间对毕业生具有普遍的吸引力。

由于民营企业起步晚，发展中困难较多，职业稳定性也较差；自主创业同样要历经艰辛磨难，大学生对这两项的冷落，折射出其注重工作稳定性的心态。

第二节 职业发展理论下的大学生职业认知

一、当前主要职业生涯发展理论概述

（一）职业锚理论

关于个体差异模型的理论揭示：在一个人的职业变化中有很大的一致性，无论怎么变换职业类型，但是有些内在的职业决策的原因没有变，这就是个人的职业锚（ca-reernahcor）。在本研究中，将采用 Scheni 的职业锚理论来解释个体的职业价值观倾向。职业锚的概念最初产生于麻省理工学院的专门小组研究（Scheni，1968，1975）。个人的职业锚即个人的职业自我观，由三部分组成：（1）自省的才干和能力（以各种作业环境中的实际成功为基础）；（2）自省的动机和需要（以实际情境中的自我测试和自我诊断地机会、以及他人的反馈为基础）；（3）自省的态度和价值观（以自我与雇用组织和工作环境的准则和价值观之间的实际遭遇为准则）。职业锚的定义比工作价值观或作业动机的典型概念更宽泛。

1. 技术/职能能力的职业锚

具有这类职业锚倾向的人在作出职业选择和决策时，主要的注意力是自己正在干的作业的实际技术内容或职能内容。他们的自我意象与所处特定领域的能力感有密切关系，因而，他们对管理本身并不感兴趣，虽然在其技术或职能能力区内会接受管理职责。他们指出，自己的职业成长只是在此区域内才意味着持续的进步。例如，一位年轻的以此区域为锚地的财务分析员希望成为他所在公司的会计或审计员，他的职业目标是成为一家大公司的财务副总裁，这个设想的顶峰是成为通用汽车公司的财务副总裁，但是，他不在任何其它职能区神游畅想，他强烈抵制进入全面管理的念头。

总之，以技术/职能能力为锚定的人围绕着他们的能力区调整自己的职业。他们好不含糊地回避将他们从这些区域移开或把他们推上全面管理的情境。他们的主成长是能力区的技巧在不断提高，而不是等级地位的大幅度上升。这些人的成功更多地取决于他们是自身领域的专家带来的反馈和这些区域日益增多的挑战性作业，而不是提升或金钱奖励本身。

2. 管理能力的职业锚

具有这类职业锚倾向的人将管理本身作为最终目标，希望上升到全面管理的位置。他们具备升到总经理位置所必不可少的技能和能力，即分析能力、人际能力和感情能力。这种才干、技巧和能力组合的概念是真正理解管理角色的关键，它们是角色成功的决定因素。它强调这些能力的组合，其某个能力未必比其他职业倾向的人更强。与技术/职能能力的职业锚相比，管理型的人更注重任务的大小，挑战性的程度和责任量，他们很大程度上依赖组织提供的工作，使他们能获得高水平的责任。

3. 安全型和稳定型的职业锚

具有这类职业锚倾向的人倾向于根据雇主对他们提出的要求行事，以维持工作安全、一笔体面的收入和以一种有效的退休方案、津贴等形式体现出的一种稳定的前途。这些人比其他人更容易接受组织对其职业的定义。依赖组织根据他们的情况作出最佳的安排。

4. 创造型的职业锚

具有创造型职业锚的人要求有自主权、管理能力，能施展自己的特殊才干，建立一种有保障的命运。他们似乎具有一种一以贯之的需要：建立或创造某种东西，它们完全属于自己的杰作。对这些人来说，创造出一种以其姓氏命名的成果或程序、一家自己的公司、一种衡量其成就的个人命运与自我扩充刁一是主要的。

5. 自主型和独立型的职业锚

具有这类职业锚倾向的人追求一种将最大限度地摆脱组织约束、能施展自己的职业才能和技术能力的工作情境。他们的自主需要比其他方面的需要更强烈。自主型锚定的人需要随心所欲，制定自己的步调、时间表、生活方式和工作习惯。

6. 挑战型职业锚

具有这类职业锚倾向的人喜欢新颖多样的工作，有挑战的工作任务，他们往往把克服工作中别人无法克服的困难，解决难以解决的问题，打败能干的对手看成是成功。到目前为止关于职业锚的研究多着眼于小样本特殊个案研究研究了霍兰德职业兴趣类型与Sehein的职业锚理论之间的关系；通过个案的方法评价了职业锚模型。在芬兰，职业锚已经有很多研究。Miettinen研究了参加管理培训中的公司主管的职业锚，研究发现，多数主管的职业锚与技术倾向（57%），安全倾向（17%）和管理倾向（14%）有关。

（二）职业生涯发展阶段理论

职业发展理论是研究人的职业心理与职业行为成熟过程的理论。这个理论认为，职业发展在个人生活中是一个连续的、长期发展的过程。职业选择不是个人生活中面临择业时的单一事件，而是一个过程。人们的职业态度和要求也并不是面临就业时才有的，而是在童年时期就开始孕育职业选择的萌芽，随着年龄、经历和教育等因素的变化，人们职业心理也会发生变化。职业发展理论主要提出了以下两种模型：

1. 生命周期模型

这一理论模型的提出者是美国心理学家萨帕（D. E. super，1957）。生命周期模型是一种心理学模型，以人的自我概念的发展为线索，把职业发展划分为五个阶段：（1）成长阶段；（2）探索阶段；（3）建立阶段；（4）维持阶段；（5）衰退阶段。

（1）成长阶段

0—14岁，该阶段孩童开始发展自我概念，开始以各种不同的方式来表达自己的需要，且经过对现实世界不断地尝试，修饰他自己的角色。

（2）探索阶段

15—24岁，该阶段的青少年，通过学校的活动、社团休闲活动、打零工等机会，对自我能力及角色、职业作了一番探索，因此选择职业时有较大弹性。这个阶段发展的任务是使职业偏好逐渐具体化、特定化并实现职业偏好。

（3）确立阶段

25—44岁，由于经过上一阶段的尝试，不合适者会谋求变迁或作其他探索，因此该阶段较能确定在整个事业生涯中属于自己的"位子"，并在31—40岁开始考虑如何保住这个"位子"，并固定下来。这个阶段发展的任务是调整、稳固并求上进。

（4）维持阶段

45—65岁，个体仍希望继续维持属于他的工作位置，同时会面对新的人员的挑战。这一阶段发展的任务是维持既有成就与地位。

（5）衰退阶段

65岁以上，由于生理及心理机能日渐衰退，个体不得不面对现实，从积极参与到隐退。这一阶段往往注重发展新的角色，寻求不同方式以替代和满足需求。

2. 个体差异模型

个体差异模型是以个体特征为起点的非阶段性模型。个体差异是职业选择的核心，很少有研究者把之作为职业发展模型的成分。但Scheni（1978）的职业锚模型是一个例外。Schein最初并不是研究个体差异，而是想通过研究社会化过程以及心理契约的形成，以便能研究个体需要与组织要求的相互作用。他通过对麻省理工学院斯隆管理学院的 44 名 MBA 毕业生做了一个纵向研究。他发现虽然这些人的工作经历中变化工作的种类没有一致性，但是选择变化工作的原因有很大的一致性，而且随着工作经历的积累，原因越来越清晰，越来越连贯。职业锚就是用来解释可归为一组的原因模式，整合个体的职业模式，他把职业锚分为六种基本类型：技术/职能能力型；管理能力型；寻求安全和稳定的类型；创造型；自主型和挑战型。

（三）职业发展道路理论

设置职业发展道路，是组织职业计划的核心。所谓职业发展道路，是指一个人变换职业所走的路线或者途径。典型是：一个雇员在受雇于一个企业期间沿着它来变换职位。职业发展道路有以下几个特点：（1）职业发展道路是组织所铺设，服务于雇员个人。（2）职业发展道路有史以来就集中于某一特定职业内的升迁上。（3）职业发展道路是一条柔性职业发展路线。就某一条职业发展道路而言，并非每个雇员的必经之路，有的人走这条路，有的人并不走此路，而且，走这条路也不一定走到底。不少人沿着纵向行政级别发展路线向上行走，但有的走到中途（如科级、副处级或处级）停顿下来，有的则一直向上走到局级、部级，乃至中央领导的最高层级。

但是，传统上一些职业组织的职业发展道路是高度结构化的，以至于工程师得到晋升或经济奖赏的唯一通路就是进入经理阶层。在传统的职业生涯道路中，技术职业发展道路所提供的升迁机会十分有限。同时，管理人员职业发展道路比技术职业发展道路所提供的经济报酬也要高得多。从现代管理的眼光来看，职业发展道路体系于职业组织是不利的。在这样一个职业发展体系之下，由于地位低、工资少、晋升的机会又比管理人员少，科技人员很可能选择离开职业组织，跳槽到更有利于他们发展的地方去。如果科技人员希望得到地位和高薪，他们也可能放弃科研技术工作去当管理人员。

所以，针对传统职业发展道路的缺点，提出了很多职业发展道路方法。到目前为止已经有很多关于技术专业的职业生涯的管理的方案。最有名（可能也是最有争议的）是所谓的"双重职业发展系统"。

现在很多职业组织目前都制定了多元或双重职业发展道路系统，给科技人员或其他人员以更多的职业发展机会。在双重职业发展道路系统中，科技人员有机会进入三条不同的职业发展道路：一条技术的职业道路和两条管理的职业道路。假如在三条职业发展道路中，员工的工资和升迁机会都差不多的话，员工会去选择最适合他们兴趣和能力的职业发展道路。Balmy 在双重职业发展道路的基础上提出了"混合职业"的概念。混合职业系统是由于考虑到复杂工作环境的出现和模块化工作任务的出现，所以混合职业可以让人们在不同的职业发展道路上比较容易、连续而且同时转换。后来

Allen 和 Katz 在 Bailyn 的基础上，提出了四种职业发展道路：

（1）管理职业发展道路。管理路线常常被认为是成功的职业发展道路，它是渐渐地让一个人脱离技术工作走上管理岗位的职业发展道路。管理路线常常是最吸引人的，因为它带来了最高的声望和地位，以及权力。

（2）技术专家职业发展道路。有些人不喜欢管理工作也不具备管理技能，技术专家路线是指让人朝着专业领域中向上发展的职业发展道路。在这个职业发展道路中，允许雇员只当技术专家，将其技能贡献给企业，却不必成为管理者。人们往往会获得更多地关于自己原先从事的技术的能力的提升，但是没有获得职位上的晋升。值得注意的是，不论是这条道路的管理方面，抑或技术方面，每个层次上的报酬都应是可比的。

（3）横向技术职业发展道路。这种职业发展道路是指脱离原来的技术专业，转向其他领域的新的技术领域或者部门。但是这种转变并没有带来职位的晋升。对于相当数量的雇员来说，采取横向工作职位调动使雇员焕发新的活力，迎接新的挑战。

尽管这条道路可能没有晋升，也无加薪，然而雇员可以增加自己对组织的价值，使自己获得新的发展机会。

（4）项目导向的职业发展道路。这个职业发展道路是针对那些希望获得有挑战性的工作机会，而不再乎职位上的晋升的人而设计的。

二、从职业生涯发展角度看大学生的职业认识

站在职业生涯发展的角度去看待大学生的职业认识，实际上就是对大学生如何看待未来职业发展这一问题的回答。而从这个角度看，当代大学生职业生涯发展的认识包括以下几个方面的特点：

第一，当代大学生对职业生涯发展中具有一定的功利性。当代大学生注重对物质利益以及名誉的追求。在计划经济时期，大学生选择职业提倡为国家和人民做贡献，倡导奉献社会，较少看重物质回报，而是以自身对社会的贡献为根本，大部分大学毕业生更倾向于选择利他主义。改革开放以后，市场经济的到来严重冲击了传统思想，同时受到享乐主义和拜金主义的影响，物质利益更加被大学毕业生重视，大学生的职业价值观由"利他主义"转向"经济报酬""声望地位"转变。受社会风气的影响，收入的多少或者地位高低成为衡量大学生成功与否的标准，大学生职业价值观越来越重视功利。

第二，当代大学生看待职业生涯发展中，更加注重的个人因素。随着社会转型，大学生个性特征开始显现出来。大学生对未来职业发展中在前三位的影响因素分别是生活方式、成就感、声望地位，而为国家和社会做贡献排名却远远落后。现如今随着独生子女增多，绝大多数大学生都缺乏集体观念，以自我为中心，缺乏集体意识，个

人主义倾向严重。当代大学生职业价值观中利他主义远远低于经济报酬和声望低。这种价值观会使其忽视国家和社会的利益，丰厚的报酬和稳定的工作环境是他们职业价值观中比较看重的。对于大学生个人来说，职业价值观转向个体，从某种意义上来说这是一种进步。但是，当代大学生更加考虑个人需求而忽视社会需求，社会观念和集体观念淡薄。

第三，当代大学生看待职业发展过于理想。当代大学生不仅看重"经济报酬""声望地位"而且强调"生活方式""成就感""安全稳定"，当代大学生向往舒适稳定的工作而又希望得到丰厚的经济报酬或者期望自己可以"一举成名"。大学生刚毕业进入社会不可能兼顾那么多方面，得到了名誉地位可能就不能得到安全稳定，得到了经济报酬可能就不能得到自己想要的生活方式。然而大部分大学生缺乏对自身的客观评价以及对社会的客观认识，导致个人内心期望与今后的实际工作存在巨大差距，大学生看待职业发展的观点脱离现实。大学生职业价值观过于理想化也反映了大学生价值观功利化趋势日趋严重，大学生择业缺乏务实精神。

第四，当代大学生职业价值观过于安于现状。当代大学生看待职业非常重视"安全稳定"这一因素。这表明当代大学生想要过安全稳定的生活，当代大学生安于现状。由于我国经济的发展，人们生活水平的提高，大学生满足于现在的生活而缺乏拼搏向上改变现状的精神，大学生这种安于现状的状态无论是对大学生自身还是对我国的发展都是一种潜在不利条件。

第五，当代大学生职业发展观中美感不足。"美感"表示当代大学生对美的追求与对美的感觉。当代大学生职业发展观中"美感"排在第十三位，这表明当代大学生的"美感"意识远远不够。这和中国的应试教育存在一定关系。中国的教育以能通过考试为主导，过分强调对孩子工作能力的教育而忽视了对当代大学生美感的教育。缺乏美感，使大学生缺少对周围事物的欣赏，缺乏对生活的欣赏。缺乏美感不利于我国外貌的建设影响外国对我国的客观评价。

第三节　职业生涯决策理论下的大学生职业认知

一、当前的职业生涯决策理论概述

（一）克朗伯兹的社会学习理论

克朗伯兹（Kmmboltz）汲取班杜拉的社会学习精华，兼顾心理与社会的影响作用，期以帮助面临职业生涯发展困惑的人群。社会学习理论更是在前三个理论上的充实和补充。它强调人们在职业生涯中不必拘泥于既定职业，可以在不断尝试各种性质的活动过程中，增加自己的社会经验，拓展自己的职业技能，为拓宽自己的职业生涯做好充分的准备。

1. 职业选择的四种影响

克朗伯兹认为人的许多选择很大程度上受外界环境的控制和影响，提出了职业选择的四种影响。

（1）遗传素质和特殊能力

一些遗传素质，在某些程度上会影响或限制个人对职业或学校教育选择的自由。这些因素包括种族、性别、外在的仪表和特征等。同时，某些特殊能力也会影响其在环境中的学习经验，伴随这些学习经验而来的兴趣与技能，与个人未来的职业选择具有相当密切的关系。个人的特殊能力包括智力、音乐能力、美术能力、动作协调能力等。这种因素对于艺术类的学生来说影响非常大。

（2）环境条件

环境条件包括个人所接受的教育与训练、家庭背景、社会政策、社会变迁等非个人所能控制的因素，以及个人职业选择的具体领域等。家庭背景则包括父母所从事的职业及社会经济地位、父母的教育水准，以及家庭结构、父母期望等因素。同时还包括劳动法规和行业协会的规定，自然灾害（洪水、干旱、地震、飓风），自然资源的供需情况，技术的新发展等。

（3）学习经验

每个人有独特的学习经验，这在决定其职业生涯时扮演重要的角色，凡是成功的生涯规划、生涯发展和职业或教育的表现所需的技能，均能够通过学习经验而获得。

（4）工作定向技能

即在上述各种因素的交互作用下，个人获得的解决问题的技能、工作习惯、认知过程、情绪反应等，这些技能又会影响其他各项因素。

2. 反馈与职业偏好

社会学习理论还指出，你的偏好折射了你的反应。当你做与某项职业有关的事而得到正反馈，如赞许、认可时，你会倾向于对该职业有所偏好。如果你美术得了 A，你会比得 C 的人更有可能想做美术家。还有一些其他的正反馈，如你认为的成功人士所从事的职业，你敬仰的人鼓励你从事某项职业，或激起你对某些职业的正面评价和想象等。正

反馈对职业规划中所必需的技能学习和行动同样起作用。没有反馈或因你的偏好、技能、行动受罚，会减弱甚至完全消除你对某一职业的偏好。

3. 非理性信念

社会学习理论应用于职业生涯规划的一个特点是，检测你在职业决策和求职时可能产生的一些非理性信念和错误推理。不摒弃这些理念，你可能会做出不现实的选择或者找不到有可能令你满意的职业。决策是带有压力的，有时甚至会很痛苦。你可能会在压力下变得死板或过于防范。与此相反，我们可以剖析自己，寻求职业指导，下决心做出选择。

下面列出了一些对职业决策和求职不利的想法。也许你由于曾感到挫折、失意、内疚、烦闷、易受攻击、无意义、厌憎和担忧而陷入不利于自己的思维模式。试试用更为理性和建设性的思维方式来重新建构这些想法。并请检查一下随时可能出现的这类想法。

- 我不知道我想做什么，这糟透了。
- 别人好像都有目标，都知道他们想从事什么职业。
- 会有一个专家或某种测试告诉我正确的职业（或专业）选择。
- 我在我向往的职业或专业上会以失败告终。
- 如果经济滑坡，我会找不到工作。
- 列出一堆职业来研究和选择完全是在浪费时间。
- 我必须找到唯一适合我的职业。
- 一旦做出了职业选择，我就得一生坚持自己的选择。
- 世界变得太快，根本不可能规划你的职业。
- 没有女性（或男性）会从事这样的职业。
- 我不能为男性（女性）老板而工作。

你若有这其中的任何一种想法，都可以换种思维方式，调整为：

- 适合你的工作远不止一种；你可以找到成千上万种按相关兴趣、能力分组的职业。
- 不知道自己想做什么这很正常；一半以上的大学新生会改变求学目标，而通常人一生中平均要换7—10次工作。事实上，职业咨询师更愿意帮助那些职业目标不确定的人，因为他们更热衷于找出和探索备选的职业。
- 即使在困难时期，求职者也能找到工作。
- 很多人愿意在男性（或女性）老板手下工作。
- 很多人都在曾被认为只适合于另一性别的职业上取得了成功。

等你想清楚了，你就能克服那些影响你职业规划的非理性信念。

（二）认知信息加工理论

信息理论把人看作一个信息处理器，而人的消费行为就是一个信息处理过程，即信息的输入、编码、加工储存、提取和使用的过程。认知信息加工理论认为生涯发展就是看一个人如何做出生涯决策以及在生涯问题解决和生涯决策过程中如何使用信息。

1991年，盖瑞·彼得森（Gary Peterson）、詹姆斯·桑普森（James Sampson）、罗伯特·里尔登（Robert Reardon）合著了《生涯发展和服务：一种认知的方法》（Career Development and Services：A Cognitive Approach）一书，阐述了这一认知信息加工的方法（简称CIP）。该理论假设：

- 生涯选择以认知与情感的交互作用为基础；
- 进行生涯选择是一种问题解决活动；
- 生涯问题解决者的能力取决于知识和认知操作；
- 生涯问题解决是一项记忆负担繁重的任务；
- 生涯决策要求有动机；
- 生涯发展包括知识结构的持续发展和变化；
- 生涯认同取决于自我知识。

职业生涯理论是西方20世纪初期以来产生的关于人职匹配和职业发展的一系列以心理学理论为基础的理论的总称。职业生涯规划理论包含了人生中诸多的重要问题：个体特征及早期生长环境对职业的影响，人在组织中的角色转化，人与组织及社会环境的匹配，社会文化环境、家庭环境等对个人职业选择的影响。每种理论都有各自的优点和局限性，希望同学们能吸取其精华，对自己的职业选择有更全面的考虑和更深入的分析，为职业生涯规划的制定与实施奠定坚实的基础。

（1）绘制个人的职业生涯彩虹图，做自己人生的设计师。

（2）选择本章你感兴趣的生涯发展理论，从你的家人或亲朋好友中挑选出2个人，用这种理论结合他们的生活和职业发展经历，来谈谈你对职业生涯规划的看法。

二、CASVE 循环模型及在职业决策中的应用

CASVE循环模型体现了决策过程的最大的一个特点即职业生涯决策是一个持续不断的过程，而不是一个事件，它是整个事件的循环往复。它包括五个阶段：沟通、分析、综合、评估和执行，CASVE就是这五个词的英文单词首字母。它可以在整个职业生涯问题解决和决策制定过程中为你提供指导。这一循环如图3-3所示。

1. 沟通（Communication）

沟通，即识别问题的存在，让当局者清，找出差距。包括发现理想情景与现实情况之间的差距；通过内部和外部信息表现出来；意识到自己需要做出一个选择；充分认识到问题不能忽视。内部信息是对自身消极的情绪信号（不满、焦虑和失望等）和身体信号（昏昏欲睡、头痛、胃部疾病等）的察觉，外部信息包括父母对你职业规划

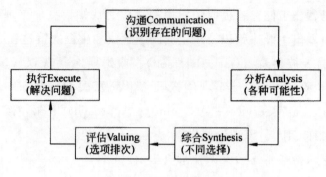

图 3-3 CASVE 循环模型

的询问，同学、朋友对你职业选择的评价，或媒体关于你的专业就业趋势的信息。这一步往往伴随着痛苦与焦虑，大学生会意识到应当从现在开始思考职业生涯的目标与意义。

2. 分析（Analysis）

分析，将问题各部分联系在一起。沟通阶段问题或差距已经产生，此阶段就是如何分析事理。首先分析对自己了解的程度如何，对于将来的去向了解的程度如何。其次要把二者联系起来思考、分析、研究。本阶段应当对理想与现实之间的差距进行分析，要充分了解差距，要将问题的各个部分联系起来，对现状进行总体评估，从而了解自己和自己可能的选择。充分了解问题或差距后，试着给自己提出以下一些问题：

- 要解决这个问题需要自己具有哪方面的优势？
- 我需要做些什么才能解决这个问题？
- 为什么我有这样的感受？我了解环境的哪些方面？
- 我的家人、朋友、同学、师长如何看待我的决策？
- 做选择的压力从何而来？

接下来对这些问题先进行分析。职业生涯问题解决者通常会改善自我认知，不断了解职业世界和家庭需要。应当注意的是分析阶段是决策过程中最容易出现问题的阶段。许多人倾向通过简单化的方式得出结论，直接跳到行动步骤，这样决策时并未能真正厘清问题的关键，未能收集到足够的信息，决策也往往不能很好地执行。

3. 综合（Synthesis）

综合，形成可以行动的选项。本阶段为综合阶段，分析阶段是用来知己知彼，综合阶段则是用来运筹帷幄，即找出差距的根源和成因之后，再去寻求解决问题或消除差距的行动方案。其核心任务是"确定我可以通过什么来解决问题"。这是一个扩大并缩小选择清单的过程。这份清单应该大致符合自己的性格、兴趣、气质、能力和价值观等个性因素。首先，尽可能多地找到消除差距的方法，发散性地思考每一种办法，甚至采用"头脑风暴"进行创造思维。然后，缩小有效方法的数量，通常缩减到3—5个选项，形成我们自己的预期职业库。

4. 评估（Valuing）

评估是对各选项进行排序。这一阶段需要对行动方案进行评估，从而做出选择。评估分为两个阶段。第一阶段，评估每一种选择对决策者和他人的影响。第二阶段，对综合阶段得出的各种选择进行排序。此阶段的主要环节有：对本人和重要他人的影响；根据当事人的道德观念对每种选择进行判断；对个人而言什么是最好的；对重要他人而言什么是最好的；对自己所处的团体而言什么是最好的；对综合阶段做出的选择进行排序；选出自己的最佳选择。

5. 执行（Execute）

执行，形成目标计划并行动。这一阶段，是决策者将认知转换为有计划、有策略的具体行动。此阶段的主要环节有：形成目标，并确定行动步骤以达到目标；以第一选择为目标重新建构计划；制定时间表、工作流程；压力和风险评估。在这一阶段有一种与执行相关的特定活动即计划、尝试和申请。计划是制订个人获得教育和培训的计划。尝试包括通过实践活动、志愿者经历、兼职工作等以便获得更多的实践经验。申请包括填写申请表、报名及采取其他具体步骤实施个人有计划的行动方案。很多人都觉得在执行阶段制订行动计划是令人兴奋的和有价值的，因为他们终于可以开始采取积极行动去解决问题了。

根据评估结果，莫虹选择了最佳职业目标，同时根据职业目标，制订出自己的行动计划与方案。她根据本节第三部分目标设立原则与实践中即将学到的内容，制订出自己在大学期间各阶段目标和学习行动计划，从而实现总体的目标。当然，行动之后还需要进行检测，看行动结果是否有助于缩小理想与现实之间的差距。

最后，沟通再循环，用事实和结果来反馈开始。CASVE循环是一个自身不断循环的过程，在执行阶段结束之后，又回到沟通阶段，以确定自己的选择是否是最好的——理想与现实情境之间的差距是否已经消除。这时候，需要回答以下一些问题：

• 事情是否已经发生了改变？

• 我的朋友和亲戚对我的选择有何反应？

• 我现在感觉怎么样？

• 我是否回避了某些应该做的事情？

如果原先在沟通阶段体验到的消极情感转化为积极的了，那么说明CASVE循环的问题解决过程是成功的。这一阶段是了解自己是否做了一个好的选择的阶段。此阶段的主要环节有：检验问题信号是否消失；问题解决过程是否成功，是否需要启动CASVE循环。此阶段中，莫虹根据制订的学习行动计划实施后的情况，进行了评估，通过自己和同学、家人的反馈，她意识到自己正一步步向职业目标迈进，认识到决策是科学的，计划是可行的。

总之，CASVE 循环是一个持续的过程，一个循环过程结束意味着另一个循环过程的开始。利用 CASVE 循环可以解决职业生涯问题，能够使职业生涯决策过程处于高效率运作状态。

三、职业决策的方法

（一）SWOT 分析法

SWOT 分析法，又称态势分析法，SWOT 是英文单词 Strength（优势）、Weakness（劣势）、Opportunity（机会）、Threat（威胁）的缩写，最早是由哈佛商学院的 K. J. 安德鲁斯教授于 1971 年在其《公司战略概念》一书中提出的。近年来常被用于生涯决策方法中。它是检查自己的技能、职业、兴趣，分析个人优点，评估出自己感兴趣的不同职业道路和职业机会的有用工具，同时是利用内外因素追求目标的决策方案。主要目的是通过分析组织和个人内部的优势与劣势，以及外部环境的机会与威胁制订未来发展的策略。运用 SWOT 分析法进行分析，就是将与自己需要解决的问题密切相关的内外环境优势、劣势因素罗列，并根据影响程度等排序方式按矩阵形式排列出来，然后应用系统分析的方法，把各因素相互匹配并加以分析，从中得出相.应的对策。

（二）生涯决策平衡单

在进行职业决策时，有时需要在两个甚至两个以上不同的职业发展方向中选择，职业生涯决策平衡单可以通过打分量化的方式，帮助我们进行职业生涯目标决策。职业决策平衡单是将重大事件的决策思考事项集中到四个主题上：自我物质方面的得失；外在物质方面的得失；自我赞许与否（自我精神方面的得失）；社会赞许与否（外在精神方面的得失）。个体在进行生涯决策时根据自身的不同，可以考虑不同的具体项目加以评价，从而得出不同选项决策目标的相应分数。

四、影响大学生职业生涯决策的因素

（一）家庭环境

无论是毕业生还是涉足职场的老职员，在选择职业时都会受到家庭成员及其他重要的人的影响。大学生由于年龄和社会阅历的原因，在求职时往往受家庭因素和那些与家庭成员高度融合或密切相连的人的影响较深，不能单独做出某种选择。若家庭成

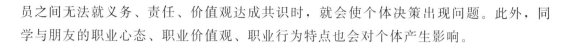

员之间无法就义务、责任、价值观达成共识时，就会使个体决策出现问题。此外，同学与朋友的职业心态、职业价值观、职业行为特点也会对个体产生影响。

（二）个人的因素

1. 遗传因素

个人来自于遗传的一些特质，在某种程度上直接影响着个人职业的选择。如在一些服务岗位和单位的窗口岗位的招聘中，身高、相貌、体型、健康状况等先天因素起到了重要作用。

2. 兴趣爱好

兴趣爱好是人们力求认识、掌握某种事物，并经常参与该种活动的心理倾向，它是影响职业定向的重要因素。美国著名原始派画家摩西奶奶说："做你喜欢做的事，上帝会高兴地帮你打开成功之门，哪怕你现在已经 80 岁了。"她未曾受过任何专业训练，凭着对美的热爱，从 77 岁开始作画，80 岁时（1940 年）在纽约举办个展，引起轰动，到 101 岁去世的二十多年内共创作了 1600 幅作品。

3. 个性

每个人都有其独特的个性特征，个性特征影响工作的效率。如果一个人从事与自己个性特征相符合的职业，个人的工作满意度最高、工作效率最高、流动率最低，职业发展前景也较为乐观。如果从事与自己个性特征不符的职业，则满意度低，并且极容易发生倦怠，导致工作效率低下，甚至产生离职现象。比如粗心、拖沓的人不适合做文秘，内向、不善言辞的人不适合做营销。

4. 能力特长

自身的能力特长是影响大学生择业的重要因素。能力特长，包括了一个职业人所应该具备的各方面能力，如学习能力、适应能力、人际沟通能力、抗压能力等。不同的职业类型有着不同的能力要求。科研类职业要求求职者具备很强的开发能力、搜集和利用信息的能力。政府机关公务员则更加强调交际能力、表达能力、独立工作能力和语言文字能力。

5. 所学专业

兴趣和能力相似的学生，由于所学专业的不同，导致职业的选择千差万别。大学生具有某一专业的知识和技能，这是每个人的优势所在。每个专业都有一定的培养目标和就业方向，这是大学生职业定向的基本依据。

（三）社会环境

从社会角度而言，在一定历史时期一般存在着相对共通的基本职业价值观标准，

并形成职业社会中特定的名次系列和职业声望尺度。职业声望不仅体现了职业的等级层次，而且影响着人们对职业的选择和社会的职业流动。同时，社会对各类职业所持的倾向性态度总会通过传媒、舆论等各种渠道渗透到大学生职业评价中，成为影响大学生职业定向的重要因素。职业声望较好的职业是个体获得心理满足并肯定自己的社会价值的必然选择。

（四）机遇及偶然因素

机遇也对职业定向有很大的影响。机遇就是契机、时机或机会，通常被理解为有利的条件和环境。机遇有偶然性，也具有必然性。机遇是可遇而不可求的，一个合适的工作机遇不是每个人都有机会获得的，它随机出现，具有较大偶然性。但是机遇只为那些高素质有准备的人敞开大门。

第四章　基于就业的大学生职业素养与职业教育培养

第一节　职业目标与社会职业需求分析

一、职业目标的确立

世界公认的成功定义是：成功就是逐步实现一个有意义的既定目标。目标是成功的灵魂精粹所在，目标的达成几乎可以与成功划上等号。成功学大师拿破仑·希尔曾说："设定明确的目标，是所有成就的出发点"。世界上只有 3% 的人能设定他们的人生目标，这也就是成功者总是极少数的根本原因。大多数人之所以失败，其原因也在于他们都没有设定明确的目标，并且也从来没有迈出他们的第一步。

（一）职业目标确立的原则

职业目标的选择首先源于个人的志向，志向的明确不是一蹴而就的，而是随着时间推移，不断积累沉淀而得到的。理想的职业目标就是个体对所立志向的具体化和形象化，是确立在自我认知和对环境科学分析的基础上，具有重大实现可能性的志向。选择职业目标要具有一定的挑战性，同时也要遵循以下原则：

1. 目标不应该是唯一的

国家政策、经济环境和人生际遇等世间万物总在不断的发展变化中，我们的想法也在不断的改变中，所以职业目标不应该是唯一的。

2. 目标要符合个人特点

职业目标要和自己的性格、特长和兴趣是相互契合，从事自己擅长的工作，我们会做得得心应手；从事自己喜欢的工作，我们会工作得很愉快；既是自己喜欢的又是自己擅长的，那我们就可以脱颖而出。

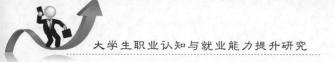

3. 目标要明确

职业目标要明确，避免朝三暮四，否则可能会距离最终的目标越来越远，最后还要重新走回头路，付出较大的代价。因此，职业目标确立时，需要认真考虑，谨慎选择。

4. 目标定位准确

确定职业目标前要对自己的水平、能力、薪资期望、心里承受度等进行全面分析，做出比较准确的定位。切莫定位不准，时常徘徊在就业、考研或出国深造等选择中。

（二）职业目标选择的方法

职业目标的选择方法主要包括性格和兴趣选择法、特长选择法、"人脉、金脉、知脉整合"选择法、咨询选择法和 SWOT 选择法。

1. 性格和兴趣选择法

这类选择法，就是根据自己性格和兴趣的特点来寻找适合自己未来职业目标的方法。台湾交通大学教授、管理大师曾仕强说过："命运就是性格，性格决定命运"；美国投资家巴菲特也同样认可兴趣的重要性，当学生请他指示方向时，他总这么回答："我和你没有什么差别，如果你一定要找一个差别，那可能就是我每天有机会做我最爱的工作，如果你要我给你忠告，这是我能给你的最好忠告了。"由此可见，性格和兴趣与人的职业关系是多么密切。

2. 特长选择法

特长选择法是根据自己特长的特点来寻找适合自己未来的职业目标的方法。特长有两个特征：一是绝对性，二是相对性。所谓绝对特长，是指自己能干得了什么。首先必须具备独立完成某一职位的能力与素质，若不具备某一职位所要求的能力，就不可能胜任这一职位，也就谈不上特长了。所谓相对特长，是指在与其他同行竞争中所表现出的优势。在自己认为自己有很多特长时，从自己与他人的比较中寻找自己的比较优势，每个人都有自己的比较优势，只是这种优势的程度不同而已。比如对于一个大学生，你是在与你班上的同学相比有优势？还是与你们全院（系）、全校、同类学校或在社会上的比有优势？这种优势的比较范围不同，对个人的发展也是不同的。

3. 人脉、金脉、知脉整合选择法

大学生的职业生涯规划对个人而言，从经济学上来讲或从价值上来讲，其核心是如何使自己发挥最大的潜能，为社会创造最大的价值，实现个人的人生理想。为此，就必须对自己的资源进行整合。对于一个在校的大学生来讲，个人可整合的资源主要包括以下几个方面的内容：

第一，人脉：人脉主要包括同学及同学的关系、朋友及朋友的关系、老师及老师的关系、亲戚及亲戚的关系、父母及父母的关系，这些都是我们可以利用的关系。有的大学生学习表现很一般，就是有这些良好的人脉，可以找到一个满意的工作。

第二，金脉：金脉主要包括同学、朋友、老师、亲戚、父母可动用的资金，以及自己可融的社会资金等。要想做好任何一个项目都需要一定的资金，一个身无分文的大学生与一个有着百万财富家庭背景的大学生，两者的起点是不一样的。但随着时间的推移，个人能力在自己事业发展中的作用会越来越大。而这种背景所起的作用会逐渐减小。

第三，知脉：知脉主要包括人的理论知识和实践知识，如：课本知识、经验经历、动手能力等。学生学习时往往重视理论知识，而忽视实践知识、技能，有的甚至只把书本知识当知识，而对于用人单位非常重视的实践知识与技能，漠不关心。对于企业而言，他们关心的不是你有什么知识，而是你能干些什么，所以大学生要重视各方面知识的学习。知脉是一个最重要的资源，随着知识经济的发展，知脉在个人发展中的地位越来越重要。有人由大学生就业难而推断知识在贬值，知识没有用．这是不正确的。我们从书本上学到的知识是间接知识，是静态的，而社会的发展是动态的，如果我们把学的知用活，知识是可以创造财富的，是管用的。

4. 咨询选择法

有时候要想对自己有一个正确的认识也不是一件轻松的事，为此我们可以借助外界的力量对自己有一个正确的认识。通常有以下几种途径：

要虚心听取老师的意见：自己对自己的认识往往会是"不识庐山真面目，只缘身在此山中"，老师相对学生来讲有丰富的经验，社会阅历广，对人看得比较透，容易对学生有一个准确的客观认识。

要虚心听取家长的意见：一个人的成长经历只有父母最清楚、最知根知底，作为生活经验丰富的过来人，他们能够帮助学生对职业生涯目标做出比较客观的选择。

要虚心听取朋友的意见：对于一个大学生来讲，与益友之间交流的可能比良师和慈父都多，所以，朋友可能更准确的把握你是什么样的性格、都有哪些兴趣、有哪些特长。

要虚心听取社会咨询机构的意见：现在越来越多的大学生，愿意借助社会咨询机构的力量来审视自己，因为社会咨询机构通过测评，能够科学、专业地为个人的职业发展提出建议。

5. SWOT 选择法

SWOT 选择法是通过对 SWOT 的分析来选择自己职业目标的方法，对每个大学生来说，只有认清自身的优势、了解个人的劣势，才能抓住机会、避开威胁，实现自

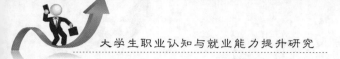

己的职业目标。

在大学生的职业目标选择中，既要防止低才高配，同时也要防止高才低配。以上几种方法可以概况为一句话就是：四个匹配，四个虚心听取，在现实生活中并不能单独使用某一种方法，而是要以某一种方法为主，各种方法综合使用，唯有如此，才能使自己的职业目标选择更准确，更符合自己的实际。

（三）职业目标确立的步骤

在准确地对自己和环境做出了评估之后，大学生们可以确定适合自己、有实现可能的职业发展目标。在遵循职业目标确立的原则下，按照一定的程序，即可正确选择职业目标。

1. 确立目标

我们首先要根据个人的专业、性格、气质和价值观以及社会的发展趋势确定自己的总目标，即人生目标和长期目标。人生目标：设定整个人生的发展目标，如规划最终成为一个有社会责任感、有经济实力的公司董事等；长期目标：5—10 年的的目标，如规划 30 岁时成为一家公司的部门经理或高级主管等。

2. 目标分化

把人生目标和长期目标进行分化，根据个人的经历和所处的组织环境制定相应的中期目标和短期目标。中期目标：2—5 年内的目标与任务，如规划大学毕业后继续攻读硕士学位或参加工作等；短期目标年以内的近期目标，如对专业知识的学习，本学期通过大学英语四级考试等。

确立职业规划目标的 SMART 模式，是指 Specific（明确）、Measurable（可衡量）、Attainable（可行）、Realistic（切实），以及 Time—based（时间限制）。Specific（明确），明确就是要用具体的语言清楚地说明要达到的生涯目标的标准。目标要尽量提的具体，要有标准可以衡量。Measurable（可衡量），可衡量就是指目标应该是数量的，而不是模糊的。应该有一组明确的数据，作为衡量是否达成规划目标的依据。Attainable（可行），可行就是指目标必须具有实现的可能性。目标定得太高，会打击人的积极性。Realistic（切实），一项目标如果实现的可能性等于零，那不管是谁，都会觉得没劲；反过来，它的实现可能性是 100%，那它就不再是目标。它既要符合实现，又是建立在分析实现的基础上。Time based（时间限制），实现职业规划目标应当有时间限制，不是走到了人生尽头还没完，只能成为空想。

（五）职业目标选择的注意事项

职业生涯目标的选择要与社会的发展相结合。国家的宏观经济政策对大学生就业的影响巨大，国家经济形势好，需要的人力资本就多，大学生的就业形势就好；国家经济形势不好，需要的人力资本就少，大学生的就业形势就更严峻。同时应注意，要选择有前景的行业、职业。

把要做的每一件小事与自己的职业目标结合起来。善于从小事、从最具体的职业岗位做起，只要这种小事、具体事与自己的最终职业目标一致，有利于个人职业目标的实现，都可以选择确定为自己的最初职业岗位。一件大事是由一千件小事组成的。就具体而言，任何人做事都没有大事和小事之分，之所以最后的结果完全不同，是因为做大事的人所做的每一件小事和所定的目标都密切相关，一千件小事的完成便意味着目标的达成；而成就不了大事的人所做的一千件小事之间是没有关联的、无序的，最后即使做完了几千件小事，也一事（大事）无成。人的职业生涯规划就是这样一件可以由若干件小事（行为）所组成的大事，立足于小事，才能成就大事。同样是管理专业毕业的两个人，一个选择高薪水的机关白领职业，另一个选择靠销售提成作薪水的销售业务员职业．在普通人看来，白领的工作比业务员的要好，但从个人、职业生涯发展的角度来看，结果就不那么简单了。如果个性能力特征适合一般的机关白领职业而个人职业发展目标也是追求稳定和舒适，选择机关白领的职业是理想的；但对于追求富有挑战性工作，兴趣和职业志向是做企业的高层管理者的人来说，工作之初就选择坐机关，只会失去大好的锻炼机会，而选择做市场销售，从最基础的小事也是最艰难的事情做起，虽然暂时难一点，但从长远看，既可以锻炼能力又能积累宝贵的经验，应该说是为迈向高层奠定基础的必要过程，是实现长远职业目标的最好开端。

为工作和学习及早选定职业目标。在大学生对职业生涯规划要及早定位，现在的就业压力很大，及早定位有利于了解社会、了解职业，学习的目标更加明确，针对性更强。在美国，大学生从读大学时就开始研究市场，把知识放在实践中去学习，去感悟（如斯坦福大学），而中国学生对市场变化、社会变化关心度较低。所以说，美国的学生是为职业而学习，而我们的学生是在为考试而学习。比如说哪门课程不考试，同学们在学习时肯定下工夫少。由此可见，及早做好职业定位，为工作而学习，关注社会需求，是解决就业难的一项重要措施。

目标选择不要贪心。每个人的精力都是有限的，在同一时间不易选择太多、太大的目标。一般来说，在一年内确定两个目标为益，多于两个你就会顾此失彼，但可以围绕两个目标再细分一些小目标。目标的实现会对自己是一个很大的鼓舞，如果定的目标多实现不了，只会挫伤自己的锐气。

二、社会职业需求分析

（一）当前大学生的就业形势

1. 就业形势概述

随着高等教育"大众化"时代的到来，"精英教育"时代的结束，大学生从"稀缺"走向"普遍"，高校毕业生必然从"精英化就业"走向"大众化就业"。其根本原因是高等学校毕业生就业岗位分布、就业层次、薪酬水平等状况是遵循劳动力市场供求规律的，"供需矛盾"决定着毕业生的就业。简单的理论分析是：由于分布在社会中的就业岗位是一个像"金字塔"似的三角形，从顶端向下，各岗位层面对劳动力的技能要求逐渐下降，岗位数量逐渐增多；越靠近顶端层次的岗位，对劳动力的技能条件要求越高、数量越少；底面层次的岗位对劳动力的技能要求最低，数量最多。

在社会的大学毕业生供求关系中，供给方的数量取决于高等教育的规模。进入高等教育大众化阶段后，上大学不再是"千军万马过独木桥"。按照职业岗位分层、筛选竞争的理论，竞争筛选的结果是：一部分毕业生（主要是博士、硕士）通过竞争留在社会的精英岗位上，大部分毕业生被竞争筛选到从事与大众化相适应的"蓝领工作"。随着我国社会和经济的发展以及职业的发展，对从业者的要求越来越高，大批接受过高等教育的人成为社会主义建设各项事业的普通劳动者。加入 WTO 后，世界工业生产基地向我国转移，我们必须改变 7000 万名技术工人中高级技工只有 3.5％的现状，必须打造出一批具有高级技能、较高知识和较高收人水平的"蓝领"。

2016 年 3 月 16 日，十二届全国人大四次会议审查通过了《中华人民共和国国民经济和社会发展第十三个五年规划纲要》。规划指出，坚持就业优先战略，实施更加积极的就业政策，创造更多就业岗位，着力解决结构性就业矛盾。

"'十三五'规划纲要草案的就业目标体现了对就业的重视，这也是保持就业局势稳定的要求。"人力资源和社会保障部劳动科学研究所所长郑东亮介绍，未来五年，我国劳动力供给仍处于高位，劳动年龄人口平均在 9 亿人以上，每年需要在城镇就业的新成长劳动力约 1500 万人。每年城镇新增就业数量达到 1000 万人，再加上自然减员产生的岗位，方能实现比较充分的就业，保持就业稳定。

其一，经济平稳发展将为就业提供支撑。"经济增速虽然放缓，但是基数大了，增量不减，容纳的就业量也会保持在相当的水平。"郑东亮说。未来 5 年，随着经济总量的进一步扩大，GDP 增速保持在 6.5％以上，相应的增量会容纳可观的就业量。

其二，经济结构的优化有利于扩大就业。据测算，产业增加值同比每增长 1 个百分点，二产可以增加就业 61 万人，而三产可以增加就业 70 万人。"纲要草案提出，加快推动服务业优质高效发展。预计到'十三五'末第三产业吸纳就业占比将超过50％，带来更多就业机会。"

其三，更加积极的就业政策将为就业稳定保驾护航。

2. 就业形势现状

随着我国社会主义市场经济的进一步完善，产业结构的不断优化调整，城市化率的逐渐提高，世界整体经济环境的变化，我国人力资源结构不断地进行调整。这给大学生就业带来巨大的压力，就业形势十分严峻。

（1）大学毕业生人数逐年增加，总体就业率下降

近十年来，高等院校不断扩招，我国的高等教育由"精英教育"阶段进入"大众化教育"阶段。大学生就业市场由过去的"卖方市场"转为"买方市场"。近几年，我国大学毕业生人数持续大幅度增加，平均增长速度在每年 50 万人以上。

与此相反的是大学生总体就业率出现下降。据教育部数据，2019 年全国普通高校毕业生预计达 834 万人，相比于 2018 年，增加了 14 万人。麦可思研究院的数据表明，从 2011 年开始，我国大学生全国总体就业率就已经高达 90％以上，近几年逐渐上升。从就业满意度来看，虽然也在缓慢提升，但仍有 1/3 以上的人不满自己的职业。2018 届大学毕业生的就业率为 91.5％。其中，本科毕业生就业率（91.0％）持续缓慢下降，较 2014 届（92.6％）下降 1.6 个百分点；高职高专毕业生就业率为 92.0％，较 2014 届（91.5％）上升 0.5 个百分点。

（2）大学生就业结构性矛盾突出

目前，我国大学毕业生就业整体呈现结构性矛盾，具体表现在学历、专业、院校和市场四个方面。在学历方面，正常的现象是毕业生学历层次越高，就业率也越高。但是近些年，由于受用人单位的影响及高校不断扩招致使本科毕业生人数过多，远远高于社会实际需求，甚至出现了个别高职高专学生的就业率高于普通本科毕业生就业率的现象。在院校方面，直属高校、部门高校和地方高校在软、硬件等存在较大差别，因而培养的毕业生专业水平存在差异。另外，用人单位越来越看重毕业院校的类别，经常对此做出限制，所以直属高校毕业生就业情况较好，地方高校毕业生就业情况令人担忧。在市场方面，大学生的就业首选地区集中在东部沿海经济发达地区如珠三角和长三角地区，以及北京、上海、广州、深圳等大城市，西部欠发达地区却很少有人问津。这就导致东部地区就业压力过大，就业竞争十分激烈，西部地区相对人才短缺。对职业选择，毕业生更愿意到国家机关、国有企事业单位。但是由于各种原因，这些渠道吸纳毕业生的能力在逐年下降。

（5）严峻就业形势中的有利因素

尽管大学生就业的总体形势严峻，但是我们也不要悲观，应该看到不利之中还有

许多有利因素：我国经济发展态势良好，为毕业生提供了较好的就业环境。由于我国政府采取了拉动内需、产业结构调整、国企改革等积极而行之有效的经济政策，使我国经济能够连续多年实现平稳快速增长，良好的国内经济环境为毕业生就业创造了许多有利的条件。

高校就业指导工作不断加强，学生的就业心态越来越好。经过多年的改革发展，毕业生就业工作在学校越来越受到重视，就业指导机构普遍得到充实和加强。以高校为基础的各种形式、不同规模的就业市场活动日趋规范，受到毕业生和用人单位的普遍欢迎。一方面，高校积极为毕业生开展就业指导，为毕业生就业创造条件；另一方面，大多数毕业生能够认清形势，调整心态，即时转变观念，不断提高谋职、就业能力。许多学生都树立了"先就业、后择业"的观念，相信"是金子总会发光的"，对自己的未来充满自信。

毕业生的综合素质不断提高将有助于顺利就业。近年来，各高校努力提高教学质量，加强大学生综合素质培训使大学生素质有了明显的提高，其中大学生的心理素质、择业观念、自我推销能力、创造能力有了显著进步，这些都为大学生顺利就业提供了有利条件。政府近几年出台了针对大学生就业与创业的各种优惠政策，积极鼓励大学生"自主创业"，如鼓励大学生到西部支援西部大开发、政府机关招聘公务员要从大学生中选拔、鼓励大学生到基层锻炼等就业政策。

（二）社会的就业需求分析

1. 社会总体对毕业生的需求大于供给

对于大学生出现的就业难问题，有人说是大学生太多了，事实上，中国目前仍属于人才奇缺的国家，还没有达到大学毕业生多得分不出去的程度。在我国城镇失业人员中，受过大专以上教育的仅占 4.7%。由于各行各业的各级各类单位都需要大学毕业生去补充科技管理干部队伍，提高职工文化素质及文化水平，因此中国目前并不存在大学毕业生已经多得分配不出去的问题。

2. 我国宏观经济整体表现出良好发展态势

当下经济转型升级和供给侧改革的大趋势，恰恰指出了将经济产业政策与促进高校毕业生就业紧密结合的机会。实施中国制造 2025、"互联网＋"，大力发展现代生产性服务业、生活性服务业，以及传统产业的转型升级，存在着大量稳定和提升现有岗位、创造新岗位的机会。随着新技术、新产业、新业态和新模式的发展成长，分享经济、平台经济发展迅猛，新的就业资源和机会不断被开发，就业机会的配置机制也更加灵活，提供了很多有效的、高质量的就业岗位和机会，会吸纳大量毕业生就业。

3. 非公有制经济单位对大学毕业生的需求急剧增加

中小企业是吸引劳动力的最主要渠道，许多国家 80％以上的就业岗位都是由中小企业提供的。非公有制的经济已在我国国民经济领域中占有越来越大的比重，对大学毕业生的需求量也在急剧增加，目前非公有制单位对人才的需求已超过了国有单位，现在已有许多非公有制单位到各高校招聘人才。据统计，目前中小企业提供给我国城镇 70％的就业岗位。全国工业部门就业人数为 1.63 亿人，其中在民营企业就业的就有 1.2 亿人左右，约占 75％。但目前，我国中小企业的发展与国外相比还是滞后，一些国家中小企业的比重占了本国企业的 2/3 以上，印度等国甚至占到 95％以上。在发达国家，一般每千人平均有 50 个企业，而我国每千人不到 9 个企业，中小企业还有相当大的发展空间。

4. 高新技术企业对人才需求增加

随着高新技术企业在我国飞速发展，对高新技术人才的需求量必然大量增加，因此与高新技术有关专业的毕业生的需求非常紧俏。如计算机及应用、计算机网络、计算机软件、通信工程等专业，在人才需求排序中名列前茅，另外，无线电技术、电气工程及自动化、数控技术及应用、焊接等专业的需求量也很大。各地各行业目前都在积极喜迎高新技术人才，提供各种优惠条件，为其创造良好的工作和学习环境，这种日益浓厚的尊重知识、尊重人才的风气，必然为毕业生就业带来更多的机遇。

三、职业目标和社会职业需求的匹配

（一）调整自我，适应社会

1. 两类环境的差异

（1）学生生活是秩序化的，职业生活是自然的

学校教育是根据一定的社会现实和未来的需要，遵循学生身心发展的规律，有目的、有计划、有组织地引导受教育者获得知识技能，陶冶思想品德，发展智力和体力的一种活动。学校教育的目的是培养人。因此从教学计划到教材、授课、作业，从课内到课外，从班集体的组织到环境的布置，都是经过精心设计的，学生生活很有秩序。

职业生活则主要靠自己去摸索、奋斗，再没有人精心设计。因此，不同的对待方式，结果会大不相同。

（2）学生生活是浪漫的，职业生活是现实的

学生生活当中，做作业是为了消化、巩固课程学习，演讲是为了训练口才和思维……错了不要紧，可以重来。职业生活则根本不同，设计桥梁、建造楼房、工厂，

错了一个数字，后果不堪设想。当法官，做记者，不实事求是，会造成极大的社会影响。当教师，一言一行都会影响学生。因此，职业生活要有高度的责任感和良好的职业道德。

（3）学生生活同学之间不发生利益冲突，职业生活同事间利益相关

学生来校是为了学习，相互间不存在利益冲突，同学之间的感情是非常纯洁的，因而保持的时间也最长。在校期间，也会发生一些矛盾，但毕业后回过头来看，大家都会觉得根本算不了什么。职业生活里，人们通过职业生活既要成就事业，又要养家糊口。工资、奖金的发放，住房的分配等等，都与个人利益相关。职业生活的协调靠政策、机制。刚走上工作岗位时，有些人对此很不适应。

总之，认识环境是我们适应社会、走向成功的一个重要问题，应当引起我们的高度重视。

2. 适应社会的方法

（1）做好心理上的调整

对新环境的不适应，集中表现为心理上的不适应。毕业生走上工作岗位后会时常想起和老师、同学们在一起的日子——随心所欲、谈笑风生，而现在却是一张张陌生的面孔，心里常会有说不出的不自在。过去经济上靠父母资助、生活上有学校管理、学业上有老师指教，而今一切要靠自理、自立，怎么样也觉得不习惯，尤其是下班以后，一个人不知如何消磨时间。这种心理上的孤独感、失落感，是由于自我封闭的心理障碍所造成的。因此，要学会心理上的自我调节。只有学会自我解脱、自我宽慰，靠自己的努力转移不良情绪，才能在心理上尽快适应新环境。

发挥自身健康的心理机能——整体协作意识、独立工作意识、创造意识，可以更快速地完成心理上的调整。要克服以下五个"心理"：①对学生角色的依恋心理；②观望等待的依赖心理；③消极退缩的自卑心理；④苦闷压抑的孤独心理；⑤见异思迁的浮躁心理。

一般新人刚跨上职场总是从基层做起。俗话说"良好的开端是成功的一半"。你首先要学会心理适应，学会适应艰苦、紧张而又有节奏的基层生活。你缺少基层生活经历，

可能不习惯一些制度、做法，这时千万不要用你的习惯去改变环境，而是要学会入乡随俗，适应新的环境。在这个阶段，培养出你的整体协作意识、独立工作意识和创造意识。

一是要有自信。虽然在刚开始的时候可能你会做错无数事情，但只要能够吸取经验，慢慢地，在同事前辈们的帮助下，你的整体协作意识，独立工作意识就会养成了。

二是做事要有耐性。要充分发挥自己的主观能动性和创造性，凡事要进行具体分

析、具体对待，然后脚踏实地地工作，自然而然地，你会惊喜地发现，你的创造力也挺强的。在一个行业准备好从底层做起，不断积累经验提升能力，就能为今后的职业发展打下一个良好基础，形成一个有延续性的职业发展历程。

（2）要主动调节生活节奏

结束了宿舍—教室—图书馆三点一线的学校生活，来到了一个生活节奏全然不同的新环境，同样会产生生活上的不适应。要主动调整自己的生活节奏，才能尽快适应新环境。作息时间、生活习惯、饮食结构等要适度调整、重新安排，才能顺利度过异地生活关。

在学校的时候，喜欢睡懒觉，经常上课迟到或者频繁地来些"贵恙"，在读书期间，这也许不会带来什么严重的后果。可是，在工作期间，如果你犯些什么懒病、娇病、馋病，每一件都可能给你带来非常严重的后果。

所以，请你为了自己的职业前途调整生活规律，当然，让你调整规律并非要求你成为一个机器人，有些事你可以自己灵活地决定是否调整。这主要得看你的工作环境与公司文化。

（3）要增强职业角色意识

年轻人容易将事情看得简单而理想化，在跨出校门之前，都对未来充满憧憬。初出校门的大学生不能适应新环境，大多与其事先对新岗位估计不足、不切实际有关。当他们按照这个过高的目标接触现实环境时，许多所谓的"现实所迫"让他们在初入职场时就走了弯路，以至于碰了壁还莫名其妙、不知所措，往往会产生一种失落感，感到处处不如意、事事不顺心。因此毕业生在踏上工作岗位后，要能够根据现实的环境调整自己的期望值和目标。原因就在于，他们都没有一个职业角色的意识，并不真正了解自己能做什么，该往哪方面发展，以至于频繁跳槽。而如果新人们可以为自己做一个良好的职业规划，明确自己的职业目标是什么，在职场中自己该扮演什么角色，该怎样强化自己的职业，并且在这个行业上钻研下去，自然就能得到较好的发展。如果在新的工作岗位上职业角色意识淡漠、一意孤行、我行我素，该请示的擅自做主，该处理的事务不敢做主或推给上司、同事，势必会与新环境格格不入，自然要产生工作上的不适应。进入新单位后，应该认清自己在工作环境中所承担的工作角色以及这个角色性质、职责范围，弄清楚工作关系中上级赋予自己的职权和自己承担的义务。只有这样，才能尽心尽力地去扮演好自己的角色，尽快地融入新的工作环境当中。

（4）要注意完善自己的知识结构

学校教育是按照社会的一般要求来培养人才的，而走上工作岗位以后，不同的岗位对从业者有不同的具体要求。要使自己胜任工作、适应新环境，必须不断根据工作需要学习新知识，完善自己的知识结构。首先，努力向单位同事学习，争取尽快工作上手；其次，力争把所学专业知识应用到实际工作中去；最后，从实际工作中积累经验，提高工作能力，为今后就业做好准备。

刚出道的新人可能文凭比单位里一些前辈要过硬，但是经常会出现这样的情况：刚刚参加工作的学生什么都不会。因为在学校里的时候，我们比较注重的是学习理论知识。然而到了职场上，更注重的是动手能力和累积的经验。因此，新人们要投入到再学习中。这个学习是一种见机行事，是让你适应工作中的知识技能。正所谓，干到老，学到老。竞争在加剧，学习不但是一种心态，更应该是我们的一种生活方式。

在社会主义建设新时代，实力和能力的打拼将越加激烈。谁不去学习，谁就不能提高，谁就不会去创新，谁就会落后。同事、上级、客户、竞争对手都是老师。谁会学习，谁就会成功，就能使得自己职业岗位的智能机构更加完善。学习增强了自己的竞争力，也增强了企业的竞争力。

（二）把握机遇，发展自我

发展是贯穿每个人一生的主题。从某种意义上说，人的一生就是在不断总结经验、吸取教训、走向成熟的过程，通过不断地适应环境来更好地发展自我，走向成功。对于毕业生来说，所得到的第一份工作为每个人提供了一个良好的发展平台。

1. 发现机遇

在人生的道路上，机遇是可能使人获得成功的重要机会和境遇。有些人虽然具备了成功的才能，但是没有显露的机会和展示的舞台，而与成功失之交臂。机遇对于成功的意义应该引起足够的重视。

（1）善于发现机遇是走向成功的阶梯

发现机遇要有能够透过表面现象揭示发展规律的本事。当开始第一份工作时，如果能对未来充满希望，以积极的态度面对人生，就会发现更多的机遇。

生活中处处充满着机遇，每一次活动、每一次交往、每一次转折、每一次得失等等，都可能带来新的感受、新的信息、新的朋友，都可能是一次机遇、一次选择、一次走向成功的契机。在职业的生涯中，要善于去发现机遇，这对于目标的最终实现是极其重要的。

（2）善于把握机遇是获得成功的保证

机不可失，时不再来。发现机遇还只是提供你获得成功的可能，要想把可能变成现实，还要牢牢地把握住机遇，敢于承担风险，勇于付出，在实践中经过不断的努力才能实现。因为在机遇面前，所有人都想抓住，每个人都在努力，不前进就等于落后。只有及时地把握住机遇，才能获得成功。

要想成功而又不善于抓住机遇，就很难成大事。抓住机遇靠的是什么？靠的是知识和能力。机遇对于成功只是起到了一个发现、转折、考验的作用。没有机遇，才能可能会被暂时埋没。没有良好的素质，无论有多少机遇，也没有成功的可能。

法国细菌学家巴斯德曾说过：机遇只偏爱有准备的头脑。对于没有准备的人来说，再多的机遇也不起作用。因此，就业之后，更要坚持终身学习。

2. 终身学习

学历只代表过去，学习力才能代表将来。尊重经验的人，才能少走弯路。一个好的团队，也应该是学习型的团队。在人类跨向知识经济时代的今天，知识对每个人的重要性越来越突出。现在不再是活到老，学到老；而是学到老，才能活到老。

（1）终身学习理念的含义

学习是一种持续终身的活动。终身学习是指开始于人的生命之初，终止于人的生命之末，包括人类发展的各个阶段、多个方面的学习活动，既包括纵向的一个人从婴儿到老年期的各个不同发展阶段的各种学习，也包括横向的从学校、家庭、社会等各个不同领域的各种学习活动。终身学习彻底改变了传统的学习观念、学习思想，对学习赋予了全新的认识和全新的理解。

学习是多样化、个性化的。终身学习尊重每个人的个性和独立性，重视学习者自主、自发地不断发展，它不仅使学习内容多样化的范围更加扩大，而且教育、学习的技术与方法等也进一步扩大化，学习者可以自主地从多种内容和方法中进行选择。另外，终身学习的目标也是多样化的学会认知、学会做事、学会共处、学会生存"是终身学习理念的重要支柱与最终目标。

（2）终身学习促进职业生涯的发展

终身学习将促进职业生涯的可持续性发展。在一个人的职业生涯中，单靠十几年的学校教育是不够的。要使人力资源能够"保值"、"升值"，必须把正规的学习和非正规的学习融合在一起，把学习、劳动与创新结合在一起，通过终身学习之路，不断更新自身的知识结构。这样才能保证和促进每个人职业生涯的可持续发展，同时也促进企业的可持续发展。

3. 战胜挫折

随着社会竞争的加剧，就业者在第一份工作中经受的挫折越来越多。提高挫折的耐受力和适应力，是生活在竞争社会中的每一个人生存与发展所必需的。尤其对于刚刚走人社会的毕业生来说，学会战胜挫折显得尤其必要。

（1）珍惜第一份工作

第一份工作是迈进社会的门槛，其中难免会有坎坷。我们经常看到和听到不少初次就业的人，为工作中遇到的坎坷而大发牢骚，动辄轻言离去。这样做是极不妥当的。对择业者来说，做第一份工作，不论出现什么挫折，只要没有充分的理由放弃这个职业，就必须采取各种有效的方法，来巩固自己目前已经获得的职业岗位，其中包括以下几个方面。

安心本职，敢于吃苦。安心本职是珍惜第一份工作的前提。刚走上工作岗位的毕业生，应尽快从学校生活中解脱出来，全身心地投入新的工作。许多毕业生工作后几个月还静不下心来，三心二意，不安心本职工作，这对把握第一份工作是十分不利的。甘于吃苦是珍惜第一份工作的重要条件。只有敢于吃苦，才能很快地适应工作，进入角色。有的毕业生缺乏吃苦耐劳的锻炼，到了工作岗位后怕苦怕累，这必然会影响到今后的发展。

放下架子，虚心学习。事实表明，一个人在学校学到的东西毕竟是有限的，大部分知识和能力仍需在工作实践中学习和锻炼。尽管毕业生在校期间已经学到了一定的知识，但在陌生的职业面前，仍是个"小学生"，一切都要从头学起。一切有经验的技术人员、领导、师傅、同事都是很好的老师，他们在工作岗位上工作了多年，具有丰富的专业知识和实践经验。毕业生只有放下架子，虚心学习，就能从他们身上学到许多观察问题、分析问题和解决问题的能力，就能逐渐完善自我，尽快实现角色调换。反之，放不下架子，自以为是，是很难学到真本领的。

善于观察，勤于思考。要进入职业角色，珍惜第一份工作，还要开动脑筋，善于观察，勤于思考。只有善于观察，才能发现问题，并运用自己所学得的知识努力解决问题。也只有勤于思考，在工作中才会有自己的见解，逐步具备独自开展工作的能力，承担更大的责任。

勇挑重担，乐于奉献。这是珍惜第一份工作的重要体现。毕业生奔赴工作岗位后应当从一开始就严格要求自己，树立高度的主人翁责任感和积极的奉献精神，不论个人得失，不计蝇头小利，努力承担岗位责任，主动适应新环境，更快地把握住第一份工作。

（2）战胜挫折的方法

巴尔扎克说过："逆境，是天才的晋身之阶；信徒的洗礼之水；能人的无价之宝；弱者的无底之渊。"只有坚韧不拔才能度过职业生涯最初的挫折，走向成功。

1）正确认识。初次就业难免遇到一些挫折，这是正常的。挫折本身并不可怕，它并不是导致情绪障碍的直接原因。对工作中挫折所持的看法、解释，才是引起情绪和行为反应的直接原因。有的对挫折不理解，认为不应该发生；有的在挫折面前以偏概全、一叶障目，过分片面化；有的对挫折过分夸大化，想象得非常可怕，无法挽回等等，这些都是不合理的观念。在初次工作受挫后，要保持冷静、理智，树立自信心，找出挫折源，分析原因、性质及严重程度，然后考虑解决问题的办法及可行性，最后付诸实施。

2）冷静对待。在挫折面前，唉声叹气不会改变现实，只会削弱抗争厄运的意志，使我们在无可奈何中消极地接受现实，因此，我们必须要学会冷静地对待挫折。具体来说，就是要认真地去分析产生挫折的原因，看看是在哪个环节上出现了问题。

3）寻求帮助。遇到挫折时请求帮助是找到走出困境、跨进成功大门的途径，因而也是克服消极情绪的有效办法。

4）积累经验。人们在生活、工作、学习中受到挫折后，能冷静地分析受挫的原因，总结经验教训，修订目标，改进方法，善于"吃一堑，长一智"，这是摆脱挫折、战胜挫折、变失败为成功和避免重蹈覆辙所不可缺少的。

4. 实践中成长

实践出真知。人生不同阶段，学习的方式也不一样。在大学，以看书、学习为主，以实践为辅。走上工作岗位以后，则以实践为主，培训、看书次之。因此，初入职场的毕业生，应该好好珍惜锻炼的机会，迅速提高自己的业务能力和工作水平。

成功的关键在于实践，成功的人都是敢于实践的人。实践的结果有两种，一种可能成功，一种可能失败。成功总是免不了伴随着失败，但是"失败是成功之母"。最后的成功总是属于不屈不挠、勇往直前的人们。

（三）超越自我，适应职场

职场新人如果想要让自己事业上有所进步，最好要先学会养成一个成熟的职场心理。工作不顺利，不要以为周围的一切都在与你作对，可能是因为你不成熟的职场行为与职场格格不人，不是所有人都能够宽容你是一个职场新人，一定要进行自我调节和学习，通过自我转变来适应职场。因此，取得职场良好的发展至少要做到以下"三个转变"和"五个禁忌"。

1. 职场新人三变

（1）转变心理状态，增强抗压能力

职场新人要想尽快融人社会，就要做好迎接挑战的思想准备。在学校的那种轻松、单纯、想人非非的心理和遇到不顺心之事可以大哭一场的态度，已经不适合企业。那样做只能让主管和同事认为你心理脆弱，不成熟，不能委以重任。久而久之，会耽误你的前程。这就要求新入职的大学生员工要转变心理状态，增强抗压力，否则难以找到理想的工作岗位。

（2）转变做事态度，树立目标管理意识

进入企业后，必须要有自己的工作目标，甚至是年目标、月目标、周目标、日目标，因为当今无论什么单位，都是目标管理，达不到目标，就没有业绩。毕业了象征着生活的独立，象征着由依靠家庭变成回馈家庭。因此，必须改变做事的态度，增强责任心，认认真真地做好每件事。那种一切都"无所谓"的办事态度，到企业是行不通的。

（3）转变生活习惯，不要让个性耽误前程

很多初涉职场的新人依然保持学生时代的生活学习习惯，尤其是女孩，常把小食品，饰品，甚至小枕头都放在办公桌上，这样会给人不好的印象。办公室简洁、明快、温馨，整洁有序才会给同事领导留下做事有条理，细致干练的良好印象。在着装上，大学生做学生时穿张扬的、艳丽的、夸张的衣服是无可非议的，但是步入职场，这种穿着习惯就要调整，职场上我们的穿着不只代表自己，也代表了公司的形象，同时，也代表着工作态度以及对对方的尊重程度。因此说，职场拒绝个性化强的着装。

2. 职场新人五忌

（1）躲在舒适区屏蔽身边一切

很多职场新人不喜欢被打扰、不喜欢与人交谈、不喜欢被人指使、不喜欢去主动关心别人。只想停留在自己的角落，享受这种自我的空间。但是，很快就会发现当你渐渐习惯并依恋这样的舒适区的时候，你也正在远离人群，你也会无法很好地处理业务、人际、舆论间的关系，最终与职场背离。

（2）非常崇拜或极度讨厌上司

很多职场新人会存在崇拜上司的心理，因为只有优秀的人才能当上司，于是觉得上司身上满是光芒，盲目地崇拜起来不说，还对上司的话言听计从，全盘接受，这种不成熟的心理会导致自己不能成长，渐渐没了分析和判断的能力，最终在职场上迷失自己。反之，还有一些人认为自己十分优秀，觉得上司其实一般，甚至不如自己，从而衍生出瞧不起上司的心理，可是，他既能成为上司就有其存在的原因，对他嗤之以鼻，他依然是上司，反而因处理不好与上司的关系而影响自己的前途。

（3）试图用眼泪来化解问题

很多职场新人尤其是女孩，遇到困难，受了委屈就掉眼泪。有些人觉得眼泪可以用来宣泄，而有些人却认为这是可以用来保护自己的武器。然而，职场不等同于生活，经常掉眼泪只会让老板觉得你不具备对付工作压力的能力，给其留下了脆弱、没有自制力的印象，所以，你不是老板眼里的好员工。面对职场上的压力，一定要学会控制自己的情绪，如果实在是忍不住想哭，可以找个没人的地方哭，之后赶紧擦干眼泪。

（4）常用敷衍性的语言与人交流

"大概""也许""或者""可能"……这些词汇常常出现在与同事或上司的交流中。事实上，这些词汇让人觉得厌恶至极，因为这样的回答等于没有回答，你没办法准确给出具体的答案，这不仅让对方没办法明确你的工作进程甚至对方的计划也因你而不得不被耽搁。常用这样的词汇别人会猜想，你的拖延症是不是很厉害？你是不是很没有责任心？你是不是只是应付他而已？你是不是不能独立工作？

（5）过于踏实和不踏实的工作

作为职场新手，想着踏实工作，当然没错，但永远只是想着踏实做事，那就大错特错了。职场中，要学习的事情太多了，永远踏实做事的人只会让工作原地踏步，升职也将会渐行渐远。反之，不踏实工作就是职场噩梦的前奏，好高骛远的人，终将一事无成。踏实地工作，并在工作中学习一些可以提升自己的东西也很重要。

从学校走向社会、服务社会是人生的一个重大转折。实现角色转换，顺利度过职业适应期，是大学生不可回避的现实。因此大学生要正确认识自己所承担的社会角色，了解社会角色所承担的权利、义务和规范要求，重塑自我，成功就业，实现自己的人生价值。

第二节　职业能力素质的培养

一、大学生职业能力培养的意义

1. 体现了高校的办学理念的转变

在市场经济条件下，学校作为培养学生的主体，办学理念必须与时俱进，协调发展，避免教育与实际的脱节，学校的办学理念要"以学生为本"，以促进学生就业为己任，加强职业能力培养，切实为学生的成长成才服务。同时，以学生为本，把就业工作作为学校生存与发展的核心，是目前教育的改革发展方向，必将对高校的教育目标、办学理念、专业设置、课程内容、教学方法、就业指导及办学质量等诸多方面产生重要影响。

2. 有利于大学生的成才成长

加强对大学生职业能力的培养，提高学生的综合素质，有利于学生全面发展，健康成长。同时，加强对大学生职业能力的培养，提高学生的就业能力，与职业岗位需求对接，引导学生朝着职业目标努力，发展并拓展自己的职业兴趣和就业优势，为顺利就业奠定基础，对今后职业生涯的顺利发展、实现自我价值也有着重要的现实意义。

3. 有利于提高学生就业能力

加强对大学生职业能力的培养，引导学生积极参加社会实践，提高学生的沟通能力、专业能力与专业技能，有助于增强大学生的就业能力，确定明确的职业目标，逐步缩小职业能力与职业岗位要求的差距，对促进毕业生尽早找到合适的工作岗位、顺

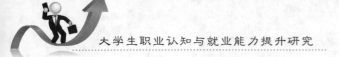

利就业等都具有重要的意义。

4. 有利于尽快适应职业岗位要求

为了使毕业生尽快适应职业岗位，用人单位一般都对刚参加工作的毕业生进行岗位培训。毕业生需要较长时间的培训和锻炼，才能适应工作岗位的要求。在培训和锻炼期间，用人单位需要投入较大的精力，需耗费较多的人力、物力和财力。通过在校期间的职业能力培养，尽早了解工作岗位要求，缩小与职业岗位要求的差距，缩短职业适应时间，尽快适应社会，可减少用人单位的培训成本。

二、大学生专业能力的培养

（一）专业知识与专业能力的关系

专业知识是指在特定的行业、环境、工作、活动等特定条件下，履行岗位职责，完成工作任务所必需的知识，与所从事的职业密切相关，具有一定的针对性和适用范围。专业知识包括专业理论、专业技术等方面的知识。

专业能力是职业能力中的核心内容 3 在职业分工越来越细的现代社会，无论从事何种工作，都需要具备过硬的专业能力，否则就无法履行自身的岗位职责。一个人的专业能力越强，在职业活动中所发挥的作用就越显著。在职业活动中，一个人的专业能力往往是通过内化的专业知识和掌握专业技术而形成的。专业知识是职业能力，尤其是专业能力形成的基础，而专业能力又是实际运用并不断获取专业知识的必要条件，二者相辅相成。

（二）大学生专业能力的培养

专业能力是大学生将来自立于社会之本，可以说专业能力的强弱直接关系到大学生将来在社会上的生存能力的强弱。在大学的专业设置上，每一个专业的专业能力和一般能力的准确界定是不同的。学习不同的专业，对大学生专业能力的要求不同，由于高校设置的专业较多，受篇幅限制，这里主要介绍专业能力培养的一般方法。

（1）学习专业知识。大学生在高校的学习一般都是分专业的，而且每个专业都有各自侧重的学习内容和发展方向。虽然目前在就业时已有专业不对口的理念，现实中也有很多毕业生从事着与自己的专业不甚相关的职业，但这并不意味着专业知识的学习在就业中可有可无。相反，专业知识和专业课程的学习在就业中仍占有相当重要的地位。专业知识的多少与成绩的好坏，是一些专业型用人单位招聘人员时的重要选择标准。专业知识的学习还是用人单位考察应聘人员学习能力、学习态度、学习特点的重要条件。社会需要的大多是复合型人才，毕业生拥有合理的知识结构，就会在就业竞争中处于优势地位。因此，大学生要提高专业能力，顺利就业，就需要认真学习专业知识。

（2）加强理论研究。大学生在校期间接受的专业课学习多以书本知识为主，缺少理论研究，而亲身进行理论研究，可以学以致用，有利于将学到的书本知识系统化、理论化；有利于理论联系实际，通过理论研究来提升自己的职业能力；还有利于查找专业知识的不足，提高专业能力，为适应未来职业奠定基础。

（3）参加社会培训。个体专业能力的提高除了在实践中磨练和提高之外，另外最有效的途径就是接受教育和培训。专业岗位需要有专业的技能，目前我国实行的是职业资格准入制度，越来越多的行业需要大学生在校期间或初入社会就要参加技能培训，并在参加职业资格考试达标后方可从事该行业的工作。而且有很多技能培训是大学生在校期间就可以参加的，这些专业技能培训针对性强，有助于增强大学生的就业能力，提高专业技能。另外，还可以参加人力资源服务公司开设的有关能力培训课程。通过学习培训可以提高大学生的职业能力，了解社会职业对人才的要求，使职业能力得到针对性的系统训练与提高。

（4）参加社会实践。专业能力的形成离不开专业岗位的工作，只有接触实际工作，才能真正了解社会所需。参加社会实践，可以理论联系实际，加强理论与实践的结合，学以致用，通过实践来检验所学的专业知识，加强理论与实践的结合，是自身发展与实现自身社会价值的要求。专业知识的学习与取得虽然重要，但专业知识只是形成能力的基础，重要的是运用专业知识通过个人的思考理解分析来解决实际问题。

三、大学生通用能力的培养

通用能力也就是基本能力，是职业能力中的基础内容。一个人的基本能力越强，在职业活动中所发挥的作用就越显著。通用能力的获得与通识知识（通识知识是指在普通的条件下，工作和进行与工作相关的生活、学习等方面所必须具备的基本知识，是一个人开展工作、开展活动的前提，具有普遍的适用范围）的学习密切相关。通识知识是通用能力形者相辅相成。大学生的通用能力是开展职业工作的基础，也是提高自身素质的需要。

（一）大学生应具备的通用能力

一般来说，各个不同的学科和专业对其毕业生有着不同的能力要求，即要具有从事本专业活动的某些专门能力。但是，无论什么专业的毕业生要想顺利就业并尽快有所成就，都必须具备一些共同的基本能力。从当前社会的需要和毕业生的实际情况来看，作为毕业生应该具备以下几种通用能力。

（1）社会适应能力。大学毕业生普遍存在着适应社会的意识不是很强、能力不是很高的现象，大学生常以改造社会为己任，却忽视了适应社会的前提。适应社会和改造社会是对立统一的两个方面，要想改造社会，首先必须适应社会。适应社会，正是为了担当社会赋予我们的职责与使命。适者生存，生存正是为了发展。大学毕业生只有注意培养自己适应社会的能力，走向社会后才能尽可能地缩短自己的适应期，充分发挥自己的聪明才智。一个人的适应社会的能力是其素质、能力的综合反映，适应社会能力的强弱是与他的思想品格、知识技能、活动能力、创造能力、人际关系能力以及健康状况等密切相连的。

（2）组织管理能力。管理已渗透到社会的各个领域和各个层次，参加工作后并不是每个毕业生都会从事管理工作，但每个人在工作中都不同程度地需要组织管理才能。也就是说，管理能力已不仅仅是领导干部和管理人员所应具备的，而是每一个专业人员都应该具备的。组织管理水平的高低，已经成为一项工作、一个单位工作好坏的重要因素。因此，大学生一定要重视组织管理能力的培养。组织管理能力包括管理自己的能力、管理信息的能力、管理他人的能力、管理任务的能力等。

（3）实践能力。实践能力是将理论知识转化为实践工作的重要保证。实践能力的强弱，与工作质量的好坏有着直接的关系，影响着一个大学毕业生的发展前途。因此，大学生在校学习期间，除了进行理论知识的学习，还要积极参加社会实践，要勤动手，重实践，多做实事，在扎实理论知识的指导下，提高自己实际动手能力。

（4）语言表达能力。语言表达能力是大学生必须具备的又一项重要能力。学习、工作和人际交往等需要语言表达能力。社会竞争是人才的竞争，而一个人必须要有很强的语言表达能力，才能在市场竞争中处于不败之地。若要具备这一能力，当代大学生首先要敢于说，这也是练好口才的前提；其次要做到有话可说，这是练好口才的基础；再次是要善于说话，注意什么场合说什么话，注重语言的得体，这是练好口才的关键。因此，大学生应该抽出时间阅读有关的文学著作和口才范文，多做练习，以便使自己的语言表达能力得到锻炼和提高。

（5）沟通协调能力。沟通协调能力，是每个大学生都应具备的基本能力。沟通协调能力是社会交往的关键，更是走向成功的重要保障。良好的沟通协调能力需要自信心和必要的技巧。要具备良好的沟通协调能力，大学生就要大胆地把握各种交流机会，培养自己与他人在心理方面的相通；要做到诚实守信，人格平等，注意沟通中双方的地位的平等和相互尊重；要学会换位思考，多站在对方的立场和观点上看问题，了解对方的思想观点。

（6）创新能力。创新能力是在多种能力发展的基础上，利用已知信息，创造新颖独特和具有社会价值的新理论、新思维、新产品的能力。它是一种综合性的、高层次的思维能力和行动能力。从社会来讲，经济的发展、科技的进步离不开创新。对个人来说，成功成才依赖于创新。用人单位更需要具有创新能力的大学生。创新能力包含多方面的内容，如接受新知识的能力、树立新理念的能力、预见未来发展的能力、创业能力等。大学生要培养这些能力，需要经常汲取新知识，不断完善自己的知识结构和思维方式，理论联系实际，为走上工作岗位后创造性开展工作打下扎实的基础。

（7）学习能力。学会学习是个体获得自由发展的手段，大学生应重视自学能力的提高，要掌握正确、科学的学习方法，尤其是适应我们自身特点的自学方法及自己获取知识的能力。要学会用已知的知识获取未知的知识，要逐步学会用所学的知识创造性地解决实际问题，并要养成创新的习惯；要抓住每一次学习机会，不断增强自己的学习能力，铸就持续学习、提高学习效率的应有禀赋，以适应不断变化和竞争日益激烈的现代社会。

（二）大学生通用能力的培养

（1）参加勤工俭学活动。在参加勤工俭学的过程中，不仅能锻炼工作的基本能力，而且还能体会到自食其力、自力更生的愉悦。勤工俭学既可以在校内进行，也可到校外进行。

（2）参加社团活动。大学生可以根据自己的喜好和特长，选择合适的社团活动参加。通过参加社团活动，丰富自己的课余生活，培养自己的兴趣特长，加深和拓宽自己的专业知识，锻炼自己的基本能力。

（3）参加社会实践。大学生通过社会实践，可以拓展视野，增长才干，锻炼能力，服务社会。一个好的社会实践会使自己受益无穷，甚至影响自己的职业生涯发展。

（4）参加各类竞赛，校园里经常举办的各类竞赛，已成为展现自我风采、培养个人能力的绝好机会。要锻炼自己的各种能力，应经常参加有关的竞赛活动，通过活动来提高自己某一方面的能力。

（5）参加课程实习。实习是每位学生在跨出校门、走向社会之前必须经历的阶段，是大学生了解社会、了解工作的窗口。因此，几乎所有的高校都会在本科阶段三年级或四年级时安排实习，并把它作为课程和学分的一部分来要求学生，通过实习，可以积累自己的经验，增强自己的阅历，提高自己的能力，为今后职业生涯的发展添加筹码。

（6）担任学生干部。当学生干部，不仅能锻炼组织管理能力、决策能力，而且能锻炼人际交往能力，扩大社交圈子，获得众多朋友，还能培养良好的品德。这些能力的养成，对自己将来的工作发展有着重要的影响，往往成为企业选拔人才的标准之一。

四、不同职业素质要求简介

不同类型职业人员的能力体系不同，对应聘人员的素质要求也不一样，现分别就科研型、管理型、事务型、文化型、工程型和社会型职业人员的素质要求做简单的介绍。

1. 科研型职业应具备的素质

科研工作是一种创造性劳动，科研型人员应具备以创造力为核心的知识结构。在知识结构方面，具备宽厚扎实的基础知识，具有外语交流能力，既要有专长又要有较渊博的知识，达到专与博的有效结合。具备创造性，熟练的基本技能和理论理解及应用能力，具有把这三者融会贯通，协调结合起来的能力。具备独立思考、勤于实践、不怕挫折的良好心理素质。

2. 管理型职业应具备的素质

从事管理型职业人员应具备的素质，主要包括以下几点：认真贯彻国家的方针政策并能灵活运用，有高度的公众意识。具备坚实的管理专业理论和实际知识，同时具有较广博的自然知识和社会知识。具备一定的领导、组织协调和社会活动才能，良好的语言文字表达能力等。具有健康的身体和充沛的精力以应付千头万绪和千变万化的工作。

3. 事务型职业应具备的素质

事务型职业，是指与组织机构内部日常的制度性、规范性、信息传播等有关的事务处理的职业活动，如打字员、档案管理员、办事员、秘书、图书管理员、法院书记等。事务型职业对从业者的素质要求，在知识方面侧重于基础文化知识，对于职业技术专门的知识有较具体的了解，要懂得统计、档案管理知识，熟悉专门法规和规章条例，一些涉外单位对外语也有较高的要求，事务型职业不少岗位需要员工严守纪律，保守秘密，有的还要礼仪方面的特殊要求。在能力方面要求具有较高的社交能力，语言表达能力和干练的办事能力等。

4. 工程型职业应具备的素质

工程型职业，主要是指工业、建筑业等行业的工程技术人员应具备的素质要求：要有不辞劳苦、艰苦奋斗的创业精神和严肃认真、一丝不苟的求实工作态度。要谦虚谨慎，深入工作第一线，能和同事密切合作。在牢固掌握专业知识的基础上，对相近专业的知识要比较了解，并有较好的外语水平、计算机应用能力、语言表达能力和理论应用实际的能力。

5. 文化型职业应具备的素质

文化型职业，如作家、服装设计师、音乐家、舞蹈家、摄影家、书画雕刻家、广告设计师等。文化型职业对从业者素质的要求是：能博采众长和广泛涉猎；敏锐的观察力；丰富的想象力；坚强的毅力；得天独厚的艺术天赋；不断创新的精神；

6. 社会型职业应具备的素质

社会型职业包括教育人、救死扶伤、提供公共服务、协调人际关系、为人民提供生活便利的工作；如教师、医生、律师、法官、广播电视工作者等社会公共服务人员；社会型职业要求从事其职业的人员；在知识素质方面，应具有基础的科学文化知识，尤其是应该具备多方面的知识和职业要求的专业知识；在能力素质方面，要有一定的理解能力、社会活动能力、组织协调能力、自身形象设计能力和文字表达能力等。随着经济的全球化，人才竞争的国际化，中外语言的表达能力和计算机操作使用技能已成为各种职业类型所要具备的基本技能；

第三节　职业道德素质的培养

职业道德是大学生职业发展的根本，也是大学生职业素养的根基。在大学生职业发展的不同阶段，职业道德都发挥着重要规范作用，现代社会与职场的发展变化对大学生提出了更高的职业道德要求。加强职业道德基本知识和规范的学习与修养，可以帮助大学生进一步树立正确的职业观，培养优良的职业素养，为顺利走向职场奠定坚实的基础。

一、职业道德概述

（一）职业道德定义

所谓职业道德，就是同人们的职业活动紧密联系的符合职业特点所要求的道德准则、道德情操与道德品质的总和。它既是对本职人员在职业活动中行为的要求，同时又是职业对社会所负的道德责任与义务。也就是说职业道德不仅是从业人员在职业活动中的行为标准和要求，而且是本行业对社会所承担的道德责任和义务。职业道德是社会道德在职业生活中的具体化。

职业道德是社会上占主导地位的道德或阶级道德在职业生活中的具体体现，是人们在履行本职工作中所遵循的行为准则和规范的总和。每个从业人员，不论是从事哪种职业，在职业活动中都要遵守道德。如教师要遵守教书育人、为人师表的职业道德；医生要遵守救死扶伤的职业道德等等。

（二）职业道德的含义

职业道德的含义包括以下八个方面：

1. 职业道德是一种职业规范，受社会普遍的认可。

2. 职业道德是长期以来自然形成的。

3. 职业道德没有确定形式，通常体现为观念、习惯、信念等。

4. 职业道德依靠文化、内心信念和习惯，通过员工的自律来实现。

5. 职业道德大多没有实质的约束力和强制力。

6. 职业道德的主要内容是对员工义务的要求。

7. 职业道德标准多元化，代表了不同企业可能具有不同的价值观。

8. 职业道德承载着企业文化和凝聚力，影响深远。

每个从业人员，不论是从事哪种职业，在职业活动中都要遵守职业道德。

要理解职业道德需要掌握以下四点：

一是在内容方面：职业道德总是要鲜明地表达职业义务、职业责任以及职业行为上的道德准则。它不是一般地反映社会道德和阶级道德的要求，而是要反映职业、行业以至产业特殊利益的要求；它不是在一般意义上的社会实践基础上形成的，而是在特定的职业实践的基础上形成的，因而它往往表现为某一职业特有的道德传统和道德习惯，表现为从事某一职业的人们所特有道德心理和道德品质。甚至造成从事不同职业的人们在道德品貌上的差异。如人们常说，某人有"军人作风"、"工人性格"、"农民意识"、"干部派头"、"学生味"、"学究气"、"商人习气"等。

二是在表现形式方面：职业道德往往比较具体、灵活、多样。它总是从本职业的交流活动的实际出发，采用制度、守则、公约、承诺、誓言、条例，以至标语口号之类的形式，这些灵活的形式既易于为从业人员所接受和实行，而且易于形成一种职业的道德习惯。

三是从调节范围来看：职业道德一方面是用来调节从业人员内部关系，加强职业、行业内部人员的凝聚力；另一方面，它也是用来调节从业人员与其服务对象之间的关系，用来塑造本职业从业人员的形象。

四是从产生效果来看：职业道德既能使一定的社会或阶级的道德原则和规范的"职业化"，又使个人道德品质"成熟化"。职业道德虽然是在特定的职业生活中形成的，但它绝不是离开阶级道德或社会道德而独立存在的道德类型。在阶级社会里，职业道德始终是在阶级道德和社会道德的制约和影响下存在和发展的；职业道德和阶级道德或社会道德之间的关系，就是一般与特殊、共性与个性之间的关系。任何一种形式的职业道德，都在不同程度上体现着阶级道德或社会道德的要求。同样，阶级道德或社会道德，在很大范围上都是通过具体的职业道德形式表现出来的同时，职业道德主要表现在实际从事一定职业的成人的意识和行为中，是道德意识和道德行为成熟的阶段。职业道德与各种职业要求和职业生活结合，具有较强的稳定性和连续性，形成比较稳定的职业心理和职业习惯，以致在很大程度上改变人们在学校生活阶段和少年生活阶段所形成的品行，影响道德主体的道德风貌。

二、职业道德的作用

职业道德是社会道德体系的重要组成部分，它一方面具有社会道德的一般作用，另一方面它又具有自身的特殊作用。职业道德所具有的内在活力在于它能够制约人们的职业活动，调节职业生活中人与人之间的关系，推动全社会的道德建设和精神文明建设。归纳来讲，职业道德的作用体现在以下几个方面：

1. 规范作用

职业道德的作用，首先在于规范人们的职业品质和行为表现。社会各种职业团体和组织中的每一个从业人员，都要按照职业道德规范所要求的基本准则，从职业道德情感、意志、行为等几个方面去要求 A 己、修炼自己。只有这样，才能引导从业人员识大体、顾大局、尽心尽责、全心全意为人民服务；只有这样，才能指导人们正确处理职业生活中国家、集体和个人之间的关系。

2. 调节作用

职业道德的基本职能是调节职能。职业道德的调节作用，也就是职业道德能调节职业交往中从业人员内部以及从业人员与服务对象间的关系。它一方面可以调节从业人员内部的关系，即运用职业道德规范约束职业内部人员的行为，促进职业内部人员的团结与合作。如职业道德规范要求各行各业的从业人员，都要团结、互助、爱岗、敬业、齐心协力地为发展本行业、本职业服务。另一方面，职业道德又可以调节从业人员和服务对象之间的关系。如职业道德规定了制造产品的工人要怎样对用户负责；营销人员怎样对顾客负责；医生怎样对病人负责；教师怎样对学生负责等等。

3. 教育和评价作用

职业道德的教育作用，在于使正在从业或即将从业的人员形成自觉的职业道德内心信念、传统职业习惯和稳定的内在品德。这对大学毕业生来说尤为重要。因为他们毕业后都将从事一定的职业，他们在校期间接受的是专业教育，今后从事的职业种类相对固定。因此，有目的、有计划、系统地对他们进行特定的职业道德教育，为他们踏入社会、走上工作岗位，对国家作出巨大贡献奠定基础；职业道德还有评价作用，这反映在人们在职业生活实践中，根据具体的职业道德规范和准则，对某种职业行为作出恰当评价；从某种意义上讲，这种评价是一种无形的健康向上的精神力量，是调整人们职业行为的有力武器。

4. 对社会道德和精神文明建设有推动作用

职业道德是整个社会道德的主要内容。职业道德一方面涉及每个从业者如何对待职业，如何对待工作，同时也是一个从业人员的生活态度、价值观念的表现；是一个人的道德意识，道德行为发展的成熟阶段，具有较强的稳定性和连续性。另一方面，职业道德也是一个职业集体，甚至一个行业全体人员的行为表现，如果每个行业，每个职业集体都具备优良的道德，对整个社会道德水平的提高肯定会发挥重要作用。因此，只有在职业生活中树立良好的职业道德，才能创建良好的社会氛围，从而推动社会道德、精神文明建设的发展。

5. 有助于维护和提高本行业的信誉

一个行业、一个企业的信誉，也就是它们的形象、信用和声誉，是指企业及其产品与服务在社会公众中的信任程度。提高企业的信誉主要靠产品的质量和服务质量，而从业人员职业道德水平高是产品质量和服务质量的有效保证。若从业人员职业道德水平不高，很难生产出优质的产品和提供优质的服务。

6. 促进本行业本企业的发展

行业、企业的发展有赖于高的经济效益，而高的经济效益源于高的员工素质。员工素质主要包含知识、能力、责任心三个方面，其中责任心是最重要的。而职业道德水平高的从业人员其责任心是极强的。因此，职业道德能促进本行业本企业的发展。.

三、职业道德的基本规范

（一）职业道德规范的主要内容

《公民道德建设实施纲要》中指出："要大力倡导以爱岗敬业、诚实守信、办事公道、服务群众、奉献社会为主要内容的职业道德，鼓励人们在工作中做一个好的建设者。"从这里可以看出，职业道德规范的主要内容是：爱岗敬业，诚实守信，办事公道，服务群众，奉献社会。

（二）职业道德的基本规范

1. 爱岗敬业

爱岗敬业是社会主义职业道德的重要规范，是职业道德的基础和基本精神，是对人们工作态度的一种最普遍、最重要的要求。

爱岗，就是热爱自己的本职工作，为做好工作尽心尽力，是职业员工做好本职工作的前提条件。"知之者不如好之者"，热爱是最好的老师。一个人只有真正热爱自己所从事的职业，才能主动、勤奋、努力地学习职业知识、技能，锻炼提高从事本职工作的本领，切实把本职工作做好。

敬业，就是用恭敬严肃的态度来对待自己的职业，对职业工作一丝不苟，全身心地投入工作。敬业是职业工作者对社会和他人履行职业义务的道德责任的自觉行为和基本要求。职业工作者要做到敬业，首先要树立正确的职业观，认识到无论哪种职业，都是社会分工的不同，并无高低贵贱之分。每一个从业者，如果都能够尽心尽力地做好本职工作，尽到忠于职守的职业道德义务，整个社会的物质文明和精神文明就会健康发展。

爱岗和敬业是相辅相成、相互支持的。爱岗是敬业的前提，敬业是爱岗的升华。一个人只有爱岗，才能够具备合格劳动者的基本条件；而在工作中追求完善和提高，就必须敬业。敬业是爱岗情感的行动表达。只有敬业，才能在职业劳动中创造辉煌。

爱岗敬业的职业道德规范对职业工作者提出了共同要求：一是热爱工作岗位并具有崇高的敬业精神。二是要树立职业信念并追求岗位的社会价值。这是爱岗敬业职业道德要求的根本之处。三是创造团结协作、共同提高的工作关系。这也是爱岗敬业职业道德要求的一个关键问题。

2. 诚实守信

诚实守信是职业道德的根本。诚实守信是中华民族的传统美德，也是做人处事的基本准则。人无信不立，职业无信也不能立。在社会主义市场经济条件下，诚实守信是不可或缺的道德要求。市场经济是信用经济，遵守契约，言而有信，是企业和每一个经济主体在市场上立足的基本条件。没有良好的信誉，就无良好的企业形象；无良好的企业形象，企业就不可能生存和发展。企业是这样，其他职业也是如此，做人也是这样。中国文化从来就把诚信视为做人处事的根本。孔子说："民无信不立"，"人而无信，不知其可也"，"与朋友交，言而有信"，并把"朋友信之"作为自己平生的志向之一。无论古代，还是现代社会，一个人如果不讲信用，就不能与他人正常交往，在社会中也难以立足。诚实守信也是成就事业的根基。

诚实守信是一种做人的品质。诚实是指一个人在社会交往中讲真话，忠实于事物的本来面貌，不歪曲篡改事实，不隐瞒自己的真实思想，不说谎，不作假，不骗人。守信就是讲信用，讲信誉，信守诺言。信就是诚实不欺，诚实守信是每个职业劳动者应有的职业品质，也是职业道德最基本的要求。诚实在职业行为中的基本要求，就是诚实劳动。

守信、信誉是各行各业的立足之本，是企业事业地位的生命。讲信誉，企业就能在激烈的市场竞争中立于不败之地；丧失信誉，企业就走投无路。这已是为无数事实所证明的真理。因此，要坚守诚实守信的职业道德原则，树立诚实为荣、虚假为耻的荣辱观。

3. 办事公道

办事公道是职业道德的基本准则。市场经济的平等、公平、公开原则，要求各行业必须遵循办事公道的职业道德。社会主义市场经济要求每一个市场主体不仅在法律上是平等的，而且在人的尊严和权益上也是平等的。人与人之间应当互相尊重，互惠互利，互相友爱，平等待人。这就要求各行各业特别是党政机关和服务行业应具备办事公道的职业道德要求。要求职业工作者在本职工作中，遵守本职业所制定的行为准则，做到公开、公平、公正，不因私损公，不出卖原则，一切秉公办事。对服务对象要一视同仁，不因民族和阶层、性别和年龄、职位高低、贫富差别而有所差异。

办事公道是各行各业劳动者都应当遵循的基本准则，但在现实生活中，却存在着许多办事不公道的现象。一些人把本应服务于全社会、全体人民的职业，变成只服务于社会某一部分人的职业，甚至变成谋取私利的工具。主要表现在：不讲原则，以私损公。原则代表着职业的整体利益，是社会利益的职业化，是办事公道的依据。只有坚持原则，办事才能公道。有的人受私利的支配，办事不讲原则，给国家、集体和人民群众的利益造成了巨大损失。还有的人不讲党性、不讲正气，以权谋私，行贿受贿，贪赃枉法等，使自己走上了犯罪道路。这些都必须引起各行业员工的高度警惕，要引以为戒。

要做到办事公道，一定要树立人民利益高于一切的思想和正确的权力观。在社会主义社会，人民是国家的主人，一切职业行为都必须从人民利益出发；一切权力都是人民赋予的，只能用来为人民谋福利，而决不能以权谋私。只有确立了这种思想，才能克服利己主义，才会防止为了自己或小团体利益而损害国家和人民的利益的行为，才会防止权力的异化。要做到办事公道，必须坚持原则，秉公办事，遵守国家法律，严守职业纪律；必须做到廉洁奉公，不徇私情，照章办事，平等待人。

4. 服务群众

服务群众是职业行为的本质。服务群众是社会主义职业道德区别于其他社会职业道德的本质特征，是为人民服务的道德要求在职业道德中的具体体现，是全社会各行业尤其是国家机关工作人员和服务行业工作人员必须遵守的道德规范。服务群众揭示了职业与人民群众的关系，指出了职业劳动者的主要服务对象是人民群众。每一个从业人员都是群众中的一员，因此，服务群众的实质就是群众自我服务，即社会全体从业人员之间通过相互服务，来谋求共同的福利和幸福。服务群众是社会主义职业道德的本质要求，又是其最终归宿。

服务群众就是要虚心倾听群众意见，了解群众需要，为群众排忧解难；端正服务态度，改进服务措施，提高服务质量，为群众的工作和生活提供便利，在社会主义社会，我们所从事的各种职业都是为群众服务，为社会服务的。要做到为群众服务，职业工作者必须符合以下要求：一是尊重群众。尊重群众是服务群众的思想前提。二是自觉履行职业责任，严格遵守职业规则，搞好与相关岗位间的有序合作。

要践行服务群众的职业道德要求，每一个职业从业者首先要树立全心全意为人民服务的思想，这是服务群众的根本思想基础。没有这种思想，服务群众就成为一句空话。其次要文明服务，一切为群众着想。服务群众是无限的，要随着社会主义市场经济的发展，不断提高服务质量。第要勇于向人民负责。为人民谋利益是向人民负责，如果由于职业工作的失误，给群众利益造成损失，更要向群众负责，该赔偿的要赔偿，该追究责任的要追究责任，绝不可姑息迁就。

5. 奉献社会

一个能够奉献社会的人，就是一个道德高尚的人。一个职业工作者，无论他从事的是什么职业，在什么岗位上，只要他能够爱岗敬业，努力工作，他就是在为社会作贡献，就是奉献社会如果他在工作中，不讲名利，不计报酬，只求贡献，不求索取，他就是在无私奉献，这就是共产主义的劳动态度，是最高尚的职业情操和道德境界。奉献社会的职业道德特征主要表现为：一是自觉自愿地为他人，为社会作贡献，完全为了增进公共利益而劳动；二是具有为服务社会的责任感，充分发挥主动性、创造性，尽心尽力地工作；＝是不计较报酬和待遇，完全超越狭隘的功利主义。在社会主义建设中，应该大力提倡奉献社会的精神，防止和克服剥削阶级拜金主义、享乐主义和极端个人主义思想的侵蚀。

奉献社会，首先要树立科学的人生价值观。这是奉献社会的前提和思想基础。人生的价值不仅有个人价值，而且有社会价值。人生价值的实现，不仅体现在社会对个人需要的满足，更体现在个人对社会所作的贡献。因此，人生的价值不在于索取，而在于对社会的奉献。其次，要从我做起，从实际工作做起。奉献社会，有轰轰烈烈的壮举，更有默默无闻的劳作。各行各业的工作人员，在自己的职业岗位上，只要认真工作、兢兢业业为他人、为社会、为国家谋利益，都是在为社会做奉献。

四、职业道德的要求与养成

社会依靠社会公德来维系，职业活动依靠职业来规范。加强职业道德修养，对于每一个从业者来说都具有特别重要的意义。

（一）职业道德的基本要求

大学生是将来社会建设的中坚力量，从未来事业的需要出发，应当自觉地养成良好的职业道德，最基本的要求是要形成正确的职业道德认识，树立正确的职业观念，提高职业技能，遵守职业纪律，培养优良的职业作风。

1. 树立正确的职业观念

第一，树立职业平等的观念。"万般皆下品，唯有读书高"的观念，统治了中国几千年，在这种观念的左右下，职业被分为三六九等，理发、保姆等行当，被称为"下人"而被列为社会最底层，就连经商也一直受人轻视，称为"下九流"。新中国成立后，这些旧观念虽然被废除，但人们还是认为只有在国营单位端上"铁饭碗"才算是正式就业。职业有分工，身份无贵贱。在巨大的就业压力下，近年来在全社会加强就业观念教育，极力营造职业平等的氛围，鼓励下岗人员从事长期以来无人问津的职业领域。事实上，越来越成熟的现代市场经济正在改变着千年的传统观念，三六九等的就业划分等级正在淡化，自谋职业、做小生意、在私营企业工作，甚至从事非全日制、临时性、季节性等灵活形式工作也被认为是实现就业，职业平等的观念渐入人心。

第二，树立职业符合社会需要的观念。职业随着社会的发展而发展变化，因此，社会职业结构及其所提供的职业岗位受社会制度、经济发展水平的制约。个人对职业的选择不可能脱离社会需要这个现实。在目前社会经济快速发展情况下，职业结构不断发展变化，不同地区经济发展也不平衡，这就需要每一个从业人员要从大局出发，在选择职业时要服从国家的需要，要积极到艰苦、偏远的地区从事社会需要的职业。

第三，树立适应职业变化的观念。职业的产生和发展既是社会生产力进步的结果，但同时它又反过来进一步促进生产力的提高。随着社会经济发展进程的加快，特别是随着科学技术进步的加快，职业的发展变化也在加快，职业结构发生了重大变化，从业人员的流动性加强，这就要求每一个从业者都要具备适应更多职业的能力，做好迎接各种竞争和挑战的准备，要摒弃抱定一个职业干一辈子的思想，要根据社会需要和自己的兴趣能力不断调整职业，以发挥自己的能力优势，为社会作出更大的贡献。

2. 端正职业态度

第一，尊重并热爱本职工作。热爱是成功的前提，一个从业者对自己的职业非常热爱，他就会在职业生活中充分发挥自己的才能，取得更大的成功。因此，每一位从业者，都应充分认识本职业在社会整体中的地位与作用，充分认识本职业的社会价值与道德价值。社会是多种职业的结合体，一切有益于国家和人民的职业都是光荣而崇高的事业，只有热爱和尊重本职工作，才能在自己的岗位上取得突出的成绩。

第二，树立主人翁的劳动态度，在社会主义社会，每一个劳动者都是国家的主人，都是建设社会主义的基本力量。在社会主义社会，劳动不仅是谋生的重要手段，而且通过劳动可以提升人的价值，净化人的心灵，使人达到自身的完美。所以，每一个从业者都应树立主人翁的劳动态度，站在主人的立场上为国家为人民着想，要通过主动、诚实、创造性的劳动为社会做贡献。

3. 锤炼职业意志

意志是一个人自觉地克服困难去完成预定的目的、任务，以实现一定动机的活动。职业意志是调节职业道德行为的内部力量，是人的意志过程或主观能动性在职业品德上的表现。一个人的职业意志，就是根据应有的善恶荣辱观念，在履行职业责任的自觉的有目的的行动中所表现出来的能够克服内心障碍的毅力。锤炼职业意志，对于大学生而言，首先必须实现角色认知、角色定位和角色塑造 3 必须先体验和认识将从事的职业和自身角色的特征，对其准确定位并树立自身的角色目标，以职业意志作为引导，并把它反映在自身的职业活动中，形成良好的职业道德行为。其次，要做到他律和自律。他律就是善于抵制不符合职业道德规范要求的外界各种干扰；自律是指实施职业道德行为的自觉性、果断性和自制力，表现为对自己职业行为的调节和"慎独"，它是把职业道德认识付诸实践的必要手段。

4. 提高职业技能

每一种职业活动都有自己专门的职业技能和业务要求，都有专门的知识和学问。掌握好本职业的劳动技能，不断提高自己的职业能力，是社会主义社会每个劳动者对社会应尽的道德义务。一个从业者职业技能的高低，可以反映出他的职业道德水平，这是因为职业技能是完成工作任务、实现为人民服务的基本手段，也是适应科技发展和人才竞争的需要。在当今科技迅速发展的时代，从业者具有良好的职业技能，在工作中将得心应手，就能顺利完成工作任务，在本职工作岗位上为国家为社会作出更大的贡献。

5. 培养职业信念

信念是牢不可破的观念。职业信念就是对职业道德理想和职业道德要求的正确性和正义性的深刻而不动摇的笃信，以及由此产生的履行职业道德义务的强烈的责任感。有了坚定的信念就能促使自己将职业认识、职业情感转化为职业行为。这是一种持久的、稳定的内在动力，是从业者职业道德培养的关键和核心环节。大学生要逐步培养自己坚定的职业信念和健康的职业价值取向，树立诚信公正廉洁干事的职业素质，在学习实践中自觉地选择符合职业道德的行为，不断完善自我。

6. 遵守职业纪律

职业纪律是在职业生活中所应遵守的一种行为规范。遵守职业纪律就是在职业活动中，要求劳动者遵守秩序、执行命令、履行自己的职责。职业纪律是调整职业内部、职业之间、职业与国家、职业与服务对象之间关系的一种重要方式，没有一定的职业纪律，任何社会的职业生活都不可能正常进行。社会主义职业道德要求我们每一个从业者都必须学习有关法律法规，自觉遵章守纪，敢于同违法违纪现象和不正之风作斗争。

7. 培养职业作风

职业作风是每一个从业者在工作上表现出来的一贯态度、行为。职业作风是在职业实践中，自觉地培养起来的 3 职业作风是一种巨大的无形的精神力量，对人们的职业行为有很大的影响。社会主义职业道德要求每一个从业者都应自觉培养优良的职业作风，具备相应的职业素质，如爱岗敬业、文明服务、诚实守信、钻研业务、廉洁奉公、积极进取、锐意改革、开拓进取、团结协作、艰苦奋斗等：

（二）大学生职业道德的养成及实现途径

1. 结合所学专业系统地了解职业道德规范

职业道德规范是各种职业道德行为规则的总和。大学生只有系统地了解职业规范之后，才能按照规范的要求来培养自己的职业道德情感，为形成和发展自己的职业道德意识奠定基础。不同类型的职业道德规范由相应的职业道德规则和标准组成，包括职业道德责任、职业道德义务等，大学生应结合自己的专业实际，重点掌握本职业的职业道德要求、责任及义务。只有认真学习与掌握职业道德规范，才能在工作中明确自己应该遵守的具体职业道德规范，才能使自己在职业活动中按照职业道德的标准去做。

2. 在学习生活中培养良好的职业道德意识

形成和发展正确的善恶观念是职业道德修养的根本任务。大学生在校学习期间，要通过接受良好的职业道德教育，通过接触社会，使自己逐步形成正确的职业道德观念，有意识地发展良好的职业道德观念，培养正确的职业道德情感和职业道德意志。如果大学生在校期间能形成良好的职业道德意识，并使之不断发展，在将来就业之后就可迅速转化为良好的职业道德行为。

3. 经常自觉内省以锻炼自己的道德品质

所谓内省是指个人对自己的言行进行反省，也就是要经常检验自己的言行是否符合道德标准，这是道德修养常用的方法。从古至今，凡道德品质高尚者，都极其注重个人独处时的言行和道德修养。人们普遍认为，道德修养贵在内省，重在个人慎独。因此，大学生在校期间就应该养成经常内省、注重慎独的习惯，既有利于锤炼道德品质，又能形成良好的职业道德品质。

4. "知""行"统一养成良好职业道德行为

知与行统一是完成职业道德培养目标的根本途径和方法。大学生中许多错误的道德判断和行为选择，原因并不是道德主体的道德品质不好，而是由于对道德的"错知"、"假知"，以及对"真知"的只知其"然"而不知其"所以然"而引起的。因此，大学生要"知""行"统一，澄清和纠正"假知"、"错知"，明确职业的基本原则和基本要求，认识职业对社会、企业、职工、服务对象应负的道德责任，树立起应有的义务观、良心观、幸福观、荣誉观、勇敢观、智慧观和价值观，形成科学的职业道德知识系统，健全道德人格，提高职业道德实践能力。在日常学习生活中，自我内省慎独，学习高尚的道德行为，进行正确的道德评价，坚定自己的职业道德信念和意志，以逐步形成良好的职业道德行为。

第五章　大学生就业能力教育的理论与发展

第一节　我国大学生就业能力教育的历史发展

一、高校就业教育的萌芽时期

就业教育在过去很长的一段时间里也被称为就业指导、职业指导，后来随着就业指导和职业指导的功能和外延不断的扩展，单单使用"就业指导"或"职业指导"一词已不足以精准的表达其广泛的内涵，所以人们开始使用就业教育一词，其内涵包括就业指导并有足够的延伸和发展的空间。就业教育始于百年之前的美国，后逐步被越来越多的国家所接受。

我国近代就业教育的发端始于20世纪初。早在1916年，时任清华学校（清华大学前身）校长的周寄梅为了更好的帮助学生合理的，科学的择业就业，就开始倡导职业指导，并做了许多有益的尝试。包括邀请各界社会名流来校进行择业演讲，积极引导学生选择就业方向等，并首次将心理学中的心理测试引入就业指导中，这些活动标志着我国迈出了探索职业指导的第一步。1923年，清华大学设立职业指导委员会，进一步推动了大学生职业指导的发展。1917年，在上海成立了以"使无业者有业，使有业者乐业"为社训的中华职业教育社，并创办了刊物《教育与职业》，大力宣传和倡导职业指导。著名的教育学家蔡元培、黄炎培等都为曾在该刊物上发表大量关于提倡开展职业指导的文章，其中《调查英国教育报告》、《提出大职业教育主义征求同志意见》、《美国教育状况》等代表作，在当时国内教育界颇具影响。1923年中华职教社又特设了职业指导部，后又聘请专家十余人建立起职业指导委员会。1927年创立的上海职业指导所，成为了国内首个直接为社会服务的组织机构，其通过升学指导、职业咨询、职业测验、职业演讲、职业调查、择业指导、改业指导等一系列就业咨询指导服务，实现其"求人者得人，求事者得事"的宗旨。与此同时，当时的南京国民政府教育主管部门在就业指导方面也出台了一系列规章、办法，并编印相关材料，对学生就业予以指导。1929 年 5 月，民国政府在其全国教育会议上通过了《设立职业指导所及实行职业指导案》，并制定了数条实施学生职业指导的具体措施。此后，民国政府在中央层面还筹建了全国职业指导机构联合会，与此同时地方上也陆续成立许多职业指导所，以促进职业指导的发展。

　　总体上来说，这一时期就业指导尚处于萌芽阶段，还远远没有上升到理论的高度。由于 20 世纪初到 20 世纪中叶处于内忧外患中的中国，战乱频发，社会动荡，经济萧条，根本无力继续深入进行职业指导研究及具体实践，职业指导的研究和探索工作无奈只能中止。

二、高校就业教育的停滞时期

　　自 1949 年新中国诞生以来，我国学习苏联模式，完成了举世瞩目的三大改造，进入全新的社会主义时期。在高等教育领域，我国先后进行了 1953 年和 1956 年两次主要的高校调整，以适应当时国家高度集中的计划经济体制。由于这一时期社会主义建设的需要和计划经济的特殊性，中央政府对劳动力资源的配置，特别是对于高学历，高层次人才，采取了制定计划，统一调配，高度集中的配置方式。

　　这种宏观调配的办法，满足了当时我国的特殊国情，有力的支援了社会主义建设推动了建国初期国民经济的恢复和发展。在这种"统包统分"的分配制度下，高校毕业生根本不用考虑，也没有能力去考虑就业择业问题。这一时期的高校就业教育其在理论研究和实践探索上都处于停滞不前的状态，在某种程度上来说，已经基本被思想政治教育所取代了。到 1966 年，"文化大革命"全面爆发，我国高等教育遭遇严重挫折，"文革" 10 年之间全国大部分高校一度停办，就业教育更是无从谈起。一直到 1978 年十一届三中全会召开前后，就业教育的停滞局面才逐渐开始扭转。

三、高校就业教育的恢复和调整时期

　　1977 年，在邓小平的努力下，教育部在京召开全国高等学校招生工作会议，并做出决定：恢复十年前停止的全国高等院校招生考试。被"文化大革命"的中断了近十年的高考制度得以恢复，国家重新迎来了尊重科学、尊重人才、崇尚知识的春天。与此同时，伴随着全国高考的恢复，我国高等教育再次走上正轨，高校的就业教育指导工作也随之得以重启和恢复。1978 年 12 月党的十一届三中全会召开后，随着改革开放的不断升入，我国的经济体制也开始由过去计划经济体制向市场经济体制转变。

　　由于十年"文革"造成的巨大人才断层，各行各业亟需大量新鲜"血液"，因此，这一时期我国的高等教育主要是以恢复和调整为主。在高校毕业生就业政策方面，国家相关部门分别于 1981 年和 1983 年相继出台了《关于改进 1981 年普通高等学校毕业生分配工作的报告》、《关于 1983 年全国毕业研究生和高等学校毕业生分配的报告》等相关文件和规定，高校毕业生就业政策依然沿用过去的指导性计划分配的模式，并在此基础上进行了一些微调，开始尝试"供需见面"的就业新办法。而与之相适应的高校就业教育工作也就主要是围绕着以"服从分配"为主题的思想政治教育工作而展开——教育广大高校毕业生响应党和国家的号召，服从分配到祖国最需要的地方。一直到 1985 年，《中共中央关于教育体制改革的决定》中首次对高校毕业生就业政策进行了大幅度调整，由计划指导下的"供需见面"开始向"双向选择"逐步过渡。此后，就业教育工作随即也做出了相应的调整，除了开展以"服从分配"为主思想政治教育之外，也开始增加一些基本的择业、就业指导培训等相关内容。

四、高校就业教育发展的新时期

随着改革开放的不断深入和市场经济的不断发展，过去传统的"包分配"的高校大学生就业分配政策严重阻碍和影响了人才的自由流动以及社会主义市场经济对人力资源资源优化配置作用的发挥。到 90 年代，我国的劳动力就业市场开始初步形成，百万大学生走出校园自主择业，高校大学生就业也走向了市场。

1993 年，《中国教育改革和发展纲要》的出台，国家开始"改革高等学校毕业生'统包统分'和'包当干部'的就业制度，实行少数毕业生由国家安排就业，多数由毕业生自主择业的就业制度。"

伴随着国家经济运行中市场主体地位的最终确立，高校毕业生就业市场化趋势愈加明显，高校就业教育开始吸引到越来越多的目光。同期，西方先进的就业教育理念也开始被引入国内，并为我国大部分高校所接受，我国真正现代意义上的高校就业教育就此展开。两年后，全国高校毕业生就业指导中心从各高校抽调相关专家编著了《大学生就业指导》一书，并作为高校开展就业教育规范教材。同期国家教委下发通知，就业指导课开始在全国范围内进行推广。随后，国家教委会同全国高校毕业生就业指导中心又于 1997 年联合出台了《普通高等学校毕业生就业工作暂行规定》和《大学生就业指导教学大纲》，进一步的促进和规范了高校就业教育工作。

自 1999 年高校扩招以来，高等教育开始向着大众化方向发展，高校毕业生人数开始大规模攀升，大学生就业压力愈加凸显。一段时间内给国内高校就业教育带来了严峻的挑战，使得高校就业教育转型与发展变的更为迫切和必要，大学生就业教育同时受到了党和国家，全体社会的高度关注。面对新形势下高校大学生就业所遇到的新情况、新问题，国内各高校相继设立了独立的就业指导机构，并加大了对就业教育的理论研究和实践探索力度。此后的十年以来，高校就业教育快速发展趋势更加明显，我国高校就业教育迎来了历史上最好的战略发展机遇期。

第二节　大学生就业能力教育理论

马克思主义经典理论和中国共产党领导人的就业能力思想为大学生就业能力教育提供了方向指引和基本原则。在马克思主义的理论体系中，没有专门针对就业能力及其培养的系统论述，但是随着机器化大生产的迅速发展和雇佣劳动的出现，关于劳动、劳动力、就业及素质培养等问题在其论著中也有相关阐述，马克思、恩格斯立足于当时资本主义社会的现实条件，把就业问题与劳动分工理论、就业能力教育与人的全面发展等问题紧密的结合在一起进行研究，深入分析了资本主义社会就业和劳动者能力培养问题。列宁在当时社会主义建设现实情况基础上，提出了社会主义劳动就业理论，阐明了职业能力培养的重要意义。毛泽东的"学问与生计合一"和邓小平的"教育与生产结合"思想阐明了教育的社会服务功能，江泽民的"优先发展教育"思想强调了教育在社会发展和国家建设中的重要地位，胡锦涛的"能力建设为核心"思想为大学生就业能力教育提供了方向，习近平的"练就真本领"思想体现了党和国家对大学生就业能力教育的重视与期待。

一、马克思主义经典理论

（一）劳动分工理论

马克思在扬弃亚当·思密等国民经济学家的分工学说基础上，在《1844 年经济学哲学手稿》、《德意志意识形态》等著作中诠释了分工的产生及发展进程，逐步形成了马克思的劳动分工理论。马克思认为由于人类生理差别而导致的自然分工是分工的最初形式。"因天赋、偶然性、需要等原因自然或自发形成的分工即自然分工。"如男人负责打猎、捕鱼，女人负责做饭、缝衣。随着人类社会的进一步发展出现了社会分工，原始畜牧业、手工业和商业逐步从原始农业中分离，独立出来。

马克思认为，分工体现了生产力的发展水平。然而这一水平还可以对分工阶段起到决定性作用。在分工过程中，要充分考虑到劳动者具备的知识水平以及劳动工具两项因素，对于一个民族而言，通过民族分工可以充分的反映出生产力发展的水平。无论何种新出现的生产力，除非只是用来扩展生产力的具体数量，不然都会对分工的发展起到促进作用。

首先，在生产工具方面，具体效能和技术水平对分工起到了决定性作用。马克思提出，不同的工具会形成不同的劳动划分与组成。比如蒸汽磨和手推磨对应的分工就有所不同。

其次，劳动者的知识技能水平决定着分工。如何分配社会成员的工作，安排谁负责管理工作或劳动操作，从事简单劳动还是复杂劳动等，都需要考虑社会成员的劳动能力。具有较高能力的人从事体力劳动是生产力的浪费，也不利于调动积极性，发挥其专长。反之，选择不具备相应岗位胜任能力的人从事这项工作，就阻滞了生产力的发展。"生产工具的积聚和分工是彼此不可分割的……工具积累发展了，分工也随之发展，并且反过来也一样。正因为这样，机械方面的每一次重大发明都使分工加剧，而每一次分工的加剧也同样引起机械方面的新发明。"② 历史发展过程中，分工可起到一定的作用。一方面，分工可以对劳动者的工作程序起到简化作用，极大的提高了工作效率，节约了劳动时间，使工人有时间发明机器，从而推动了生产工具的发展。另一方面，分工与生产力的发展导致了私有制的产生以及异化劳动现象，不平等的分工是产生异化劳动的根源，因为"分工不仅使物质活动和精神活动、享受和劳动、生产和消费由各种不同的人来分担这种情况成为可能，而且成为现实"。③

在《手稿》中马克思指出："分工固然能使劳动生产力提高，社会财富增加，使社会更加完善和精美，然而，工人因为分工会陷入贫困的境地，最终会沦为机器。"④ 在马克思的社会理想中，分工最后会消亡，那就是人自由全面发展的共产主义社会。

（二）人的全面发展理论

马克思主义追求的根本价值目标是实现人的自由而全面的发展，这也是共产主义社会的根本特征，在《共产党宣言》中，马克思完整的描述了未来新社会的根本特征：代替那存在着阶级和阶级对立的资产阶级旧社会的，将是这样一个联合体，在那里，每个人的自由发展是一切人的自由发展的条件。

马克思认为人的"全面发展"是人的发展的最终理想状态，即"人以一种全面的方式，也就是说，作为一个完整的人，占有自己的全面的本质"。⑤ 马克思认为，人的全面发展相对于人的片面发展，主要包括四个方面，即人的需要的全面发展、劳动能力的全面发展、人的社会关系的全面发展和人的自由个性的全面发展。第一，人的需要的全面发展。"他们的需要即他们的本性。"⑥

人类的生存和发展既需要物质，也需要精神。其中物质需要是最基础的，是第一

---

② 马克思恩格斯选集（第1卷）[M]．北京：人民出版社，1995，第132页．
③ 马克思恩格斯选集（第1卷）[M]．北京：人民出版社，1995，第36页．
④ 马克思恩格斯选集（第1卷）[M]．北京：人民出版社，2009，第123页．
⑤ 克思恩格斯全集（第3卷）[M]．北京：人民出版社，2002，第303页．
⑥ 马克思恩格斯全集（第3卷）[M]．北京：人民出版社，1960，第514页．

位的。在生存的基础之上，才能够创造历史。因此，他认为人类第一个历史活动就是生产满足这些需要的资料，即生产物质生活本身。

第二，人的能力和素质的全面发展。人的能力是人的本质力量的体现，"我们把劳动力或劳动能力，理解为人的身体即活的人体中存在的、每当人生产某种使用价值时就会运用的体力和智力的总和。"[⑦]

劳动者获得自由，劳动力成为商品，是资本主义剥削剩余价值的必要条件，在特定历史时期，推动了社会的进步和发展。但是，随着分工和机器化大生产的不断深化，固定的分工限制了劳动者的能力和素质的全面发展。能力和素质不仅包括人身体素质，还包括人的科学文化素质和思想道德素质。

第三，人的个性的全面发展。在社会制度和社会条件允许时，"个人的独创和自由的发展不再是一句空话"[⑧]。个性的全面发展指每个人都有条件自由发挥出个人的优势和独特性。第四，人的社会关系的全面发展。人的本质是社会关系的总和。人的本质属性是社会性。马克思认为，"个人的全面性不是想象的或设想的全面性，而是它的现实关系和观念关系的全面性。"[⑨] 所以，人的劳动能力的开发和利用也离不开他所处的时代和社会环境，受到各种社会关系的制约。

对于如何促进人的全面发展，马克思认为主要途径是教育。教育可以提升人的劳动能力，提高社会的生产力。马克思说："为改变一般的人的本性，使它获得一定劳动部门的技能和技巧，成为发达的和专门的劳动力，就要有一定的教育或训练。"[⑩]

马克思还认为，教育不能仅仅培养劳动能力，还要开展德智体美等综合素质教育，以促进人的全面发展。依据马克思人的全面发展理论，我们开展大学生就业能力的培养首先要充分考虑大学生的现实需求和实际情况，单纯的提高思想道德素养，并不能解决大学生的现实问题，需要综合考虑大学生获得就业机会所需要的全面能力。在提升大学生专业就业能力的同时，提升其思想道德素质，引导其外化为就业人格取向，并培养大学生的社会应对能力和就业发展能力。

（三）社会主义劳动就业理论

社会主义劳动就业理论是列宁在长期革命斗争和社会主义建设中逐步形成和发展的，列宁不仅在理论上做了阐述，在实践中也进行了科学探索。

列宁高度重视劳动就业的重要作用。第一，对于国家来说，劳动就业是建设社会

---

⑦ 马克思恩格斯全集（第 3 卷）[M]．北京：人民出版社，1960，第 460 页．

⑧ 马克思恩格斯全集（第 23 卷）[M]．北京：人民出版社，1972，第 190 页．

⑨ 马克思恩格斯全集（第 23 卷）[M]．北京：人民出版社，1972，第 36 页．

⑩ 马克思恩格斯全集（第 21 卷）[M]．北京：人民出版社，2003，第 269 页．

主义的重要基础，特别是在战后，恢复国民经济，提高生产力都需要在劳动就业基础上的经济改造。"在任何社会主义革命中，当无产阶级夺取政权的任务解决以后，随着剥夺剥夺者及镇压他们反抗的任务大体上和基本上解决，必然要把创造高于资本主义的社会结构的根本任务提到首要地位，这个根本任务就是提高劳动生产率。"[11]

第二，对于劳动人民来说，就业是民生之本，劳动人民的就业问题，关系着劳动者及其家庭的生存和生活。没有劳动收入，生存都会成为问题，更无从体现社会主义制度的优越性。列宁高度重视职业能力及培养的重要作用。列宁认为无产阶级面对建设社会主义的任务，不仅应提升建设社会主义的能力，还应提升管理国家的能力。无产阶级缺少的是科学文化知识和管理国家的本领。列宁指出，"要使社会主义变革巩固下来，除非我们能发动新的阶级即无产阶级进行管理，做到由无产阶级来管理俄国，做到使这种管理成为全体劳动者个个都来学习管理国家的艺术的过渡。"[12]

列宁号召工人阶级向资产阶级专家学习如何管理，学会从事经济工作和商业活动。针对青年职业能力的培养问题，列宁做出了很多大胆的尝试。列宁认为，"我们补充力量没有别的来源。我们只能前进，大胆启用年轻工人，把无产阶级的代表人物放到重要岗位上去，而且不断提拔他们。"[13]

同时，鼓励青年认真学习共产主义，学习现代科学技术，并用于新社会的建设事业。1920年创办了工厂徒工学校（即工厂附属学校）开展职业技术教育，有计划、有目标地为国民经济各部门培养所需要的技术熟练的青年工人。同时开设了工农大学预备班，为青年工人创造进入高等学校继续申造的条件。

二、我国领导人的就业能力教育思想

中国领导人的就业能力教育思想是在长期的革命和社会主义建设的伟大实践中不断探索，逐步形成并丰富发展起来的，体现出不同的时代特色，为大学生就业能力教育提供了依据。

（一）毛泽东的"学问与生计合一"及"又红又专"

毛泽东十分重视劳动者实践技能和实际工作能力的培养。具体体现为"教育和职业相结合"、"学问与生计合一"的思想。学问与生计相结合，就为教育增添了生存基础。教育和劳动生产相结合的思想，为实践育人、在实践中提升能力的人才培养方案

---

[11] 列宁全集（第34卷）[M]．北京：人民出版社，1985，第168—169页．

[12] 列宁全集（第35卷）[M]．北京：人民出版社，1985，第407页．

[13] 列宁全集（第35卷）[M]．北京：人民出版社，1985，第417页．

提供了思路和依据。"学问与生计合一"的思想，首先，体现了民生取向，学有所用，学业与就业都关系人民群体的切身利益。其次，体现了教育的目的，即为了培养有素质有能力的劳动者。第三，体现了教育的方式，生产劳动也是教育的重要方式之一。

1920年美国教育学家约翰·杜威来华讲学，其在讲座中传播的"教育即生活"理念对毛泽东产生了很大影响，1920年3月7日上海《申报》刊发了由毛泽东执笔，陈独秀、彭璜等人署名的《上海工读互助团募捐启事》，文中写到"现在中国的学制，是求学的时代不能谋生活，谋生活的时代不能求学。像这样看来，教育与职业是相冲突的，生活与学问是相冲突，怎么能算为合理的教育、正当的生活呢？"他认为合理的教育应是"教育与职业合一、学问与生计合一。"[14] 这种思想体现出较强的实践取向。毛泽东主张，教育的对象应是广大劳苦大众，提高普通劳动者的劳动能力。对于知识分子，他认为，"只有具备理论与实际相结合的知识、能将书本知识运用于实际解决实际问题的人，才能称得上是比较完全的、名副其实的知识分子"。[15]

毛泽东认为教育不能脱离生活、脱离生产。新中国成立后毛泽东多次批评过脱离实际的教育制度。他认为，"现在这种教育制度，从小学到大学，一共十六七年，20多年看不见稻、麦、黍、稷，看不见工人怎样做工，看不见农民怎样种田，看不见商品是怎样交换的，身体也搞坏了，真是害死人。"[16] 毛泽东认为教育不能仅仅局限在学校教育，"农业学校应当由合作社保送一部分合乎条件的人入学。农村里的中小学，都要同当地的农业合作社订立合同，参加农业、副业生产劳动，农村学生还应当利用假期、假日或者课余时间回到本村参加生产。"[17] 毛泽东认为，半工半读是实现教育与生产劳动相结合的最直接渠道。"如果学校办工厂，工厂办学校，学校有农场，人民公社办学校，勤工俭学，或者半工半读，学习和劳动就结合起来了。这是一大改革。"[18] 对于培养什么样的人，1957年10月，毛泽东在党的八届三中全会上提出了"又红又专"的标准。他指出："我们各行各业的干部都要努力精通技术和业务，使自己成为内行，又红又专。"[19]

1958年1月在南宁会议上关于"红"与"专"的关系，他指出："政治和业务是对立统一的，政治是主要的，是第一位的，一定要反对不问政治的倾向；但是，专搞政治，不懂技术，不懂业务，也不行。我们的同志，无论搞工业的，搞农业的，搞商

---

[14]　毛泽东早期文稿（一九一二年六月—一九二零年十一月）[M]．长沙：湖南出版社，1990，第676页．

[15]　毛泽东选集（第3卷）[M]．北京：人民出版社，1991，第415页．

[16]　何东昌．中华人民共和国重要教育文献 [M]．海口：海南出版社，1998，第1383页．

[17]　建国以来毛泽东文稿（第7册）[M]．北京：中央文献出版社，1992，第62—63页．

[18]　建国以来毛泽东文稿（第7册）[M]．北京：中央文献出版社，1992，第396页．

[19]　毛泽东文集（第7卷）[M]．北京：中央文献出版社，1999，第309页．

业的，搞文教的，都要学一点技术和业务。我看也要搞一个十年规划。我们各行各业的干部都要努力精通技术和业务，使自己成为内行，又红又专。"[20]

（二）邓小平的"教育与生产结合"及"'四有'新人"

邓小平认为教育要服务于经济建设，就需要坚持教育与生产相结合。在 1978 年全国教育工作会议上，邓小平明确指出我国教育事业的方针是要把教育同生产劳动相结合。"为了培养社会主义建设需要的合格的人才，我们必须认真研究在新的条件下，如何更好地贯彻教育与生产劳动相结合的方针。"[21]

同时，要重视提高教育质量和教育效率，创新教育方法，改善教育教学效果，把劳动生产融入教学计划，与教学工作紧密结合，做好安排，最终引导学生学有所成，学以致用。邓小平高度重视教育对社会主义现代化建设的重要作用，认为劳动者的综合素质和知识分子的数量及水平是影响社会主义现代化建设的关键因素，直接影响国家的整体实力和经济发展，决定我国是否能由人口大国转为人力资源强国。邓小平指出，"社会主义建设需要有文化的劳动者，所有劳动者也都需要文化。"[22]

随着社会的不断进步和科学技术的发展，机械生产将替代大量的体力劳动，科学技术在国家经济发展中将发挥更大的作用，国家建设将需要越来越多的高素质劳动者和科学研究人员。在 1985 年全国教育工作会议上，邓小平指出："我国的经济，到建国一百周年时，可能接近发达国家的水平。我们这样说，根据之一，就是在这段时间里，我们完全有能力把教育搞上去，提高我国的科学技术水平，培养出数以亿计的各级各类人才。"[23]

在 1985 年 3 月召开的全国科学工作会议上，邓小平提出要"教育全国人民做到有理想、有道德、有文化、有纪律"的"四有"新人思想。提出要在社会主义现代化建设的实践中培养"四有"新人。各行各业在社会主义现代化建设中都要重视人的科学文化素质和思想道德素质的提高。[24]

同时，邓小平提出了三条具体培养措施。第一，培育"四有"新人要从小抓起。他认为，"革命的理想，共产主义的品德，要从小开始培养。我们党的教育事业历来有这样的优良传统。"[25] 第二，培育"四有"新人要结合青年学生的实际情况。"我们在

⑳　建国以来重要文献选编（第 10 册）[M]．北京：中央文献出版社，1994，第 603 页．
㉑　邓小平文选（第 2 卷）[M]．北京：人民出版社，1994，第 107 页．
㉒　邓小平文选（第 1 卷）[M]．北京：人民出版社，1994，第 280 页．
㉓　邓小平文选（第 3 卷）[M]．北京：人民出版社，1993，第 120 页．
㉔　鲁修文．邓小平"四有"新人思想研究[J]．开发研究，1996（12），第 36—40，60 页．
㉕　邓小平文选（第 2 卷）[M]．北京：人民出版社，1994，第 105 页．

鼓励帮助每个人勤奋努力的同时，仍然不能不承认各个人在成长过程中所表现出来的才能和品德的差异，并助按照这种差异给以区别对待，尽可能使每个人按不同的条件向社会主义和共产主义的总目标前进。"㉖第三，要坚决抵制资本主义腐朽思想的侵蚀。"要批判和反对资产阶级损人利己、唯利是图、'一切向钱看'的腐朽思想，批判和反对无政府主义、极端个人主义。"㉗

（三）江泽民的"优先发展教育"及"四个统一"

处于由计划经济体制向市场经济体制转型的历史时期，江泽民在领导中国特色社会主义建设的伟大实践中，高度重视人才和人才培养的作用。江泽民认为，劳动者的科技文化素质是制约我国增强综合国力和国际竞争实力的重要因素，影响着科技进步、经济发展和国家富强。教育的重要职能就是为社会发展服务，传承和创新知识，为国家经济建设培养具有创新精神和创新能力的人才。如果教育培养的人才不能符合社会需要，将是国家的重大损失。"培养同现代化要求相适应的数以亿计高素质劳动者和数以千万计的专门人才，发挥我国巨大人力资源优势，关系到二十一世纪社会主义事业的全局。要切实把教育摆在优先发展的战略地位。"㉘

"教育应与经济社会发展紧密结合，为现代化建设提供各类人才支持和知识贡献。这是面向二十一世纪教育改革和发展的方向"㉙。

1998 年，江泽民在庆祝北京大学建校一百周年大会的讲话中提出了"四个统一"，即要求青年学生坚持学习科学文化与加强思想修养的统一、坚持学习书本知识与投身社会实践的统一、坚持实现自身价值与服务祖国人民的统一、坚持树立远大理想与进行艰苦奋斗的统一。㉚"四个统一"是江泽民同志把青年成才与人类文明进步发展趋势紧密联系，在客观、准确把握青年人才成长规律的基础上，对当代青年成长、成才方向的科学分析和判断，是指引青年沿着正确的成长之路前进的思想保证和行动指南。㉛

江泽民鼓励大学生积极投身于祖国建设，到西部、到基层，到祖国最需要的地区和岗位上去建功立业。同时，要求教育部门和教育工作者在社会主义市场经济条件下，要解放思想、实事求是，努力探索符合我国国情的具有中国特色的社会主义教育体系。

㉖　邓小平文选（第 2 卷）[M]．北京：人民出版社，1994，第 106 页．

㉗　十一届三中全会以来重要文献选读（上）[M]．北京：人民出版社，1987，第 258 页．

㉘　江泽民文选（第 2 卷）[M]．北京：人民出版社，2006，第 34 页．

㉙　江泽民文选（第 2 卷）[M]．北京：人民出版社，2006，第 123 页．

㉚　毛泽东、邓小平、江泽民论青少年和青少年工作 [M]．北京：中央文献出版社，2003，第 335—337 页．

㉛　李忠军、王占仁．大学生职业生涯规划概论 [M]．北京：中国人民大学出版社，2014，第 46 页．

（四）胡锦涛的"五个必须"及"六个具有"

关于人才的重要性，胡锦涛认为，人才是国家发展的第一资源，具有重要的战略地位。号召全党全社会要尊重知识和人才。他认为，经过努力，人人皆可成才，同时，他认为要为各类人才搭建广阔的发展空间和平台，帮助每个人在国家建设中发挥出自身的优势和才能。人尽其才，才尽其用。"国以才立，政以才治，业以才兴。党和国家事业发展的关键是对人才的培养，党和国家工作全局中的重中之重是人才工作。"他同时指出，"小康大业，人才为本。"[②]

在 2010 年全国教育工作会议上，胡锦涛提出推动教育事业科学发展，要做到"五个必须"，即必须优先发展教育、必须坚持以人为本、必须坚持改革创新、必须促进教育公平、必须重视教育质量。[③]

这也是《2010—2020 年国家中长期教育改革和发展规划纲要》中提出的"优先发展、育人为本、改革创新、促进公平、提高质量"的 20 字工作方针。胡锦涛强调培养创新人才必须具备六种基本的素质和品格，"六个具有"即"一是具有高尚的人生理想；二是具有追求真理的志向和勇气；三是具有严谨的科学思维能力；四是具有扎实的专业基础；五是具有强烈的团结协作精神；六是具有踏实认真的工作作风"。必须"善于运用科学方法和科学手段，坚持终身学习，不断更新知识、夯实理论功底，养成比较全面的科学文化素质"。这"六个具有"充分体现了新时期对创新人才培养目标的要求。[④]

在庆祝清华大学建校一百周年大会上的讲话中胡锦涛对青年学生提出了 3 点希望。一是要把文化知识学习和思想品德修养紧密结合起来，刻苦学习科学文化知识，积极加强自身思想品德修养，立为国奉献之志，立为民服务之志，以实际行动创造无愧于人民、无愧于时代的业绩。二是要把创新思维和社会实践紧密结合起来，做到勤于学习、善于思考、勇于探索、敏于创新，坚持理论联系实际，积极投身社会实践，切实掌握建设国家、服务人民的过硬本领。三是要把全面发展和个性发展紧密结合起来，实现思想成长、学业进步、身心健康有机结合，努力成为可堪大用、能负重任的栋梁之材。

（五）习近平的"实现中国梦，关键在人才"

全国政协十二届一次会议分组讨论时，习近平指出："要加强科技人才队伍建设，

---

② 十六大以来重要文献选编（上）[M]．北京：中央文献出版社，2009，第 569—570 页．

③ 胡锦涛．在全国教育工作会议上的讲话 [N]．人民日报，2010-07-15（001）．

④ 胡锦涛．在中国科学院第十三次院士大会和中国工程院第八次院士大会上的讲话 [N]．光明日报，2006-06-06（002）．

为人才发挥作用、施展才华提供更加广阔的天地，鼓励人才把自己的智慧和力量奉献给实现中国梦的伟大奋斗。"⑤

习近平在欧美同学会成立 100 周年庆祝大会上的讲话中指出："'致天下之治者在人才'，实现中国梦，关键在人才。人才是衡量一个国家综合国力的重要指标。没有一支宏大的高素质人才队伍，全面建成小康社会的奋斗目标和中华民族伟大复兴的中国梦就难以顺利实现。"⑥

习近平认为青年学生是国家最富有活力和创造性的群体。希望青年学生"珍惜韶华、奋发有为，勇做走在时代前面的奋进者、开拓者、奉献者，努力使自己成为祖国建设的有用之才、栋梁之材，为实现中国梦奉献智慧和力量。"⑦ 他鼓励青年学生要敢于创新，勇于创造，不怕困难，发挥百折不挠的精神，坚持求真务实的态度，不断探索真知。在实践中积累成果。"要不怕困难、攻坚克难，勇于到条件艰苦的基层、国家建设的一线、项目攻关的前沿，经受锻炼，增长才干。"⑧

"要勤于学习、敏于求知，注重把所学知识内化于心，形成自己的见解，既要专攻博览，又要关心国家、关心人民、关心世界，学会担当社会责任。"⑨

"只有我们的孩子们学好知识了、学好本领了、懂得更多了，他们才能更强，我们的国家、民族才能更强。"⑩

"要坚持知行合一，注重在实践中学真知、悟真谛，加强磨练、增长本领。"⑪

第三节　新时期大学生就业能力教育的创新理论

一、理念创新：从就业指导向价值指导转变

理念是决定人的行动方式与行动投入程度的关键要素。大学生职业教育是以引导学生获得全面发展、取得职业生涯及人生的成功为目标的科学的教育活动，其教育的开展必须以科学的、先进的理念为指导。过就业教育是一项专业工作，而非教学的一

---

⑤　胡锦涛. 在庆祝清华大学建校一百周年大会上的讲话 [N]. 光明日报，2011-04-25（002）.

⑥　习近平李克强张德江俞正声刘云山王岐山张高丽分别看望出席全国政协十二届一次会议委员并参加讨论 [N]. 人民日报，2013-03-05（001）.

⑦　习近平. 在欧美同学会成立 100 周年庆祝大会上的讲话 [N]. 人民日报，2013-10-22（002）.

⑧　习近平. 勇做走在时代前面的奋进者开拓者奉献者 [N]. 人民日报，2013-05-05（001）.

⑨　习近平. 在同各界优秀青年代表座谈时的讲话 [N]. 人民日报，2013-05-05（002）.

⑩　习近平. 做党和人民满意的好老师 [N]. 人民日报，2014-09-10（002）.

⑪　习近平. 在知识分子、劳动模范、青年代表座谈会上的讲话 [N]. 人民日报，2016-04-30（002）.

个环节或行政工作。这就要求高校人力推进改革，从理念上支持就业教育的实现，具体而言：

（一）学校：避免短期"促销"

目前的就业教育较多还停留在就业指导的层面，着重关注学生求职面试技巧的指导、职业信息的提供、当前学生的就业安置，而忽视了学生的持续发展，没有去关注学生自己的职业兴趣，发掘他们自身的职业能力。导致大学毕业生缺乏明确的职业发展目标，出现急功近利急于求成的现象，毕业生在工作中难以真正体会到其中的乐趣，致使其缺乏工作积极性、主动性与创造性，职业生涯发展经常受阻。大学生就业教育必须以学生终身发展为出发点和着眼点，积极设计教育方案、开展教育活动，正确引导学生明确职业生涯发展目标，学习把握职业机会，不能只着眼于就业问题，更要懂得如何才能更好就业，实现其职业生涯的可持续发展。

（二）学生：立足长期"成长"

开展大学生就业教育的最终目标在于促进学生的全面发展与长期"成长"。其直接目的在于充分挖掘学生的职业生涯发展潜力，充分发挥、调动学生自身的潜能和素质中的有利因素，促成自我正面效应的最大化和综合素养的全面发展。就业教育应立足于对学生自我、职业机会与职业世界的全面分析，帮助学生认识自我，并开发自我的潜力。

二、体系创新：分阶段开展针对性教育

成功的就业教育要突破以往对毕业班学生进行集中突击教育的形式，要采用"发展性生涯辅导"的模式来做好就业教育，从而完成大学生就业的五个过程：即准备过程、选择过程、实践过程、调整过程、实现过程。且现阶段，决定我国大学毕业生就业成功与否的关键是其是否具有较高的综合素质，是否具有符合现代社会要求的就业观念。而大学生的综合素质不是在短时间内就能提高的，就业观念的转变、符合时代要求的思维方式的形成，这些都需经过长期有效的教育过程的培养。高校思想政治工作、专业教一育教学以及高校开展的各项活动是紧密相联、不可分割的，大学就业教育就是其中重要的一环。现在很多大学生，在整个一、二年级阶段对自己毕业后想做什么事、能从事什么事、一无所知，更不用说有意识地进行工作能力的培养、锻炼，自然也不清楚自身缺乏什么能力，到了毕业找工作的时候才发现自己身无一技之长，在这个时候对毕业生进行纯粹就业技巧指导无异于只是进行外部包装，收效甚微。这就使得就业教育全程化的必然。

　　根据生涯发展理论，建立全过程职业生涯教育模式，必须十分强调就业教育的针对性、层次性和连续性。从入学起，就要有意识地将就业教育的内容有序不间断地渗透到学生教育培养的全过程中去，针对学生不同阶段的身心发展特征和需要，实施分层次指导。结合大学生活和教育的实际，笔者认为宜将大学阶段的就业教一育分为下面三个阶段。

（一）一年级：自我与现实的认识

　　这阶段主要是在一年级，着重从适应大学生活的角度，使大学生认知自我、认知大学学习的作用，认知专业的特点以及未来的去向，鼓励他们根据自身的兴趣和特长，形成职业目标。具体包括如下内容：

1. 自我认知教育

　　舒伯认为：一方面，人通过选择能自我实现的职业，来表现自己与自我概念，另一方面，人通过职业表现自我概念，并在不同的人生阶段有着不同的自我概念的表现。自我认知是指人们应该对自己有一个比较全面客观恰当的认识，即了解自己的思想、个性类型、能力倾向、兴趣爱好、自己的价值观等。在选择职业中拥有良好的自我概念很重要，可以帮助个人正确选择那些与自己的个性品质及能力相适应的且符合自己价值观需要的工作，在工作中更有效地发挥个人潜能，实现自我价值。

　　目前大学生择业有明显的急功近利倾向，热衷于哪个职业热门、赚钱多，就选择哪个职业。这样显然是非理性选择，倘若与自我概念不符，就极有可能在从业后导致心理不适应，甚至由于不能在工作中获得成就感、满意感产生自卑。

　　此外，个人的职业发展形态或职业发展模式的性质受社会环境、个人能力、人格特征和机遇所决定。"协助个人发展并接受统整的自我概念"是高校生涯教育中重要的任务之一，同时，发展合适的职业角色形象，使个人在现实世界中接受考验，并整合为实际的职业，以满足个人的需要，同时造福社会。"

2. 职业认知教育

　　职业是人生所从事的土作，既可从中获取应有报酬的岗位，又是扮演一定社会角色、履行自身社会职责的舞台，更是使个人的人生价值得以体现的场所。可是，在口前多数大学生对职业的认知，却远远没有达到这个高度和深度。多数情形下，只是单独追逐金钱、谋求地位、获取名声的途径。因此，加深大学生对职业的认知，对其生涯发展具有重要意义。

3. 职业理想教育

　　树立正确的职业理想，对于大学生顺利就业以及在职业实践中把职业理想化为现实和人格的完善有着重要的意义。实现人与职业的合理匹配是树立正确职业理想的客观基础。人的生理、心理特点不同，所能适应的职业范围也不同。职业本身的特点，对人的要求也存在着客观差别。从人与职业两个方面来说，人选择了适应自己特点与兴趣的职业，其潜能有可能得到最大限度的发挥，在一定的劳动时间内获得的效率高、贡献大。

职业与适应其相关需要的人相匹配，才能发挥出应有的社会功能。因此，引导学生树立人与职业的合理匹配的理想也就成为大学生就业教育的一项重要内容。

（二）二、三年级：职业素质培育

这个阶段的职业素质教育，以下列内容为重点：

1. 专业素质教育

大学生的专业素质，是指大学生掌握、运用专业知识和专业技能的能力。高校通过开设专业课程、充分发挥课堂教学的作用，帮助学生充分了解、掌握专业知识，引导大学生积累必备的专业技能。通过开展形式多样的校园活动，促使学生提高与人相处、团队协作等综合素质、实现大学生全面协调发展。通过开展专业实习，帮助学生了解实际工作流程、处理现实问题能力。通过开展科研活动，深化大学生的理论和实践知识，并自觉钻研专业前沿知识，了解前沿动态。通过切身的调研、访问，及时了解、把握大学生的学习状况、特点及学长的经验，有针对性地自我规划，增强大学生一专业学习的针对性和实效性。同时，高校必须规范教学管理，优化课程设置，丰富教学内容，完善教学手段，增加实例教学，采取生动活泼、形式多样、易于被大学生所接受的教学方法进行教学，努力提高课程教学实际效果，要以讲座、报告、沙龙、主题班会、专业知识表演、专业知识竞赛、成功经验介绍等为载体，通过微博、板报、海报、广播、电视、网络、BBS等大力宣传，普及专业技能，提高大学生专业素质。

2. 职业道德素质教育

"职业道德是道德的一个特殊领域，是同人们的职业活动紧密联系的、具有自身职业特征的道德活动现象、道德意识现象和道德规范现象，是社会道德在职业生活中的具体化。"卫职业道德教育，就是让大学生们了解职业道德的产生、构成、特征及其基本规范，自觉形成和发展良好的职业道德意识、规范和调节职业道德行为，对以后的工作和实现自己的职业理想是十分必要的。

尽管不同的行业道德规范在内容存在着差异，但笔者认为至少应让学生明确下列二个核心要素：

忠诚：对企业或者雇主的忠心、诚恳。做人做事都需要踏踏实实，诚诚恳恳。只有忠诚的员工，对于自己的本职工作才有可能做到尽、自、尽责、尽职、尽力，才能更好地顾及企业的利益。工作不在仅仅是谋生的手段，而是将将工作当作事业来经营，只有这样的人才能把工作做好做出色，才会有值得规划的职业生涯。

包容：包涵。工作单位这个集体是由不同年龄、不同性格、不同成长背景的个体组成，对事对人对问题的看法不尽相同，发生分歧也是很常见的。因此企业需要有包容度的员工，能够和谐处理工作问题，包涵工作中的误会。能够友善处理工作关系，宽容同事和领导。能够包容对待他人，容纳性格卜的分歧。只有融洽才能高效率工作，才能适应不同环境、不同岗位的工作。

3. 生涯发展能力教育

生涯教育实质是一种能力的训练，即人的生存能力的训练，主要包括六项内容。一是自我经营的能力，即，充实知识技能、维护健康、了解自己、发挥长处。二是生涯规划及生涯决策能力。生涯教育必须协助学生规划人生，掌握生涯规划的基本原则和基本方法，使学生了解生涯规划的意义，并且学习在面对各种选择时，做出最恰当合理的选择。三是人际交往的能力。生涯教育必须培养学生良好的人际交往能力，克服人际交往的心理障碍，掌握人际交往的技巧等，使学生恪守人际交往的规则。四是时间管理的能力。帮助学生分析浪费时间的原因，树立正确的时间观念，排定优先顺序，制定切实的工作计划，提高时间的运用效率。五是适应环境的能力。生涯教育应培养学生适应环境的能力，帮助学生学会了解环境的特质，帮助学生掌握适应工作的技巧，学会应付工作的压力，创造和谐的上作环境。六是创新能力，引导学生善于思考、勤于思考，敏于观察、善于实践，积极进取，勇于创新。

4. 创业能力教育

创业教育是指开发和提高学生创业基本素质的教育，包括创业能力教育、创业意识教育、创业知识结构教育、创业心理品质教育四部分。创业可以理解为创造性就业和创造新的就业岗位。创业教育从目前来看，依然成为全球高等教育发展的总体趋势，也是我国高等教育改革与发展的必然选择。在我国，虽然大学生已不再是稀缺资源，但大学生仍属十高层次的人力资源，社会不仅需要他们在己有的领域中谋求发展，而且需要他们从就业转向创业，自主创业、科技创业，给自己创造就业机会，也给别人创造就业机会，同时给国家增加社会财富。这就是当前我国高校就业教育的非常重要的一个新内容。当前是知识经济的时代，当代大学生不仅仅是择业者，更应是创业者，需要特别指出的是"大学生'创业'不仅仅表现为开公司、办企业，更多的表现为树立开拓创新、不折不挠、积极进取的创业精神，立足岗位创业、工作创新。"

5. 角色转换能力教育

生涯经历的成熟理论要求生涯教育帮助学生学会协调职业角色与其他角色之间的

关系。人的职业发展除了自然因素影响以外，还与人在一生中扮演的各种角色密切相关，人在每个阶段内扮演的生活角色直接影响人的职业发展。对高校学生而言，由于市场经济的自由竞争，入学方式、培养模式及就业方式的改革，利益趋动因素的影响，使得大学生承担的角色日益丰富，其社会角色自我选择的成分大大增强，大学生面临着一系列正确地进行角色定位、角色调适的任务。高校就业教育除了着眼于职业角色的学习和理解外，还应该帮助学生学会调适不同角色之间的关系，从而使职业角色与生活角色之间相互影响、相互促进。因此，在各个阶段将职业发展与生活角色作相应的调配，角色转换能力的培养对于职业生涯的发展甚至人生的发展与成功是非常必要的。

（三）四年级：科学的职业选择

这个阶段主要是在四年级。这时的毕业班大学生考虑最多的就是自己的"出路"问题。这一阶段就业教育应以下列内容为重点：

1. 需求信息指导

对需求信息的采集和选择，是就业指导的重要环节。要通过技术手段加工处理和分类整合信息，利用网络媒体及时向毕业生发布信息并做相应分析，以利于毕业生把握整体就业形势，适当调整期望值。同时，也要重视学生本人挖掘和筛选信息的能动性，引导学生自觉地挖掘信息、充分利用信息。

2. 求职技巧指导

求职技巧指导包括简历撰写、应聘技巧、面试技巧、就业礼仪等内容。许多毕业生初次面对社会针对职业能力的审核，常常会产生一种茫然失措的感觉，对于如何准备自荐材料、如何应对笔试面试、如何面对主考官都缺乏基本的常识，更没有相应的实践经验，也就谈不上什么技巧。就业指导就应该把基本的常识和技巧传授给学生，分析可能出现的情况和问题，做好应变的准备，并根据学生地个性特点，帮助其制定切合实际、行之有效的求职方案。在此基础上，毕业生要明确自己的优势和劣势，进行针对性的训练，如面试的艺术、时机的把握、怎样加深对方的印象等。

3. 心理调适指导

大学生就业的过程，是一个复杂的心理变化过程。而对众多的竞争者，要想获得就业的成功，没有充分的心理准备和良好的竞技状态是不行的。因此，要引导毕业生正确地评价自我、认识社会，正确对待成功与挫折。相关部门可以通过开设心理调节课程、开通心理热线、开办心理网站等方式，教会学生学会适当的调节情绪。释放压力。对个别情况严重者，应采取有效的心理疏导和心理保护措施，通过深层次的交流、必要的治疗，缓解他们的心理压力，重树自信心。

总之，全程就业教育模式的三个阶段是一个有机整体。它是将大学生顺利就业并迅速成长必备的知识、理念与能力，逐步贯穿于少（学教育全过程，以培养学生自我规划、自我发展、自主就业的意识，以及不断发展的成就职业规划能力的专门教育，它是一个内容完整、紧密配合和互相协调的体系。

（四）以市场为导向：调整学科体系

高校的学科、专业设置应反映着社会新的职业需要，适应市场经济条件下迅速变化的人才市场需求。当前出现的高校毕业生"就业难"问题，一个重要的原因是结构性就业困难问题，包括学科结构、专业结构、人才层次结构等，其中学科、专业结构调整是当前高校学科建设的一项紧迫任务。

高校以学科建设为龙头并以之开展专业建设，实际上只能是研究型大学的目标，而对于大多数以应用型人才培养为基本任务的高校，更应以市场人才需求为依据调整专业结构合理设置课程，要打破学科讲解，科学设置和运作专业。对重点高校，设置专业时考虑学科的发展会有所偏重，对于普通高校，则更多的需以市场为导向。在专业设置时直接面对社会人才市场的需求，根据市场需求来设置相应的专业和设计具体的教学培养计划。

三、方法创新：以大学生能力提高为中心

（一）理论教育和实践开展相结合

大学生生涯教育必须理论与实践相结合。社会实践是高校就业教育的基本途径人的重要途径。保质保量的实践有助于深化大学生对知识的理解，拓宽受其知识面，完善受其知识结构，掌握基本的工作技术与技能。同时，充分的实践，可以更加深大学生企业的人才需求状况的了解，认识自身知识结构与市场需求的差距，从而及早采取补救措施高校必须认识到实践活动在大学生就业教育中的重要作用，并积极为大学生的实践活动创造条件。例如，制定一个长远规划，提供足够的经费保障，建立相应的实践基地。

（二）学校教育与企业参与相结合

人学生就业教育，具有很强的社会性，离不开企业的参与。为此，高校采用"请进来、走出去、勤走访、善挖掘"的做法，一是邀请人力资源专家、职业指导专家进校，通过专题报告、辅导讲座、经验分享、案例分析、面对面咨询，使学生了解更多

的市场中有关就业信息、职业发展、择业技巧、社交礼仪等方面的知识,帮助学生正确定位,使就业教育更贴近社会,贴近市场、贴近学生。二是拓展校外实践基地建设,山各院系为代表与用人单位建立多方位合作关系,通过校外实习和社会实践,培养学生社会责任感,加强沟通能力、敬业精神和团队合作精神,使学生积累一定的工作经验或挫折教训,锻炼实践能力,增强社会适应能力。三是加强与用人单位的沟通联系,不定期召开以就业为主题的各类座谈会,并主动走访用人单位,了解他们对人才的需求,对高校人才培养的建议。四是加强与校友的沟通与联系,校友们的经历和经验对在校学生非常有说服力,他们是高校做好职业生涯辅导很重要的资源,同时校友们创办或任职的单位对在校大学生具有一定的吸引力,也是可以利用的优势资源。

(三) 应届和往届资源相结合

大学生就业教育应该充分发挥往届毕业生在就业指导中的作用。首先,加大杰出校友就业成功经验宣传和推广。可以把往届毕业生中涌现的成功的就业、创业典型,加以总结和归类,请他们来学校做讲座,开交流会,向应届毕业生传授择业、就业以及处理相关问题的经验。其次,充分利用往届毕业生的社会资源。很多往届毕业生已经成长为各自领域的精英,不仅其自身可以为大学毕业生提供就业机会,而且也能通过其建立社会网络、经营伙伴,为大学生提供就业渠道、实习机会。

(四) 择业与创业结合

就业教育必须做到对学生就业教育与创业教育的紧密结合。市场经济为个人的生存、发展提供了多种途径,社会岗位呈现多元化状态。我国正处在转型经济段,工作岗位也处于不断调整之中,很多原有的社会岗位将消亡,新的岗位将不断涌现。就业教育需要使当代大学生明确:不仅要择业,而且要发挥自身的特一长,自主创业。创业本身并不比所谓的公务员、事业编制差,而是更有上升空间的自我生存、发展的路径。为此,高校应加强开展对创业教育的理论研究,把创业教育纳入教育内容。融入教学体系,逐渐形成从培养口标、培养模式、人才结构到教学计划、课程设置、实践教学等方面全面融合、一体化的新培养体系。

(五) 传统媒介与现代媒介相结合

为适应科学技术的快速发展和大学生就业教育迅速、普遍、多样化的需求,就需要充分利用现代媒介发布就业信息,指导学生调整就业目标和掌握面试技巧。例如,利用微博、短信、QQ、BBS、辅导员思政论坛、高年级与低年级的经验传授等方式,建立立体的技术支撑、多维的网状就业教育路径等。

四、制度创新：为就业教育创新提供保障

（一）就业教育教师准入制度

上海从 2004 年起开展职业咨询师初级、中级资格认证和培训工作，得到了高校广大就业教育工作者的普遍欢迎。河南省也从 2006 年起对全省各类高校从事毕业生就业教育工作的教师和管理人员进行培养，并开展了职业资格认证工作。从目前业已开展培训与资格认证的情况看，主要还是政府行为，上海市教委专门发文，内容为关于开展大学生职业发展教育，加强职业咨询师培训。河南省人事厅、教育厅联合发文，内容为关于对从事高校毕业生就业工作者的培训和考核工作，并且将职业技能培训与干部的考核、晋升，与教师的职称挂钩。这样的做法值得在全国范围推广。

（二）就业教育工作考核制度

就业教育的考核制度就是建立科学的考核指标体系，避免流于形式。所谓科学的考核指标体系必须紧紧围绕就业率，但又不局限于就业率数字的高低，既看就业、创业率。又看就业、创业质量，既注重结果，又不忽视过程，是多层次的目标体系，以促进就业教育工作的全面性和科学性。笔者个人认为至少可以包括如下指标：第一，开展就业观教育次数；第二，提供社会实践的次数；第只，提供就业、创业信息的多少；第四，提供就业、创业咨询的次数；第五，解决就业、创业中具体困难的次数；第六，实际就业、创业率：第七，就业、创业的实际表现等。

（三）就业教育工作奖惩制度

就业教育奖惩制度就是根据上述考核指标体系衡量结果，对于成绩好的单位和个人给予必要的奖励，对于成绩差的要加以批评、甚至淘汰。由于现在生活压力与口俱增，高校青年教师生活质量不容乐观，要使其安于从事就业教育工作，必须要有科学的奖惩机制：取得成绩大力奖励，既可以是经济上的奖励，也可以是职称评定中的倾斜。完不成既定的目标，也不能手软，该淘汰的必须淘汰。

第六章 大学生就业教育模式理论发展

第一节 国外就业指导教育模式借鉴

一、美国的就业指导教育模式

（一）美国的就业指导教育课程

美国学者 Lee Devlin 在广泛的调查基础上在《The effects of college career courses on learner outputs and outcomes》中表明，从二十世纪 70 年代至今高校就业指导包括三个主要方面：职业选择信息，职业信息和需求工作的技术。层次类型多样，既有设计给新生的课程，也有设计给已确定专业高年级学生的课程，同时涵盖选修课程和专业必修课程，课程内容丰富多彩。下表中为印第安纳大学文理学院就业服务办公室开设的就业指导相关课程表。

表 6-1 印第安纳大学文理学院就业指导相关课程

课程名称	课程基本信息
工作室艺术家的实践	高年级课程。课程致力于管理工作室和从事艺术职业的实践方面，内容包括艺术摄影、画廊陈列
求取文件夹的基本内容	求职文件夹设计以展示知识的深度、宽度、适应性和批判性思维，反映个人、学术、职前经历。分析和评价可持化能力。
审视作为记者的自我	新闻传媒专业的就业指导课旨在帮助学生制定从享新闻传媒业的职业决策。
大众传播的观点	学生被引入者和大众传媒的学习环境中，课堂介绍，图书馆活动，信息技术项目介绍，开发团队合作能力，提高分析和评价能力，课题包括职业规划、学习技巧、时间管理、数据收集和展示能力。

课程名称	课程基本信息
科学之窗	为理科专业或预期学习理科专业学生开设，课程涵盖科学的综合考察、审视科学和社会、科学方法和科学家群体、研究、职业道德，探索基于科学的职业和科学专业的成功策略。
生物技术原理	课程包括生物技术的范畴、历史和当前的课题、生物分子的结构和合成基础、一般原理、一般操作流程，课程也包括与规范行业有关的法律道德议题和在生物技术领城的职业前景和路径。
个人职业规划	考察职业，工作环境和职业规划过程。主要关注学生和他们的目标。对当今世界中职业选择的特性的考察捏供实际的和可信赖的帮助，不提供学分
心理学专业向导	帮助学生在三个领域树立学习生涯的目标：职业、人际关系、个人生话，介绍校园、教师、学生组织的心理学资源，并制定学习规划满足学习目标。
实习：实践理论	该课允许学生诵过实习莸得学分

这些就业指导课程授课对象为不同院系、不同专业学生。相较我国高校就业指导课程在开课数量上极大丰富。由相关专业领域实践经验丰富、了解行业领域的老师授课，所授课程内容丰富实用、不流于形式，学生不会觉得枯燥乏味，因此很受学生的欢迎。同时此类课程还能够帮助学生逐渐明确自身未来的职业发展方向，帮助学生尽可能深入的了解所学专业的背景知识。课程站在本专业的立场上帮助学生树立学习目标，起到了引导作用。

美国高校的就业指导课开得有声有色，自大一到大四各学年课设的课程，各有侧重，贯穿始终。以上就业指导课程修读方式灵活，学时不同，在校学生无论专业无论年级均可学修。美国高校的就业指导课在课程数量巨大的基础上，形成了一个有众多层次的体系，如表6-2所示。

表6-2　印第安纳大学文理学院部分就业指导课程设置

课程名称	学时	针对学生	
基本职业发展	8周	全校一年级和二年级学生	探索专业或职业选择的多样性；更好的理解与选择专业和职业有关的自身个性、兴趣、价值观、能力；深入研究某种专业或职业；学习职业规划的结构性、系统性方法。
求职文件夹准备	8周	全校二、三，四年级女科学生	教授学生如何创建求职文件夹用以在求职进行自我推销。无期末考试，课程结束时需撰写个人报告。

课程名称	学时	针对学生	
文科生求职策略	8周	全校二、三、四年级文科学生	涵盖了基本的求职技能，教授如何写作求职信和准备面试。内容包括：创建有关个人能力和资质的有针对性的简历；在求职信中详述个人经历；从用人单位的现点理解面试这一动态过程；有效的利用网络搜索相关信息
有音义的工作艺术	整个学期	为开始思考大学毕业后的生话，认为有意义的工作罡至关重要的三、四年级学生开设	引导学生思考：我想要生活在什么祥的世界中？我的个人天赋可以为找的工作或他人带来怎样的帮助？通过从不同观点的佈验和自我反思的联系，个体和群体将进行主观探索并发现个人天赋、价值观和热情这些个人议题的意义和今生所带来的挑战。要求学生审图探索以形成个人独特的工作哲学，发现个人使命。

与我国高校就业指导课单一的情况不同，美国高校就业指导课程的开设完全建立在学生的需求基础上。学生在就业指导课程上有着不同层次、不同方向的需求，所以在就业指导课程的设置上也就不尽相同了。美国大学为了使就业指导课更有针对性，更注意课程开设上层次的多样化。表6-3为伊利诺伊州立大学目前所开设的两门就业指导课，该课程仅为不同院系开设的众多就业指导课之一。

表6-3　伊利诺伊州立大学就业指导课程

课程名称	职业选择（全校选修课）	外语专业的职业（外语专业学生选修课）
开设部门	全校职业服务办公室	语言文学系
内容	如何评估自我兴趣、能力和价值观；如何获得求职信息，如何制定职业决策。	提供职业信息和教授求职技巧
学生	全校各年级均可	仅限外语系学生

在美国高校，学生会因为年级、专业、性别和族裔等原因产生对就业不一的需求，所以为满足各种情况的需求学校设置了不同课程。课程属性包括必修课和选修课，授课对象覆盖新生、己选专业学生及毕业生。同时为女生和少数族裔开设针对性强的课程；既有由教师为不同院系学生或特殊专业开设的必修课程，也有供全校学生选修的课程。

（二）美国大学生就业指导教育模式的实践

1. 政府及主管部门的作用

由政府出资，劳工部建立全国性的就业指导和服务网络，为大学生和用人单位搭建畅通快捷的交流平台，及时准确地发布就业岗位信息，这是大学生除学校以外获取就业信息的重要途径。劳工部设有劳工统计局，负责在全国采集数据（收集不同时期美国就业市场的职业需求状况、不同职业对知识和技能的要求等数据），重点预测经济发展对未来就业需求的影响和未来一个时期就业环境变化的信息，统计结果通过各种媒体向全社会公布，作为政府决策和大学生个人择业的参考。此外，各州政府还设有发展局，由联邦政府核拨经费，负责推进就业工作；州政府还设有公立的职业介绍所和私立的职业介绍机构等，为大学生就业提供帮助。

政府制定促进大学生就业的相关法规和政策。1973 年，美国政府综合《社会保障法》、《人力开发培训法》等法案，颁布了美国官方人力资源管理与开发的综合性法规《综合就业与培训法》。在众多劳动就业法的基础上，美国在 1994 年又通过了《学校与就业机会法》，把让毕业生具备必要的知识、技能以及今后学习和在生产部门所必需的工作经验作为学校教育的一项主要工作。美国推行积极的就业政策，采取多种手段，促进大学生就业，如调整产业政策，发展新兴产业，扩大就业机会；运用财政手段促进就业；通过金融政策来影响就业；刺激消费，支持中小企业的发展，增加就业等。同时，还制定鼓励就业和创业的补偿政策。

2. 高校的就业指导机制

（1）就业指导机构和经费投入

在美国，高校都设有大学生就业指导中心。它是学校的一个常设机构，是为大学生提供就业服务和实施必要管理的机构，直接由分管学生事务的副校长领导。就业指导中心的规模都比较大，并且都配备有现代化的办公设备。另外，美国高校对就业指导的经费投入较大。将在校学生学费的 5% 拨给就业指导中心，这部分款项约占中心总经费的 60% 左右，同时接受社会捐赠的款项约占中心总经费的 40%。如南加州大学就业指导中心每年经费 42 万美元；加州大学洛杉矶分校就业指导中心每年经费 150 万美元，其中直接用于学生就业指导工作的年经费约为 75 万美元之多。健全的指导机构使得每个学生都能得到充分的就业指导，充足的经费又保证了指导中心的高效运作。

（2）就业指导人员队伍建设

美国高校十分重视就业指导人员队伍的建设，对就业指导人员的素质要求很严格。就业指导人员均需具有良好的专业基础或背景，都要持有培训资格证书，并经过考试合格才能上岗工作。其中就业指导中心主任、就业顾问等人员一般还要获得教育学、心理学、咨询学等相关学科的硕士或博士学位，其他人员也要获得学士学位。就业指导的队伍由专兼职人员组成，他们都有明确的岗位分工。一般根据学校规模的大小、学生人数的多少，就业指导人员的数量也不等，学生人数多的学校人员也相应增多。高素质的、专业化的就业指导人员队伍有力地保障了就业指导的有效性。

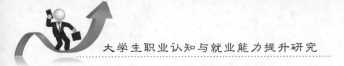

（3）全方位的就业指导与服务

美国高校十分重视对学生开展日常的就业指导教育与咨询，就业指导服务的对象不仅包括全体在校学生，也包括已经毕业的校友。

开设就业指导课，指导学生进行职业潜力开发和确定就业意向。通过就业指导课，帮助学生分析社会的职业性质，了解职业市场的变化，提高学生的职业兴趣和职业定向意识，结合学生的个性特点和兴趣爱好，引导学生正确认识自我的价值、能力，由此向学生提出就业方面的建议，确立符合实际的职业目标。

对学生的求职技能进行专题培训和评价。培训内容包括：如何准备、制作求职的相关材料，如何掌握在求职过程中见面、交谈的礼仪，如何策划求职战略、寻找适合自身发展的就业职位等。对学生的就业技能进行科学评价，帮助他们找出存在的差距和需要努力的方向，从而提高他们自我推销和从事职业工作的技能。

收集并提供就业信息，为大学生就业提供全方位的服务。主要是通过收集和发布就业需求信息，整理就业资料，组织招聘活动，与用人单位建立联系，组织校友会等方式方法，帮助学生获取就业信息、研究就业信息，寻找就业机会。另外，针对学生在求职过程中遇到的各种问题，开设"求职门诊"，进行指导和咨询服务。

（4）培养大学生的就业能力

美国高校非常重视大学生就业能力的培养。主要通过课程设置和校内外的实践活动两方面工作来完成。首先，在课程设置上：一是设置通识性课程。通过通识教育既传授了知识，又培养了技能和能力，而技能和能力正是就业能力的核心。二是设置综合性课程。该课程不仅有利于培养大学生的各种素质和思维力，更塑造了他们正确的价值观，这对指导大学生就业方向大有裨益。三是新增专业课程。根据市场对人才需求的变化，设置专业，安排课程，促使大学生提高就业能力，实现理想就业。四是设置选修制课程。通过增加大学生的跨学科知识储备不仅会拓宽学生的知识面而且会扩大学生的职业发展方向和就业范围，从而提高了学生的就业能力。五是开设社会问题课程。这种课程主要是培养大学生对社会负责的精神和解决实际问题的能力。社会问题课程的开设使学生所学与真实社会情境结合起来，有效地提升了学生在实践中运用知识的能力。六是开设核心能力课程。通过该课程识别学生的就业核心能力，并为其就业能力进行诊断分析，以便有的放矢地为学生设计相应的实践活动，来弥补并提升他们的相关就业能力。其次，在实践活动上：一是通过最基本的课堂教学活动提升学生的综合能力，恰当地将就业能力教育的实践融入课程中。由于特别注重学生自己的动手动脑能力，学生在课堂上有很多实践的机会，如亲自设计实验程序等。二是借助校外的各种资源，开展形式多样、行之有效的课外实践活动，提升学生的就业能力。

（5）开展创业教育与实践

创业教育对于美国的高校就业指导的创新和提升大学生的就业创业能力具有非常重要的意义。一是美国高校十分重视和支持创业教育，已形成比较完整的教学和研究体系。学校一般都设有专门从事创业教学和研究工作的创业教育中心，中心聘请经验丰富的教师从事教学工作，同时还邀请企业管理人员、风险投资专家等参与教学活动。二是美国高校的创业教育注重实践教学，教学内容多采用案例教学，教学方法采用讨论式教学，教学组织多采用学生分组结合项目进行，同时鼓励学生深入到企业中结合实践学习。三是创业教育课程强调培养学生的科研能力、职业技能；鼓励学生参加科研活动，重视实验教学和现场模拟教学；安排学生承担一些配合正课学习的工作任务，允许学生参加校外的协作项目，重视产学研合作教育等。四是很多高校设有创业教育基金，为鼓励学生的创业行为，学校每年都提供资金资助学生开展创业活动。五是积极为学生的创业活动提供机会。比如组织学生到公司实习，参加暑期打工活动，举办创业计划竞赛，开展社团活动等。据美国劳工部 2007 年统计，美国 99% 的企业人数不到 100 人，创业成为许多美国大学生实现就业的重要途径。

3. 社会中介组织的参与

社会中介组织在学校、学生与用人单位之间牵线搭桥，在大学生就业过程中扮演着重要角色。在美国，为数众多的职业中介组织服务于大学毕业生，其中有许多非赢利性的组织，在学生就业过程中发挥了积极作用。如全美高校和雇主协会。该协会通过对就业市场的供求现状、各种职业的发展趋势等进行调查和分析，不仅帮助学生选择并获得有发展机会的工作，还会帮助用人单位推荐并招聘到合适的人才，每年能为上百万名大学毕业生提供良好的就业服务。该协会目前已拥有会员高校一千八百多所，会员单位一千九百多个。

4. 用人单位提供实践机会

在美国，用人单位十分注重学生的实践经验。为了帮助学生积累实践经验，很多用人单位都会积极地给他们提供实习的机会，其中大多数还是带薪实习。通过半年或一年的实习，学生对用人单位有了更加深入的了解，在其毕业时，就可以直接到该单位工作。美国用人单位的做法不但有效地促进了毕业生就业率的提高，而且很好地承担了相应的社会责任。

（三）美国大学生就业指导的特点

1. 发展历史悠久，理论基础完备

美国是就业指导的发源地，也是世界上最早开展大学生就业指导的国家。从理论

指导上看，美国的研究成果丰富，而丰富成熟的就业指导理论促使大学生就业指导形成了先进的工作理念：职业选择不是个人面临就业时的某个单独事件，而是贯穿于个体生命的全过程。经过几十年的发展，美国许多高校在职业咨询、就业服务等方面积累了一整套以指导大学生进行自我评价、确定专业方向和择业目标的为核心的理论经验。

2. 政府、高校、用人单位等协同合作

美国高等学校的就业指导主体具有多样化的特点，主要是在政府的宏观管理和协调下，高校、用人单位、社会各部门都积极参与、协同合作，开展大学生的就业指导。美国的大学生就业指导机构比较完备，高校的就业指导服务部门、用人单位的人事部门及一些社会性机构相互补充、相互作用，共同完成大学生的就业指导工作，构建起高效的就业指导体制。

3. 高校富有实效的就业指导机制

（1）健全的实施机构和专业化的师资队伍

美国高校的就业指导机构大都十分完善。在机构的设施上，不论硬件还是软件都非常齐全。同时，学校为就业指导机构提供稳定充足的经费，使其能够采用先进的办公手段，提高工作效率，从而保证了就业指导工作的顺利进行。而师资队伍的高度专业化、专职化是实现优质就业指导的又一保证。此外，美国高校的就业指导工作都是多方参与的，可以说，整个学校都在为学生就业指导服务。

（2）广泛的服务对象，丰富的指导内容，现代化的指导手段

广泛的服务对象。美国高校的就业指导不仅面向全体在校学生，还为已毕业的校友、用人单位以及学生家长提供服务，甚至有的高校还为社会上的青年提供服务，充分体现了高等教育为社会服务的功能。

丰富的指导内容。就业指导内容覆盖面广，主要包括：以心理测验和职业咨询为方式的自我认识指导；以了解职业特点和职业要求，增强应聘技巧、提高职业竞争力为目的信息服务、求职培训和指导课程；以增强职业适应性为目的的训练、讲座和实践活动等。就业指导的内容不仅丰富多彩、形式多样，而且注重质量和实际效果，以引导学生正确认识职业世界，树立符合自身特点的职业观和择业观，最终实现顺利就业。

现代化的指导手段。在美国，差不多所有的高校都使用计算机和网络等现代化的手段辅助就业指导。就业指导中心利用计算机软件不仅为学生根据自己的专业选择职业，还可以帮助学生查询到美国所有的两年制、四年制大学的信息。同时，网络的使用能够让学生不受空间的限制在网上就能快速地进行各种职业测试和职业咨询等。

（3）就业指导的早期性和全程化

美国高校的就业指导从学生一入学就开始进行，而且针对不同的阶段都有特定的目标和与目标相适应的就业指导、咨询、培训和课程等。这种就业指导贯穿学生从入学到毕业的全过程，甚至在毕业后还为其提供服务。这种全程化的指导过程有系统地帮助学生形成就业决策能力，让学生在现在和将来的人生中做出恰当明智的职业选择，更好地规划职业人生。

（4）就业指导的个性化

美国高校就业指导机构非常重视对学生进行有针对性的个体咨询和指导。他们根据大学生的个性特点、兴趣爱好来分析社会的职业性质，引导学生如何通过自我评价找到适合的职业种类，以帮助其确定就业意向和进行职业潜力开发，从而确立职业目标。学生既可以预约与教师进行面对面的辅导，还可以通过网络把自己的相关资料传给辅导教师以获得具体详细的指导。

（5）多样化的实践机会

美国高校鼓励并提供机会使学生在校期间参加多种不同的实习工作，一般学生都会有二、三次实习经历。通过实习学生既得到实际的锻炼，又在实践中逐渐明确自我生涯发展的方向，以进行更为合理的自我定位。

（6）积极引导大学生开展创业活动

美国的社会背景为高校进行创业教育提供了有利的条件，同时也形成了高校浓厚的创业氛围。美国人明确提出要把高等学校办成"创业者的熔炉"。他们在就业指导中非常重视培养学生的创造意识和创业能力。一方面要求学生运用各种方法学习更多的知识，另一方面又要求学生运用所学知识去解决实际问题，取得很好的工作效果。他们经常邀请知名企业家到学校开设讲座，与大学生开展联谊活动，培训学生自我创业意识和企业家精神。此外，他们还把产品设计技术、质量管理与销售、人际关系与资金筹措、事业策划与管理、商业法律法规等作为就业指导课或讲座的重要内容，以积极引导大学生自主创业。美国大学生创业活动起步早，已成气候，效果显著。大学生自主创业，不仅会解决自己的工作问题，而且还会为社会提供大量的工作岗位，促进经济的发展。因此，它必将是21世纪大学生就业的新途径，也是大学生就业指导工作必须研究的一大新课题。

4. 法律制度保障完善

美国大学生就业指导的迅速发展与其不断完善的法律制度密切相关。美国制定有关就业指导的法律、法规，承认就业指导工作的法律地位，保障对其的经费投入，也规定了学校就业指导的各项工作要求、就业指导人员的准则、学生应获得的就业指导服务范围等，使得学校的就业指导逐步走向法制化、规范化的轨道。如1965年制定的

《高等教育法》规定，政府要给面临失业危机的学生以帮助；1971 年制定了《紧急就业法》；1973 年制定了《康复法》；1976 年制定的《均等就业法案》，规定公民有均等的就业机会，用人单位招聘录用时不得有性别和种族上的歧视；1978 年制定了《充分就业和经济平衡增长法》；1980 年制定了《综合就业与培训法》；1982 年制定了《工作培训伙伴法》；1983 年制定了《职业恢复和教育规定》；1984 年制定的《卡尔帕金斯职业教育法》，规定必须为大学毕业生就业提供辅导服务；1986 年制定了《就业年龄歧视法》；1988 年制定了《家庭支持法》；2000 年制定了《劳动力投资法》等。

这种以立法促进长效就业的做法，既为就业指导工作提供了法律上的支持和保障，也使就业指导能够持续地进行，从而保证了就业指导工作的质量。

5. 学生本人的就业理念

（1）注重实践，厚积经验

美国高校都设有实习课程，并帮助学生联系实习单位，尽最大可能让学生在实践中深刻体会所学到的知识和技能。美国大学生自身也非常重视实践能力的培养和锻炼，在日常的学习中，只要有合适的实践机会，他们就会勇于接受各种挑战，积累相应的能力和经验。在他们看来，只有不放弃任何一个丰富自己阅历的机会，才能为今后的进一步发展做好准备。

（2）面对现实，积极应对

美国文化的价值观强调个人能力，个人的就业问题解决得好不好完全是个人能力的体现，应由自己承担责任，而不应归责于政府和社会。因此，美国很多大学毕业生在找工作时往往不太挑剔，即使找不到合适的工作，也会以稳定的心态和现实的态度来面对。他们大都认为，毕业并不等于一定要实现职业理想，生存是理想的基石，首先要生存，然后才能实现理想，只有适应社会，调整自己，积极应对，才能找到自己的位置。美国某大学就业服务网站进行的民意调查显示：80％的受访者都认为，"首先是要有活干"；"找工作应该是有活就干"；理想要从现实做起。纽约克拉克森大学就业中心执行主任凯瑟琳·约翰森则指出，美国大学生择业的特点之一就是在找工作的时候往往并不局限于从事的第一份工作，而是先就业后择业，低起点远规划。

二、日本就业指导教育模式

（一）日本就业指导教育课程特点

有学者认为就业指导在日本私立大学中已经成为不可缺少的一种工作制度。黄福涛认为"高等教育只有帮助学生顺利走上工作岗位，才算是完成了高校为社会培养高级专门人才这一社会责任"。日本高校的就业指导内容十分有特色。指导学生实施职业适应检测 SPI 进行自我分析，这其中包含了对个人各种基本素质能力和未来可能适应的工作进行剖析，并最终以图表的形式反馈这名学生的情况，学生可以利用图表中的数据了解认知自我，并在此基础上对自身未来的职业发展进行规划。日本高校中就业指导课主要分为两个方面，这主要是为了使学生由学生阶段顺利过渡到从业人员阶段，提高学生们在职场中的素质和能力。这两方面主要包括："针对全体学生的就业指导"以及"个别性的就业支持、学生指导"。

在日本由于私立高校在诸多方面都不及公立高校，所以私立高校对就业指导的重视程度要远高于公立高校。早稻田大学作为日本著名的私立高校，就业指导对于它来说是一个重要部分，早稻田大学的就业指导主要包括以下几个方面：

表 6-4　早稻田大学就业指导课程

早稻田导学就业指导内容	自我分析	实施职业适应检测帮助学生进行自我分析
	就业引导	三年级开展职场体验活动
		四年级为学生提供企业资料
		为毕业生举办企业说明会和招聘会
	就业指导讲座	就业讲座
		产业讲座
		女性就业讲座
		新闻传播职业就业讲座
		公务员就业讲座
		留学说明会

（1）就业引导

大学的就业指导部门开始进行就业入门教育，在三年级暑假为学生安排职体验活动。10月开始为学生提供学校获取的有关招聘企业的资料，为毕业生举办企业招聘说明会和不同规模的招聘会等，毕业生在学校的指导下开始正式进入应聘阶段。

（2）各种就业指导讲座

就业讲座：学校就就业环境、雇佣要求、企业介绍以及就业对策等，专门邀请校外专家进行讲解。

产业讲座：通过对学生的调查，发现学生最感兴趣的部分产业领域，邀请媒体界对这些产业领域长期关注的媒体人，为学生介绍最新动态。

针对女大学生的就业讲座：针对女生在就业活动中可能遇到的问题，安排女性教师专门为女生进行解答。

新闻传播职业的就业指导：因为约有 25% 的早稻田大学毕业生在毕业后希望能够

进入媒体行业，所以学校会邀请媒体管理层介绍会社的现状、前景以及就业情况。

公务员就业指导：学校也会对有意愿从事公务员工作的学生提供相关信息，为他们带来有关工作培训、从业考试辅导方面的讲座。

除此以外，学校还有针对性的举办留学说明会和企业招聘会，为不同需求的学生提供就业咨询服务。早稻田大学凭借上述各种就业指导措施，为学生创造了良好的就业氛围，在提高了学生就业能力的同时，也保证了学校稳定的就业率。

（二）日本高校就业指导教育模式的实践

1. 高校的就业服务

为应对日趋严峻的大学生就业形势，日本高校普遍意识到主动帮助大学生顺利就业的重要性，开始设立大学生就职中心、完善大学生就业指导内容，提高就业指导人员业务水平，逐渐在促进大学生就业活动中发挥着核心作用。

（1）就业指导机构的设立

泡沫经济后，随着就业率的不断下降，日本大学普遍意识到设立学校内部就业指导机构的重要性。旧本教育经济学家上村和申于 2001 年 12 月所做的调查显示，日本大学中将就业部门作为一个独立部门设立的大学占全部大学的 80%，其中私立大学 90% 以上都是单独设立的；国立和公立大学有 50% 以上是单独设立的；30% 是由其他部门工作人员兼管学生就业工作的。而据日本劳动研究机构 1991 年的调查结果，国立和公立大学独立设置就业指导部门的大学比率仅为 10%。可见，日本大学是在大学生就业问题不断凸显的情况下，才逐渐建立起来的。

琉球大学的就职中心是由其他部门兼管学生就业工作的，其组织结构图如下（图 6-1）。琉球大学的就职课与就职中心是属于两个部门但是同时负责大学生的就业工作，其工作侧重点不一样。就职课隶属于学生部，主要负责毕业生就职方面的行政事务管理工作，就职课下设有课长、代理和系长三个职务；就职中心则是职能部门，直接负责学生就业问题的指导，如在相谈室与学生面谈，进行针对性的个别指导，负责就业指导课的教学任务等。就职中心除了有部门长外，还成立了运营委员，这些委员来自于各个学部，他们定期与就职中心开会交流，负责了解并指导本学部大学生就业的有关事宜。

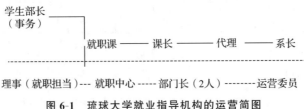

图 6-1　琉球大学就业指导机构的运营简图

(2) 就业指导机构的工作内容

日本大学的就业指导工作分为三个部分：一是开设就业指导方面的课程，如琉球大学针对一年级和二年级的学生开设各种就业指导课，如《年轻人的雇佣环境》、《职业生涯形成入门》、《地域企业解决问题程序》、《县内企业研究》及《县外企业入门》等；二是积极与外界建立良好关系，向用人单位推荐自己学校优秀的学生，邀请用人单位到学校向学生介绍工作情况，组织企业说明会等。三是对请求帮助的大学生给予个别指导，如进行性格个性测试、能力测试，职业倾向分析等，还进行面试技巧、简历书写、登录表填写等方面的指导等。私立大学在就业辅导上会更全面细致，他们一般针对不同年级的学生给予不同的教育指导，对刚入校的大学生，日本高校就职中心开设就业指导方面的综合课程，使学生对未来职业有一个初步的印象，启发对自己未来职业的思考；进入二年级，学校对学生的就业意愿进行调查，根据其意愿联系相关的就业体验企业，帮助学生通过就业体验对自己希望从事的工作有实际的体会；由于日本大学生通常从大学三年级开始进入找工作阶段，因此校就职中心在这个年级阶段就对大学生进行相关的适应能力调查，进行面试技巧培训，召开各种就业说明会等活动等。由此可见，私立大学对学生的指导更注重阶段性和全面性。

2. 社会的就职服务

为了实现大学生顺利就业，缓解日本国内就业压力，社会各界也积极采取各种形式促进大学生就业。首先，网络就业服务中介机构成为当前日本大学生寻找工作机会的主要途径之一。通过在琉球大学作的问卷调查，关于通过什么方式找工作的问题（多选），选因特网的占首位，高达 89.7%。除了劳动省官方网站，还有一些社会法人网站。这些网站都有专门的板块为即将毕业的大学生提供丰富的就职信息，还免费为大学生进行职业适应性诊断测试、职业面试技巧指导等。大学毕业生不仅可以轻松地检索到招聘信息，还可以参加这些网站举办的企业说明会，直接与自己感兴趣的用人单位交流。另外，"日本也有一些信息情报公司或团体，他们征集各企业形象广告、企业最新招聘应届毕业生信息，企业说明会的通知等广告业务，将这些信息印制、装订成册，免费邮寄全国各大学生毕业生就业中心；或根据索取资料明信片，直接寄给毕业生本人。这种较传统的方式现在仍然发挥着重要作用，起到促进毕业生与用人单位的沟通作用。

3. 用人单位的配合

"日本经济联合会设置的'21世纪就业录用联合会'曾对就业问题展开了一系列研究，其主要结论之一就是，要确立社会各部分之间的相互支持体系，尤其是大学与企业间的信赖、合作关系和信息交换必须加以确立。目前日本的用人单位与高校之间普遍建立起了这种基于信息沟通的合作机制，使得高校能够根据用人单位的及时反馈对具体的课程设置、培养目标等进行修正。"这种沟通与交流可以有效地帮助大学进行教育课程与内容的改革，也为大学生就业指导工作提供了有益的参考。

另外，用人单位还积极支持高校的就业体验制度。作为教学单位，高校本身没有为学生提供就业体验环境，因此高校通常通过与用人单位的合作来为学生提供就业体验机会。在日本，很多用人单位都愿意支持与参与大学的就业体验制度，为大学生提供实践体验的机会，为大学的就业指导工作提供了有力的支持，同时也为大学生职业观的形成和就业经验的积累也提供了直接的帮助。

（三）日本高校就业指导的特点

从以上对日本大学生就业指导体系的历史的演变，可以看出，面对新的社会经济形势，日本整个社会对待大学生就业难的问题给予了积极地应对，采取了一些较有成效的措施和办法。但是难以上扬的大学生就业率表明，大学生就业指导体系也存在不足和有待改进的地方。

首先，不少高校，尤其是国立及公立大学对就业指导工作还不够重视。高校就职部门还只是某个部门下的一部分业务，这导致就业指导部门的经费不足，人员缺乏，业务开展受到限制。私立大学在就业指导工作的开展上会比国立及公立大学更灵活，更有力度。

其次，大学就职中心的专职就业指导人员明显不足。"据统计，大学中设有专门的就业指导人员的平均人数为 4.9 人，国立和公立大学一般为 2.3 人，私立大学平均为 5.4 人。"琉球大学专职就业指导人员只有 3 人，他们负责全校 7190 本科生的就业指导，其中三年级学生有 1698 人，四年级学生有 1874 人。指导中心的老师表示，明显感到人手不够，还有很多学生中心没有办法给予辅导及帮助。私立大学在这方面会好很多，如札幌大学在校生 4,000 多人，2004 年毕业 683 人，仅专职从事就业工作人员就有 10 名，还有一个由 25 人组成的就业委员会进行辅助工作，指导人员经常主动出击，去各地走访企业，千方百计地和用人单位建立良好的关系，不遗余力推荐自己学校优秀的学生，并经常通过聚会、餐会等非正式方式积极发展合作伙伴，掌握其详实的信息资料，为毕业学生提供了准确及时的职业参考。

最后，高校就职中心的利用率较低且效果有限。如前所述，机构设置不完善，指导人员不足，只有小部分大学生能够通过这个渠道寻求就业指导，这些导致高校就职中心的利用率不高，因而不能最大限度地发挥其就业促进作用。通过对琉球大学大学生发放的问卷，我们可以初步推断出大学生就职中心对学生到底有多大帮助。在"你知道贵校有就职中心这个机构吗？"这个问题上，虽然知道的占调查对象的 97.50%，但其中选择"D. 有听说过，但是从来没有去过"的占最多（39.0%）；选择"C. 知道，我还选修了该中心老师的指导课程，但我并不怎么去该中心"的占 29.3%。再次为选"B. 知道，去过几次，但是觉得帮助不大"的占 17.1%。选 A，"知道，且常常去就职中心获得最新就职信息及得到工作人员的指导"只占 12.2%。在去过就职中心寻求帮助的被调查对象中，就职中心有没有帮助的问题上的回答结果是：没有人选择 A "很有帮助，我就是通过校就职中心找到工作的"，即 0%；认为有帮助的占 7.3%；"有些帮助，校就职中心给我提供了就业信息"的占 14.6%；"有些帮助，校就职中心对我进行了一些找工作技巧的培训"的占 2.4%；只有一点儿帮助的占 24.4%，对我没有任何帮助的占 19.5%。由此可见，校就职中心在帮助大学毕业生就业问题上力度不够。

当然，以上数据只是就琉球大学做的小范围调查，其数据不一定能够概括日本的整体情况，但还是具有一定代表性的。日本劳动政策研究和培训机构 JILPT（Japan Institute for Labour Policy and Training）2007 年发表的第 78 号研究报告《大学生及其就业—从支持就职转换及人力资源发展的角度来探究》，通过向全国发放 49,000 份问卷（有效回复率 33.6%）得出的结果是：高校中很多学生并没有利用到大学的就业支持资源，学校有必要让更多的人意识到校园生活与其未来职业生涯的关系。可见，这并不只是一两个大学的问题，而是普遍存在的现象。

第二节　"全程化"就业教育模式理论

一、大学生全程化就业教育新模式涵义与内容

所谓全程化就业教育模式是指以就业市场为导向，以人才培养为中心，以提升学生综合素质和专业实践能力为主线，以提高毕业生就业率和就业质量为目标，从新生入学开始贯穿大学四年，贯穿于教育教学全过程，贯穿学校工作的各个环节，针对不同阶段学生的特点和不同的职业目标有计划、分阶段、分层次、多形式进行系统、科学和规范的就业教育。全程化就业教育是根据就业教育的规律，结合大学生在校期间的职业发展需求，划分为初级、中级和高级三个阶段，确定相适应的阶段教育内容，从而形成相互联系、相互补充的内容体系。

初级阶段：教育引导大学生确定职业理想，完成职业生涯规划本阶段为新生入学的第一学年，就业教育的主要内容是开展就业形势教育，帮助大学生认清毕业时将要面临的就业压力，社会对人才素质与能力的要求，明确就业过程中最具核心竞争力的是自己的能力与素质，帮助大学生将就业压力转化为整个大学阶段的学习动力；使学

生入学伊始就清醒地认识到，在就业问题上，大学不是保险箱，而是新一轮更激烈竞争的开始。

加强择业观教育和创业教育，指导大学生树立职业意识，让学生了解自己所学专业和职业的关系，了解职业演化、发展、分类及职业对人的素质的要求，形成职业认知、职业评价和职业理想的基础认识。通过职业生涯规划的辅导和有关职业测评、素质测评系统的应用与分析，指导学生制订出适合自己特点符合个人成长与发展的目标，进而完成个人初步的职业生涯设计。

在职业目标的导引下，促使学生把专业学习过程与职业目标实现过程有机结合起来，帮助大学生尽快完成人生角色转换。

中级阶段：教育指导大学生提升职业技能，具备实现职业目标的各种条件本阶段为大学二年级和三年级两个学年，就业教育要突出人才培养质量，以大学生的职业生涯发展为核心，对职业生涯规划中职业目标的修订、完善和实现进行系统教育，制订出各阶段学习计划，教育引导大学生注重诚信行为习惯的形成'就业心理和法律条件的准备，进一步拓宽知识面，有针对性地提高各方面的能力，获得外语、计算机等相应的职业资格和专业技能证书，加强与社会上本行业、专业和人才市场的紧密联系，在社会实践中有目的地培养、锻炼、提升职业技能，逐步具备职业目标所需的基本素质。建立厚基础、宽口径、强能力的全新知识结构，做到科技本领和人文素质的相互渗透与有机融合，思想道德素质、科学文化素质、业务素质和身体心理素质均衡和谐地发展，进而达到综合素质全面提高与个性充分发展的辩证统一，不断增强择业竞争力，为实现自己的职业目标与理想夯实基础

高级阶段：教育指导大学生提高择业技能，顺利创业和就业本阶段为大学的毕业学年，就业教育的主要任务是进行就业形势和政策宣传，帮助大学生掌握国家有关毕业生就业的方针政策，掌握学校有关毕业生就业方面的规定，明确自己在就业过程的权利和义务。加强择业观和创业教育，引导大学生树立正确的就业观。根据不同学生所面临的不同问题，进行！面对面"有针对性指导。重点指导大学生选择与职业目标相吻合的单位或职位，实现用人单位与毕业生需求的有效对接。掌握一定的择业技能以及求职的技巧与方法，积极主动推荐自己。开展大学生就业心理素质教育，帮助大学生培养良好的就业心理素质，使他们能够正视现实'敢于竞争'不怕挫折，以良好的心态迎接人才市场的挑战与竞争。开展就业法律意识教育，让大学生了解和掌握国家有关劳动与就业方面的法律知识，利用法律武器保护自己的合法利益。开展感恩教育和文明离校教育，教育引导毕业生继承和发扬优良传统，志存高远，把个人理想和社会理想有机结合起来，积极担负起历史责任，到祖国需要的地方建功立业。

二、全程化就业教育系统理论分析

大学生全程化就业教育工作是一项系统工程，它是由政府、社会、学校、家庭、学生等多个要素组成的有机整体。从系统论视角来探究大学生全程化就业教育工作，就是根据系统观点，从大学生就业教育工作系统内部与外部环境之间的相互制约’相互促进的辩证关系中综合地、动态地考察研究，全面地对大学生就业教育工作进行整体规划，及时有效协调各要素之间的关系，充分调动各方面的主动性和积极性，形成齐抓共管、协调有序、充满活力的局面，实现大学生就业教育工作的最佳效果。大学生全程化就业教育工作坚持系统观念，要遵循整体性、动态性、层次性和关联性等基本要求。

（一）全程化就业教育的整体性

高等学校大学生全程化就业教育工作坚持整体性原则，要求构成大学生就业教育工作系统的各要素立足整体，统筹兼顾，既分工负责又协调有序，充分发挥主动性和积极性，实现大学生就业教育工作的整体效益。政府应该运用多种手段对高等学校就业工作进行宏观调控，积极促进就业立法等法律法规的制定和实施，使就业工作依法进行。制定鼓励就业、创业的政策并大力宣传，充分发挥就业政策的激励导向作用。社会应该发挥舆论导向的教育作用，营造崇尚科学、重视人才、任贤选能的氛围，建立一个真正公平、竞争、择优、有序的就业市场。

高等学校要紧紧围绕市场需求，既要加大教育改革力度，努力培养出社会需要的合格人才，又要加强就业教育和就业服务，实现人才培养与社会需求的有效对接。学生家庭要对学生学习和就业给予更多的支持和关注，配合学校做好就业教育工作。大学生则应该发挥主观能动作用，树立远大理想，科学制定职业生涯规划，构建合理知识结构，提高综合素质，增强择业竞争力和职业发展力。

（二）全程化就业教育的动态性

社会在发展，时代在变化，大学生全程化就业教育工作必须坚持动态性。从新生入学直到毕业，就业教育体现全程化、动态性和连续性，跟踪大学四年全学程，贯穿学校教育教学的各个环节。高等学校要及时准确掌握社会对人才的需求情况和发展趋势，根据社会形势发展变化科学调整教学计划，更新教学内容及时跟踪学科前沿动态，及时完善就业工作机制、体制和政策以适应就业形势发展需要。职业生涯规划教育应从新生入学开始到毕业，根据不同年级确立不同的职业生涯教育内容’目标与方法，构建全程职业生涯规划教育体系，防止大学生职业生涯规划半路夭折或者虎头蛇尾，保证职业生涯可持续发展。教育引导大学生学会搜集、分析社会需求信息，注意职业需求变化对职业生涯的影响，职业生涯规划要有弹性。及时对自己制订的职业生涯规划进行评估、调整和反馈，对职业生涯规划中的不和谐之处进行矫正并最终选定自己的职业锚。

（三）全程化就业教育的层次性

全程化就业教育体制要有层次性。实行全程化就业教育"一把手"工程，从学校到各院系部，就业教育工作要"一把手"挂帅，统筹规划，就业教育工作一直延伸到辅导员、班主任、导师和学生组织；全程化就业教育内容要有层次性。全程化就业教育根据就业教育的规律，结合大学生在校期间的职业发展需求，划分为初级、中级和高级三个阶段，确定相适应的阶段教育内容，从而形成相互联系、相互补充的内容体系；高等学校办学思想要有层次性。在就业市场中大学生的素质'能力永远是竞争胜败的第一因素，提高人才培养质量是高等学校的永恒主题，高等学校办学思想要与全程化就业教育和谐统一，在人才培养上体现层次性，在专业设置、课程设置上体现层次性，以满足社会对不同层次各类人才的需。

（四）全程化就业教育的关联性

大学生全程化就业教育必须充分发挥用人单位和人才市场需求'高等学校人才培养、大学生职业发展的关联性结合作用。就业教育和社会实践有机结合，教育引导大学生开展社会实践活动，了解用人单位的需求，科学制定职业生涯规划和学业进程设计。开展专业实践、就业实习、就业见习和挂职锻炼，使用人单位根据学生的表现考核和选拔人才，这样既为用人单位节省培训成本，也为学生提供实习锻炼和就业机会，从而实现用人单位和大学生的双赢。校内教育和校外教育有机结合，充分利用社会资源对学生进行就业教育。加强对外联系。通过建立校友库充分利用校友资源，发挥校友在就业教育工作中的桥梁纽带作用。加强与用人单位、人力资源开发机构合作，充分利用社会组织和团体的就业资源，促进教育与人才市场、学校与社会密切联系，进一步推进大学生就业教育工作。就业教育与教学改革有机结合，通过信息反馈加强市场调研和预测，使高等学校更好地以社会需求为导向、"产销对路"和"以销定产"，克服高等学校的人才培养与社会需求的偏差，克服专业设置、教学方式与社会经济发展不相适应的现象，解决学校与社会之间的供需矛盾问题。

三、大学生全程就业教育模式的构建

本书所论及的"模式"是围绕大学生就业教育的原则、内容、时间、实施对策等问题展开的，是针对现行的就业教育之不足而展开的，并且还只是一个框架性的结构。所谓全程化就业教育模式，就是从大学一年级开始，通过各种形式的就业教育，帮助学生树立正确的择业观念，了解就业政策和求职技巧，养成求职择业应该具备的素质和能力，并开展职业生涯规划教育，及时提供有效市场需求信息，努力为学生顺利就业服务。

大学生全程就业教育模式的构建必须体现三个要求：

第一，遵循学生的成长和成才规律，就业教育应是连续的过程，但有阶段性。大学教育过程就是学生适应职业要求的整个准备过程。如果我们把整个过程划分为就业探索期（一年级）、就业定位期（二年级）、就业实践期（三年级）和就业分化期（四年级），那么，就业探索期、定位期和实践期的综合素质和个性特征的养成准备就是就业分化期的结果，前期准备不充分，就会给就业带来障碍，而且具有不可弥补性。

第二，依据人的职业意识形成规律和特点，就业教育应是职业意识养成教育。心理学研究表明：人的职业意识不是择业时才有的，在儿童时期就产生萌芽，到青年期逐渐地由幻想、朦胧走向现实，而且青年人的自我意识是转化成职业意识来表达。职业价值观直接影响到人们对职业的认识和态度。

第三，从就业教育在人的社会化过程中的作用来看，它应是促进学生全面发展教育系统内的基本环节。一方面各科的教学中渗透着就业教育；另一方面就业教育作为一个专业起着独特的作用。由此可见，大学生的就业教育是兼顾学生个人特征与社会需要，以达到职业适应性而进行的自觉、自主有科学根据地计划职业发展、选择职业的准备体系的教育过程。

（一）构建大学生全程就业教育模式的原则

构建大学生全程就业教育模式应遵循如下原则：

1. 全程性原则

要做到全程性就业教育，要从三方面做起：一是对象上，既要对毕业生进行就业指导，又要拓宽教育对象，把四个年级的在校大学生都纳入到系统的就业教育中来，使大学生明白"为了明天的就业，今天应该如何提高自身"，择业准备要从进入大学校门开始。二是在时间上，我们要将就业教育时间延伸到大学生思想政治教育的全过程，贯穿于大学生活的始终，而不是临近毕业才开展突击性训练和培训。三是在内容上，应拓展到整个大学的世界观、人生观、价值观的塑造过程中去。因此，就业教育工作应从大学一年级就开始，并且贯穿整个大学四年学习的全过程，让大学生一跨进大学校门就开始关注就业。从这个意义上说，就业教育应该是一种全程性教育，它有利于大学生始终将自己的学习紧密地与谋职和就业相联系，珍惜大学生活，积极主动地根

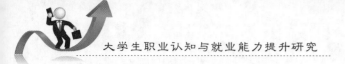

据自己的兴趣爱好和对职业的判断进行学习，努力提高自己各个方面的整体素质，真正成为把握自己命运的学习的主人。

2. 发展性原则

就业教育的发展性主要体现在其教育目标上，主要是通过课内外的多种教育方法，强化学生对自我和社会的认知，全方位培养学生的就业素质和能力；与治疗性就业教育的"事后"教育和训练性就业教育的"临时"教育不同，发展性就业教育旨在培养学生的全面素质和综合能力。毕竟，大学生能否成功就业并非仅仅取决于某一种素质和技能的获得，更重要的是看其是否具备全面的素质和能力。

3. 系统性原则

系统性是针对就业教育的内容而言的。培养大学生的全面素质，提高其就业能力，就需要拟定科学的培养计划，设置相应的课程，对大学生进行内容丰富而细致的系统教育。显然，系统的就业教育不能仅仅局限于开设讲座、开展就业政策法规咨询、求职技巧的传授等活动，还应该涵盖职业理想和职业道德教育、职业生涯规划指导、择业观和职业观教育、从业能力培养等多方面的内容。它是一个根据大学生自身特点而进行的循序渐进的教育过程，包括自我认知教育、职业认知教育、社会认知教育和综合能力培养。可见，就业教育应该是一个由浅入深、由面到点、由理论到实践的系统教育过程。

4. 针对性原则

针对性是指在全程就业教育的过程中要针对不同学生群体、不同层次进行不同的就业教育。不同层次是指在校不同年级学生的就业教育要循序渐进，从而使整个就业教育、内容形成一个完整的体系；不同群体是指对在校不同专业的学生要结合专业特点在内容、方式上进行不同的就业教育。不能用同一套就业教育内容进行不同年级不同专业学生的就业教育。

（二）大学生全程就业教育模式的目标体系

大学阶段是职业生涯的预备期，大学阶段的就业教育应为大学生的职业生涯提供坚实有力的保障。具体来讲，就是要为大学生构筑职业生涯的"四个支柱"：

1. 学会为人

人是一切社会关系的总和，任何人都是社会的人，都是一定群体或组织的人，任何人从事任何职业都离不开与他人的联系和交流。因而，学会做人是从事一切职业的前提，也是职业生涯发展过程中的起码要求，就业教育首先要教会大学生如何做人。

2. 学会学习

学会学习是学习能力的表征，包括认知、理解、消化吸收能力、知识系统化的能力。大学生在大学期间学习的知识、培养的能力只是为他们日后的学习、进步与发展奠定了基础，但与科学技术一日千里、知识经济突飞猛进、职业发展日新月异的社会现实要求是有距离的，当代大学生必须具备终身学习的能力，这是现代职业发展对从业者的基本要求，否则就会被社会所淘汰。只有掌握广泛的普通的知识与深入研究少数学科相结合的能力，掌握终身学习的方法，具备终身学习的能力，才能同日益形成的学习型组织、学习型社会相适应，才能从中获取种种发展机会。

3. 学会工作

学会做事是职业适应能力的表征，如何使学习与未来的工作相适应，已不能像过去那样简单地了解学会做事的含义，不是为了适应某一特定的工作，而应是适应职业的流动、职业的发展和自主创业。因为，在知识经济时代，社会分工和职业分化的速度进一步加快，职业流动性增大，在这种情况下，没有人能够一次选择，终身就业。这使人们有更多的机会根据自己的兴趣和特点选择职业，同时也增加了职业选择过程中准确、有效地获取职业信息、做出决策的复杂性和难度；对从业者综合素质的要求日益提高。所以，就总体而言，职业的变迁要求就教育业将侧重点转向培养学生的职业决策能力和综合素质。

4. 学会共处

社会分工的发展是以更紧密的合作为前提的。具有较强的团队精神，学会共同生活是现代人的素质特质之一，合作是现代人的广泛性要求。现代人必需具有情感同化的态度和意识，认识自己，接纳他人，合作共处。在全球化迅速发展的背景下，更要懂得人类的多样性和相互依存性，既要接纳他人，又要具有向他人开放的胆识和能力，以及应对人与人之间、群体之间不可避免地出现的紧张关系的能力。

（三）大学生全程就业教育模式的阶段划分与教育内容

全程化就业教育模式构建的目标是：第一，使学生加深对其专业的认识，了解本专业的培养目标，增强大学生学习专业的自觉性，培养学生的专业学习目标，专业目标是大学生职业目标的基础；第二，让大学生了解自身应该具备的各种素质，为将来就业做好充分准备；第三，提高自我评价能力，了解个人兴趣特长爱好，这是大学生职业生涯规划的着眼点；第四，使大学生了解个人的工作动机、适应性以及工作目标，逐步形成适合本人特点的就业目标；第五，培养大学生的职业决策能力、获取信息、利用信息的能力，加强就业技巧、就业政策教育等。

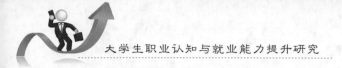

根据生涯发展理论，结合大学生活和教育的实际，将大学阶段的就业教育分为以下几个阶段：

1. 就业探索期：适应教育

一年级为就业探索期，应着重从适应大学生活的角度，使他们认识大学的意义、特点，认识专业的特点以及适应的职业，鼓励他们根据自身的特长和爱好，制定大学四年的奋斗目标，试探性地进行生涯设计。我们在教育过程中要使学生实现：第一，明确成才目标和必要性，将理想与现实目标相结合；第二，把握成才方法及途径，实现新生对大学学习的适应及对大学生活的适应及转换；第三，做好不怕挫折。敢于创新的思想准备；第四，制定成才方案及步骤，实现四年目标与阶段性目标的结合，制定具体的实施办法，并贯穿到大学四年的学习生涯中。就业探索期的教育主要以课堂讲授的形式开展，具体教育内容如下：

（1）人生理想、基础道德与法纪教育

一年级新生需要解决的最重要的问题是中学环境向大学环境的转变，大学新生在实现了"考上大学"的目标之后，会面临短暂的"目标缺失"，此时在学习动力、学习目标方面会出现短暂的茫然，同时由于学习环境、学习方法的转变，会造成一定的不适应，此时针对一年级大学生的这些不适应，就业教育的首要任务就是对新生进行世界观、人生观、价值观和独立人格教育。教育新生艰苦奋斗，树立远大的理想抱负，教育新生学会学习、学会合作、学会生存，使新生在大学阶段以一种积极主动、健康向上的心态投入到大学的学习和生活中。

（2）专业思想教育

对一年级大学生，主要侧重初步了解专业与职业之间的关系以及职业对人的要求。通过我们访谈调查，发现新生对专业的了解程度不尽如人意。对专业前景的了解情况：一、在对所读专业了解程度上，表示进校前对所读专业毫无概念的同学占4％，不是很了解的占45％，大体了解的占44％，非常了解的占7％。不少新生表示面对浩如烟海的各种专业根本没法真正了解，各种介绍资料也非常简单，往往是听别人说好或者属于热门专业排名就觉得好，甚至有的人只是听名字好听就做出判断。二、在对本专业前景预计中，大多数新生对所读专业前景预计都比较乐观，只有6％的表示不乐观。可见，新生对现有的热门专业与专业发展趋势等都有一定程度的认识。因此，在就业探索期的教育中就要向学生系统介绍本专业情况，加强新生对自身所学专业的认识，了解所学专业的过去、现在和未来。

通过院系教师的讲座，也可邀请本专业已毕业的成功人士来校，分析专业优势，传授学习经验，使新生了解专业课程设计、发展前景、专业人才的要求等，从而树立新生对自身专业的兴趣和信心，为将来个人的发展、职业生涯的成功做好充分的准备。

（3）心理教育、学习方法与角色转换教育

大学一年级，是适应能力提高的关键阶段。对于新生，学习生活环境发生较大的变化，既有因社区环境的变化而引起的心理不适应，也有因自然环境的差异而引发的生理不适应，如何较快地适应新环境，融入新的社区和群体是摆在每位新生面前的主要难题。在这一阶段，我们必须引导学生在掌握基础课知识的同时，积极主动地适应新的环境，鼓励新生积极参与各项集体活动（军训、新生运动会、新生文艺活动、班会、新老学生的交流会等等），克服不良心理，主动与新群体进行交流，逐步学会驾驭新环境。同时对每一位新生进行心理健康水平调查和个性测试，建立学生个性特征档案，引导新生心理向健康方向发展，为今后其它各种技能的培养打下良好的基础。对新生进行大学学习方法的教育，使新生逐步掌握新的学习方法，从而促进新生从中学生到大学生的角色转变。

2. 就业定位期：认识教育

二年级为就业定位期。二年级大学生主要侧重如何塑造和完善自己，努力建立扎实的基础知识和合理的知识结构，正确认识自己。作为二年级的大学生已经普遍适应了大学的学习、生活，此阶段是转入专业学习的准备阶段，公共基础课即将结束，专业课即将开始。此时个人的专业发展方向定位十分重要，就业教育工作应在就业探索期教育的基础上着重进行人生规划教育，指导学生进行职业兴趣、职业能力、职业倾向的测试，帮助学生分析自我特长、优势和局限，了解自己的心理、性格特征，和与之相对应的职业适应范围，了解专业发展方向，初步定位个人今后的职业发展方向，初步拟出个人的职业发展规划。同时注重要以社会实践为重要途径，有效地开展认识社会教育，进一步强化和推动大学生树立正确的择业观。大学生是人才生产流水线上生产周期为四年的特殊产品。因此，有一个明确的学习目标和发展方向是相当重要的。根据学生自身的特点和兴趣去制定合适的人生规划，避免学习的盲目性，也有助于提高学生的学习动力。具体内容如下：

（1）了解职业生涯规划——职业定向

职业生涯规划是就业教育的重中之重。职业生涯规划指的是一个人对其一生中所承担职务相继历程的预期和计划，包括一个人的学习，对一项职业或组织的生产性贡献和最终退休。职业生涯规划的意义在于寻找适合自身发展需要的职业，实现个体与职业的匹配，体现个体价值的最大化。大二学生的就业教育，就是要让他们了解每个个体的职业发展历程是必不可少的，是需要用心规划和经营的。职业生涯虽然受到诸多因素的影响，比如学识、爱好、机遇等的影响，但主观的努力在很大程度上会决定职业生涯的顺利与成功与否，所以必须进行职业生涯规划。要让学生们了解职业生涯规划应该怎么进行，应该怎样根据社会发展的客观需要，结合自己的实际情况，自主

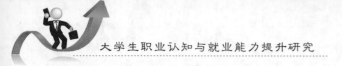

地进行自己的职业生涯规划。

（2）确立初步职业目标——自我定位

在就业教育中，要让大学生明确到，职业目标的确立，需要他们了解自己。调查表明，大学生对自我的了解程度并不高，知己知彼才能百战不殆，不了解自己，谈何确立职业目标？因此进行职业心理测试——鼓励学生自我定位。学生们可以根据霍兰德职业倾向测验量表、职业性格、职业兴趣、职业能力倾向的自我测定等职业测评以及卡特尔16项人格和情绪商数等心理测试结果及解释，初步了解自己的职业个性、职业素质和职业理想。再根据个人教育经历、实践经历以及社会环境分析，认识现在的我的优秀和弱势，预测明天的我。同时在大二学生的就业定位期教育中，适当地也要让他们了解国家的就业政策，了解地区、国家以至世界范围内的人才需求趋势是必要的。同时要鼓励他们多关心时事政策的发展变化，一来为自己能客观地制定自己的职业生涯规划打好基础，二来也让自己不断地适应形势和条件的变化，调整自己的规划，使自己的职业生涯道路更顺利一些。

（3）重视职业规划团体辅导——职业咨询

在职业规划团体辅导中，通过轻松活泼的小游戏、现场模拟、就业训练营活动以及教师和同学评价，使学生们重新认识自己，提高自我觉察力、自我调控力、社交能力和领导能力，从中领悟到职业目标确定的重要性。当面临职业选择或职业困惑时，大学生还可接受就业中心免费的职业生涯规划服务。

（4）初步完成职业生涯规划——职业定位

马克思说得好："在选择职业时，应该遵循的主要指针是人类的幸福和自身的完美。"职业设计按"择己所爱、择己所长、择世所需、择己所利"四项原则，确定职业方向和目标。职业生涯规划包括评估自我、明确短期和长期目标、制定行动计划和内容、选择要采取的方式和途径四个步骤。如在辅导学生写大学阶段的职业生涯规划时要强调目标完成的时间，把握"四个学年"，第一个学年是探索期；第二个学年是定位期；第三个学年是实践期；第四个学年是分化期。每位学生完成规划后，在课堂上，与同学们交流，师生再提出一些修改意见，完善个人规划，初步完成职业定位。

3. 就业实践期：专业教育

三年级大学生已经完全进入专业课的学习，具备了一定的专业基础知识和技能，是最初的职业发展规划开始实施的时期，大三的学生已经基本确立自己的发展方向，明确了自身能力的培养目标。此时，应帮助他们认清专业所适应的工作领域，并与自己的身心特点和能力倾向相对照，通过专业技术基础的调适，培养和发展与其职业目标相适应的素质优势或对其职业目标做出调适。三年级的大学生，主要根据择业期的特点和困惑，进行就业思想、政策、信息、实习等方面的指导。具体内容如下：

（1）就业思想指导

思想指导是就业教育工作的重要内容，主要帮助大学生科学认识和正确对待就业，引导学生正确认识自我，科学地、合理地选定自己的求职目标，要重点解决好以下几个问题：

第一，树立正确的就业观念。就业观念要解决的基本问题是，如何成为适应社会发展的高素质人才，这也就是说，职业设计应该成为大学生从进入高校时就开始的关注点。就业思想指导要帮助学生树立国家和人民利益高于一切的观念，艰苦奋斗、创业成才的观念，增强自身素质、积极参与竞争的观念。

第二，树立正确的择业标准。指导毕业生就业的基本原则是把个人理想与国家需要结合起来，从实际出发，适应社会发展的要求。通过就业思想指导，帮助学生处理好索取与奉献的关系，个人愿望与社会需要的关系，个人成才与客观条件的关系。正确的择业标准，是建立在科学的世界观、人生观、价值观基础上的。就业中的思想教育是大学生思想政治教育的继续和深入，能够帮助大学生在社会主义市场经济条件下，理性地选择职业，同时作好艰苦奋斗、甘于奉献的思想准备。

第三，确立高尚的求职道德。市场经济是法制经济，也是道德经济。大学生的道德修养和个人的信誉，对其成材和发展是极为重要的，在求职过程中也同样重要。通过理论指导，使大学生在就业过程中，做到实事求是，诚实正直，与人为善。决不能在求职时吹嘘自己，贬低别人，也不能欺骗用人单位或不讲信誉。求职道德是大学生素质的重要展示，是在用人单位留下的第一个印象。高尚的求职道德有助于培养高尚的品行，使人终身受益。

（2）就业政策指导

政策指导是就业教育工作的前提。大学生就业政策是国家制定的高层次人力资源配置准则的体现，是调控、约束、导向毕业生择业行为的基本依据。任何人都可以在就业政策允许的范围内自由择业。就业政策是这一阶段教育的重要内容。毕业生就业有专门的政策规定，通过就业教育课程把政策讲透。

（3）就业信息指导

就业信息是求职择业的基础。获得的就业信息越广泛，求职的视野越开阔；就业的信息运用得越好，求职成功率就越高。因此，对大学生进行信息指导是就业教育工作不可缺少的内容。主要包括对国家宏观就业形势的分析指导和对收集具体就业信息的指导。

（4）就业实习指导

就业实践期的教育内容除了日常教育与指导外，要针对他们的特点，进行观摩学习、就业实习指导和综合能力的培养。

第一，帮助大学生缩小职业目标差距，实现职业目标。提倡在大学三年级就开始有计划、有规律的组织学生参观人才市场，观摩供需见面会，从用人单位的录用标准中找出自身的差距，调整自己专业技术知识结构，培养和发展与自己理想职业相适应的能力，形成社会要求与自我目标的协调互动。这样可以避免以前那种临到毕业前才感到就业压力大，需要充实自己的地方太多，又苦于时间不够用的现象。

第二，注重引导学生主动深入社会，通过实习、参观、调查等实践活动了解专业形势，帮助他们认清专业所涉及的工作领域。组织一些专业性较强的专业实习、社会实践，增加对专业知识的了解，增进对本行业的感情，进一步激发学习动力，甚至可以直接把专业实践与就业教育结合起来，通过社会实习提高学生自身的综合素质和职业素养，为下一阶段的就业奠定基础。

第三，注重综合能力的培养，向他们宣传自身综合能力在今后就业和人生道路上的重要作用，使他们开始具有就业的压力、危机感和紧迫感。主要通过专业学习、社会实践，锻炼和提高个人能力，提高自己的责任感、主动性和受挫能力，充实自己的"硬件"（优秀的专业成绩、英语等级证书、计算机等级证书、获奖证书）和"软件"（谈吐举止、交往能力）水平，并开始有选择的辅修其他专业的知识充实自己，有针对性地提高各方面的综合能力，不断完善知识结构，从而实现为将来参与竞争增加筹码和储备能量。

4. 就业分化期：就业指导

四年级大学生已经把就业作为自己的主要任务之一了，此时他们考虑最多的就是自己的"出路"问题了，此时要加强毕业生的就业教育工作，提高毕业生找工作的能力，切实地为毕业生就业提供服务，让他们能够顺利就业。可以说大四是对毕业生进行就业指导教育的关键时期。

首先，要帮助毕业生正确定位，认清形势和社会需要，恰当确定就业期望值，使自己的理想符合实际要求。作为毕业生，不能再犹豫不决，应该将目标锁定在工作申请及成功就业上。这时，可先对前三年的准备做一个总结：首先检验自己已确立的职业目标是否明确，前三年的准备是否已充分；然后，开始毕业后工作的申请，积极参加招聘活动，在实践中校验自己的积累和准备；最后，预习或模拟面试。积极利用学校提供的条件，了解就业指导中心提供的用人公司资料信息、强化求职技巧、进行模拟面试等训练，尽可能地在做出较为充分准备的情况下进行施展演练。

其次，要加强就业教育的服务功能，强化就业政策介绍，每年出台的新的毕业生就业政策要及时介绍给学生，指导就业工作程序，对毕业生择业的具体程序、时间限制、责权等都要准确告知学生。

具体来讲，就业分化期的教育内容主要包括以下几个方面：

（1）就业心理指导

随着就业竞争的日趋激烈，大学生的择业心理问题近年来呈上升趋势，各种心理障碍和心理疾病，影响大学生顺利走向社会。运用心理学的原理和方法，针对大学生心理发展特点和择业中暴露出来的心理问题，进行择业心理教育与指导，不仅是必要的而且是十分重要的。

（2）求职技巧指导

求职技术与技巧的指导，具有较强的实用性。"公平竞争，择优录用"的原则指导下，用人单位主要通过自荐、面试、笔试等方式来招聘录用人才。因此，指导大学生掌握求职的方法与技巧对保证求职的成功具有重要的意义，可以帮助毕业生提前做好充分的准备。

（3）从业指导

毕业生的就业教育不仅仅是帮助学生选择工作，培养学生的择业能力，而且还应包括培养学生的从业能力，使学生在将来的职业中求得更大发展。任何人生转折都存在着环境适应、角色转换、角色认同等问题。大学生完成学业，选择了理想或较理想的职业，开始步入社会，这对他们来说，无疑是人生的一大转折。如何尽快适应这一转折，顺利完成从大学生到劳动者的社会角色转换，是摆在每一个大学毕业生面前的现实问题，从业指导自然也成为大学生就业指导教育不可缺少的部分。从业指导应以人为本，实现个性化，主要包括角色转换与角色认识。

大学生就业后的社会角色转换不是瞬间发生和完成的，而是一个过程性行为，通常包括角色领悟、角色认识、角色实现三个方面的内容。任务是教育大学生要安心本职、甘于吃苦，放下架子、虚心学习，善于观察、勤于思考；适应社会与建立人际关系，使个体由自然人向社会人的转化。

（4）实践指导

就业教育是一门实践性非常强的课程，在课程设置上我们应注重增加实践环节的内容，主要包括往届毕业生现身说教，讲述自身经历和求职体会；观看就业教育录像片；请单位领导到学校对学生进行模拟面试；将招聘活动直接搬上课堂并请人才专家现场点评等等。通过实践教学，使学生在开阔眼界的同时对择业有一个明确的认识，及时调整和完善自我，为将来适应职业活动做好准备。

5. 全程就业教育模式的四个阶段是一个有机整体

全程就业教育与当前高校中开展的一般性、阶段性就业指导工作不同，是一项系统、连贯、全方位的系统工程。对一年级大学生，主要侧重引导其适应大学生活，使他们认识大学的意义、特点，系统介绍专业特点、专业与职业之间的关系以及职业对人的要求，帮助学生试探性地确立目标。对二年级大学生，主要帮助他们了解如何塑造和完善自己，认真打好扎实的基础知识和优化知识结构，正确进行自我评估和完成初步职业定位；对三年级的大学生，主要侧重如何根据自己的个性特点，努力拓宽知识面，提高能力，增强就业的适应性和对自己将来作出决策的能力；四年级的大学生，主要侧重择业期的特点和困惑，进行政策、技巧、心理测试等方面的指导。可见，全程就业教育就是将大学生顺利就业并立业必须掌握的相关知识、理念与能力，循序渐进地贯穿于大学教育全过程中，以培养学生自我规划、自我设计、自我学习、自主就业的意识，以及不断发展的立业能力的专门教育，它是一个完整的内容体系。

（四）实施全程就业教育模式的对策与建议

如上所述，全过程渗透的就业教育模式是一个以学生职业生涯规划和发展指导为主轴，以打造学生适应社会和职业需要的核心竞争力为焦点，以确立正确的人生观、价值观、择业观为基础，以素质拓展，培养学生创新能力和创业精神为目标，既立体式展示又相互交叉渗透的系统工程。大学生就业教育模式的实施应注意以下几点：

1. 建立和完善就业教育理论体系

就业教育是一项系统工作，它也有自己的理论体系，西方发达国家已经在发展心理学、人本心理学理论基础上完成了从"职业指导"到"生涯辅导"的理论进步，形成了成熟的职业生涯辅导理论，成为西方发达国家现代职业指导及大学生就业教育的理论基础。生涯发展理论认为职业发展是一个长期的、连续性的发展过程，职业选择不是在面临就业时才有的单一事件，而是一个发展过程。因此职业指导工作也应该是一项长期的、系统的工作，应贯穿于长期的教育工作中。生涯辅导的目标是促进个体的生涯成熟，即协助个人实际地达到他应该达到的生涯发展阶段。因此，学校的生涯指导应贯穿于不同教育阶段的始终，承认每个人的才能是有差别的，重要的是在指导过程中发现并发掘个人的潜能，给予个人充分发展的机会，以独特的方式去发展及表现他的才能，协助个人适应快速变迁的社会与职业环境，考虑比较灵活和弹性的方式，以达到个体的生涯发展目标。从以上要求看，我国高校就业教育的理论体系和工作体系与之相差甚远，需要我们在工作中不断研究、完善并努力实践，构建适合社会发展和大学生实际发展需要的就业教育理论体系。

2. 课堂教学和课外实践两种途径并举

可以说，大学教育的目的就是培养能够顺利就业的劳动者。而作为一个人才需要具备的素质是全方位的，检验其是否合格，不是就业教育单方面授课就能完成的。如果我们将形势政策课、思想政治课、心理健康课，以及报告会、研讨会、素质教育活动等方方面面以学分换算的方式互通并作为就业教育课程学分的一部分，不仅是完全可以做到的，同时也是一项十分大胆而新鲜的尝试。

3. 循序渐进打造学生核心竞争力

现代高等教育的发展表明，复合型人才备受欢迎。学生能力和素质的提高，不是一朝一夕就能做到，也不是靠一门选修课或几场讲座就能解决的。它需要一个认识、实践、再认识、再实践的多次反复的过程。它是一个工程，是一个学生主动参与、教师加强培养提高的综合工程。因此，在学生求学全过程中，应分阶段、有重点地指导学生自我锻炼，调动他们的主观能动性，使他们有意识地提高自己的素质和能力。在就业教育中，最根本的还是应该立足于如何帮助学生打造形成职业生涯发展所需要的核心竞争力。建立合理的知识结构，培养适应社会的能力，提高综合素质是大学生立足于社会，成就事业的核心竞争力。知识、能力和素质是大学生求职择业核心竞争力中的三要素，它的打造和形成是一个长期准备和积累的过程。澳大利亚埃利雅德博士提出，未来的人才应掌握三本"国际护照"，一本是学术性的，即文化科学知识；一本是职业性的，即职业技术知识；一本是素质性的，即事业心和开拓能力。这是对大学生核心竞争力的形象表述。通过就业教育，让学生及早做好知识、能力、素质方面的准备和积累，才能使学生逐步锻炼和形成自身的核心竞争力。

4. 坚持具体问题具体指导，群体辅导与个体咨询相结合的方式

不同的学生个体，其知识水平、素质、能力、职业期望和职业取向都存在着差异，因而对就业教育的内容及方式的要求也不同。如：有些学生外语水平较好，竞争能力强，准备进外企就业，希望了解各类外企的用工标准和制度；有些学生专业素质好，事业心强，热衷于科研，很想知道科研单位的改革动向。再如，有些学生本身素质很好，但缺乏求职技巧，应重点给予技术指导；有些学生各方面都不差，但自信心不足，就必须给予鼓励等等。因此，大学生就业教育，不能一刀切，必须对不同的学生群体，进行因材施教，具体问题具体指导。指导的方法可以是个体辅导，也可以是群体辅导。就业教育既是一门课程，又是一项更具人文关怀的教育，我们应关心每一个同学的就业与前途。对个别因自身条件不足（如结业生、无学位、处分生），或一时受挫，或就业"高不成，低不就"的学生则应由系科、就业工作部门对其开展"一对一"的指导，帮助他们解决自我生存的问题，走上就业岗位。个体咨询教育往往表现为问题咨询：听其陈述、诊断、商谈，找到问题所在，提出建议和忠告，启发其自己做出决策。每种方式都不要固定在一种模式上。要经过实际调查和科学的分析，设计一系列内容，采取灵活的、弹性的、自由的、小范围的方式讲授，让学生自我选择所需要的内容，讲授的教师可以是专业教师、专家和工程师，也可以是用人单位的人事主管、企业家、实业家、个体老板，甚至是经历过多次择业的毕业生等等。

5. 建立有针对性、形式多样的就业服务体系

构建新形势下的大学生就业教育工作体系，就要成立专门的大学生就业教育机

构，做到就业教育机构专门化、指导人员职业化、指导工作社会化、服务途径信息化。针对学校毕业生就业工作的实际，建立"学校就业指导中心＋院系就业领导小组"的就业工作体系，共同完成对学生的就业教育工作。高校应对大学生就业教育工作在机构的设置、人员配备、办公条件、经费保障等方面给予的重点支持。

建立独立的就业指导机构，使就业教育人员专业化，由分散的、零碎的指导和服务，提升为完整的系统指导和服务。形成就业教育人员职业化、专家化，只有这样就业教育才能科学地、规范地发展。就业教育体系完备，一方面是就业教育主体多样化，大学、企业和社会都是大学生就业教育的主体，政府只进行宏观就业政策方面的管理；另一方面是就业指导机构比较完备，大学的就业中心、企业的人事部及一些社会性机构相互补充、相互作用。各高校要转变观念，在充分发挥其对大学生就业教育的主渠道作用的同时，必须注意加强与其他高校以及社会机构（如劳动中介组织、职业中介组织以及人才市场、人才中心等）之间的联系，帮助学生顺利就业；社会各界要不断完善和规范就业市场；学生也要积极主动地了解就业市场，走进就业市场，在市场中真切地感受和体验。学校、社会、个人各有其责、各负其责，充分发挥各自的优势和特点共同进行指导，形成庞大的就业教育网络，更全面地为学生提供有效的就业教育。

6. 建立毕业生就业市场的研究和开发体系

就业教育工作从内容上看，是一个与高校其它活动相联系的、环环相扣循环链条中的一环。一方面高校的就业教育不能脱离学校的人才培养规格和专业方向；另一方面，由于就业教育活动的过程体现为一个信息反馈的过程，它所反馈的信息又是高校确定和调整人才培养规格和专业方向，进而提高就业教育活动成效的一个重要依据。它需要高校的就业教育部门对就业市场进行深入的观察和分析，将触角向社会纵横渗透，并注意那些为学校所遗忘、所忽略的空白市场地带，这样才能紧贴市场需求变化，随时把握市场脉搏，使学科、专业设置和调整真正适应社会实际。

7. 加强就业教育工作队伍建设

大学生就业教育既是一项神圣的事业，又是一项专业性很强的工作，是一门学问和艺术。实施全过程渗透的就业教育模式，必须要加强就业教育机构和队伍建设。一方面，要确立就业教育工作在全校工作中的地位，按照"一把手工程"的要求，形成党政领导带头抓，全体教职员工积极参与的全员化就业教育大队伍。另一方面，要按照专业化、专家化、职业化的要求，不断提高专职从业人员和兼职骨干人员的素质和水平。培养一批专兼职相结合的高素质、专业化的队伍，想方设法通过各种途径吸引他们在就业教育工作岗位上长期稳定地坚持下去；不断加强理论的研究和实践，改进就业教育方式、方法，提升就业教育的层次和水平，促进就业教育向科学化、专业化、系统化的方向发展，更好地开展我国的就业教育工作。

8. 提供高质量的就业信息服务

就业信息是学生择业的前提。高校是联系学生与社会的桥梁，高教部门为学生提供高质量的信息服务是就业教育的一个重要环节。因此，高校一方面应建立毕业生资源信息库，客观地反映学生生源、专业特长、就业意向等基本情况，方便用人单位了解。另一方面，应建立用人单位信息库，加强与用人单位的联络，建立友好的合作关系，成为学生了解社会的窗口。学校应主动向社会搜集需求信息，及时掌握人才供求动态，为学生提供咨询、辅导，便于学生选择。毕业生是高校的"产品"，培养的学生是否"适销对路"，关系到高校的生存与发展，因此，要搞好毕业生就业的追踪调查，掌握社会的需求趋势，做好人才需求的预测、分析，既为广大学生服务，更重要的是为高校制订招生计划、设置专业提供参考，使得高校依据社会对人才的需求状况，在招生就业方面形成一个有机的整体，形成良好循环，以推动高等教育事业的健康发展。

（五）大学生就业教育中值得重视的几个问题

1. 机构和队伍是重视和加强大学生就业教育的主要依托

就业指导中心应成为实体机构而不是虚拟机构。应有专职人员、固定的场所和必备的工作手段和条件，包括资料室、录放像设备、查寻信息和网上求职的设备以及咨询室或洽谈室。

2. 树立大就业教育观

所谓大就业教育观，不仅要求就业教育贯穿于大学生活的全过程，同时要主动介入选课指导等工作，使就业教育横向拓展。目前很多学校增加了选修课的比重，开设了辅修专业，为增强学生调适专业能力、拓宽就业面提供了条件保障，但学生往往较为盲目。就业教育应发挥指导学生选课和根据专业的社会需要帮助学生选择辅修专业方向之功能，从而提高学生的专业能力，使其适应社会需要。另外，就业教育人员不仅要研究某一专业适应职业的范围，还要研究专业与专业之间的关系，这就可以指导学生在某一专业社会需要不足的情况下就近调适，增强就业能力。

3. 要正确认识心理测试的作用，慎重使用测试工具

心理测试是帮助学生进行自我评价和自我认识的手段，为就业教育人员所普遍使用，但进行心理测试要注意三个问题：首先，可使用的测试量表还比较少，不能满足工作所需，要努力收集或制作科学适用的量表。其次，要正确把握心理测试的结果，因为心理测试量表有一定的模糊性，不能由此对学生形成定论，只能就学生的发展提出建议，以免造成心理障碍。最后，心理测试量表的使用应规范，对没有来源、没有根据的量表不能使用，否则会使测试失去科学的保证。当前，人力测评是世界上普遍采用的工作方法，而我国高校学生就业教育机构有的根本没有测试工具，有的使用混乱，这些都需要专业人士进行规范和指导，我们要努力研究和开发出科学、准确的测试工具，为学生就业教育提供支持，以保证学生的利益。同时，应该提醒指导者和使用者，不能过分依赖测试工具，测试工具只起到一种辅助作用，不能仅凭借一面之词对学生妄加辅导。

4. 就业教育工作应加强人的个性认识与职业特点的研究

就业教育涉及两个最重要的因素：一个是人，一个是职业。对人的认识问题，就业教育人员要有宽泛的知识，从多角度帮助学生实现自我认知，做出较为正确的自我评价。对职业特点的认识，最重要的就是职业分类中各种职业对人的素质和能力要求，而这种要求不是笼统的，而应是细化的、具体的。目前的就业教育尚缺这一重要内容，应组织专家进行协作研究，使之尽快用于就业教育的工作实践。

5. 重视就业教育的科学化建设

就业教育是一门专业，其科学化的要求，一方面是专业化的专家队伍；另一方面是科学的学科建设。其中专业化的专家队伍更为重要。如果没有相对稳定的专家队伍对就业教育进行系统研究，就会使其成为理论苍白、方法单一的生硬、空洞的说教；同样，没有专家队伍作为支撑，学科建设也无法进行，而大多数兼职就业教育人员也就没有了理论和方法上的依据。因此，通过培训、交流、支持立项研究，促进专家队伍的成长、成熟乃是当务之急。

6. 注重检查评估，加强对就业教育自身的评价，不断总结经验，提高工作水平

一方面，每届毕业生就业之后，对各院系的就业教育工作进行检查评估，促进院系毕业生就业教育工作的深入开展；另一方面，在毕业生离校前征求毕业生对就业教育的意见，反馈信息，找出差距，以推动就业教育工作的科学化、规范化。

总之，高校毕业生就业教育工作的改革和发展是一项复杂的系统工程，不单单是高等教育发展和改革的问题，同样受经济发展和社会用人制度改革以及社会市场经济的发育和成熟，法制的健全和完善等因素的影响，是一个综合性的问题，必须予以高度重视。高校要从长远发展的高度整体规划，统筹安排，密切配合，尽快完善毕业生就业教育工作体系，以积极的态度，科学的方法与时俱进地做好新形势下大学生就业教育工作。

第七章　基于就业的大学生职业认知教育新探索

第一节　应用型人才职业认知能力培养

一、应用型人才的职业认知中的问题

应用型大学生的就业在很大程度受制于主观的因素，在自主择业的今天，自身的因素对其就业制约的作用也越来越大。

（一）部分大学生的就业观念仍未转变

大学生的就业观是大学生对于自身和就业岗位的认识，对自己的能力及所处的地位的认识。一方面，多数大学生仍把自己视为天之骄子，认为自己是精英，应该去挑用人单位而是不是被用人单位挑，这样的就业观念是严重错误的，对于其求职结果可想而知。多数大学生对于用人单位的期望仍然过高，他们期望较高的工资，想要在大城市发展，期望有较高的职位和较多的个人发展的机会，对于假期的要求也较高，而忽视了自己的能力限制，缺乏对自身能力的客观评价；对于相关的就业信息也不了解，盲目从众，只知道热门职业而对冷落了其他行业，在择业中处在了劣势的地位。另一方面，"铁饭碗"观念严重，多数大学生还持有"择业定终身"的保守观念，认为应该去党政机关和政府部门工作，稳稳当当直到退休，永远不被淘汰，这样的观念驱使着相当一部分毕业生去竞争"铁饭碗"。

很多应用型专业的大学生在择业时强调专业对口。计划经济时代的专业对口已经不能适应市场经济的发展。在市场经济的调节下，出现了供求关系不平衡的现象，即"专业需求与供应上的不平衡"。大学生的初次就业有可能专业对口，但经过不断地变化之后有可能不对口，甚至下岗。这种过分的要求专业对口限制了自身的就业空间，不能较为灵活的适应市场经济的发展。

最后，面对目前的就业现状，部分大学生过于消极。在进入社会经过几次应聘失败时就有了受挫感，不愿意调整就业目标，甚至不愿意再进入社会寻找工作，失去了展示自己才能的机会，丧失了就业良机。

（二）部分应用型专业大学生就业能力差

现在我国的高等教育已经是大众化培养模式，不再是以前的精英教育，虽然这样有利于提升大学生的综合素质，但这与社会的要求还存在一定的差距，大学生的就业能力依然较差。

一方面，专业能力弱，实践能力差。大学生就业主要依靠的是所学的专业，然而，中国大学教育制度严进宽出，"大学生活相对轻松，使这部分学生没有学到应该学的专业知识和社会知识，造成与社会脱节，专业知识缺乏"。加之其他种种的原因没有掌握自己所学的专业，导致在招聘时因为对专业知识掌握的程度不够而被用人单位冷落。

特别是一些对专业知识要求较高的单位，更不允许滥竽充数的大学生进入单位。有的大学生虽然掌握了丰富的理论知识，但缺乏实际的动手能力，这样就使大学生在实际的操作过程中缺乏竞争力。

另一方面，大学生希望通过考研提升自身的价值，拓宽就业道路，但又过分依赖考研，认为考上了研究生就等于找到了一个好单位，这样一来，他们把大部分时间花在了考研的几门课上，忽视了对专业课的学习，这样就造成了这一部分大学生的专业能力较差。

甚至有些大学生过于急功近利，具体的表现为过于包装自己，考各种各样的证书，甚至为弄虚作假，而自己却不真正的具备这些能力，对于自己的专业更是知之甚少，在应聘的时候自然就不能得到用人单位的肯定。

最后，综合素质较低。综合素质是指："大学生在原有自然特性的基础之上，通过家庭环境、社会环境、学校教育、社会实践以及自身感悟的认识而形成的稳定的属性。"

现在的用人单位对于大学生的综合素质要求非常严格，用人单位期望大学生在工作岗位上能有较好的工作状态，能够较好地和同事进行沟通和团结合作。然而多数大学生还处于"书呆子"的水平，除了书本上的知识，其他的综合素质非常低，用人单位对这样的学生只能望而远之。

二、高校在人才培养过程中的问题

（一）高校定位和人才培养目标方面的问题

高校的教育理念是高校教育的精神，"它更多地承载了大学精神文化的历史积淀，"

应渗透在高校教学工作中。完善的教育理念对高校的人才培养有着极大的促进作用。我国高校在长期的计划经济下形成的教育理念已经根深蒂固，在社会主义市场经济快速发展的今天，落后的教育理念已经严重阻碍着高校的发展。高校也长期受制于传统的教育理念，始终受到其影响，忽视了对学生的全面培养，只重知识不重能力，使学生毕业之后缺乏社会知识，阻碍了就业。

人才培养是高校的三大基本职能之一。一所大学是否办学成功，关键的一步是人才培养目标的制定。从组织管理角度看，"培养目标是大学人才培养工作的出发点和归宿。"

从教育角度看，人才培养目标是高校对教育结果的一种设想，体现的是高校隐藏的教育思想和教育理念，是一种价值选择。人才培养目标是对高校的人才培养起着纲领性的作用，决定着人才培养的性质、形式、内容和方向。

从宏观的角度看，人才培养目标集中体现了社会对人才的要求，是一种具体的人才规格，是一种社会性的人才观；对于国家来说，体现着我国高等教育的目的，影响着高等教育事业的发展。从人才培养的质量方面来说，培养目标处于核心的地位。可见人才培养目标对人才质量的影响。人才培养目标越贴近社会和学生的实际需要，高校输出的人才也就越接近人才培养目标，能更好地适应社会和学生的发展，也就是说人才培养的质量也就越高。

1. 高校应用型专业发展目标不科学且缺乏特色

目前，我国已经进入了大众化教育阶段，高等学校也出现了办学的多样化，在办学的层次、类型、能级、科类、形式等都一样。面对这种形势，高校能否找准自己的位置，制定相应的目标，对于高校的发展有着重要的意义。然而，多数高校的发展目标脱离了自己的办学实际，一心想要创造"一流大学"，做跨越式发展的梦。高校的竞争日益激烈，提出这样的发展目标也是无可厚非的，如果盲目跟风，不顾自身实力，做出不切实际的发展目标定位规划，不但"高目标"不会实现，还会使自己找不到原本的发展特色和方向。

社会的发展需要多样化的人才，因此高校的类型也就不一样。每一所高校都应该找准自己的位置，确定发展目标，是保持可持续发展的必然之路。高校的办学依赖于社会经济和文化的发展。我国地域辽阔，各地区的经济发展水平很不平衡，因此不同的地区对人才的要求也不一样，不仅需求不同层次的人才，而且需求不同类型的人才，对人才的需求是多样化的。

然而多数高校不跟随当地经济发展的需要，不顾自身的办学条件，盲目的向高水平大学看齐，追求"高水平""研究型"，在这错误要求的带领下，高校的办学没有重点，不同的高校之间也没有多大的差别，缺乏特色，没有独特的竞争优势，必然被淘汰。

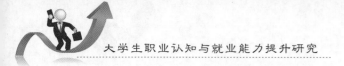

2. 人才培养目标与实际要求不符

人才培养目标是主观性和客观性的结合，即管理者的主观愿望和高校的实际的结合。目前，高校的人才培养目标较为单一，而社会对人才的要求确是多样化的。随着我国市场经济的不断发展，市场的需求就是高校发展的导向，面对市场经济的到来，多数高校的人才培养依旧未做出相应调整，仍把精英教育作为培养的导向，没有满足社会对多元化人才的需求；另外，有的高校一味的把培养学术型人才作为自己的目标，然而学校的师资、科研水平都未能达到相应的条件，可想这一目标难以实现。许多高校在人才培养目标的定位方面，与社会需求严重脱节，大大影响了培养的人才质量。高校一直站在知识的前沿，引导着创造知识变化的潮流，而从培养人才的角度看，却滞后于社会变化对人才的需求。发展科学技术文化、培养高级专门人才、促进现代化建设是高等教育承担的重大任务，提高质量是高等教育发展的核心任务，但是目前我国高等教育还不适应国家经济社会发展的要求，创新型、实用型、复合型人才紧缺；教育观念相对落后，内容方法比较陈旧。深化教育改革、创新人才培养模式是新形势下高校势在必行、刻不容缓的责任。高校人才培养目标的定位应顺应社会发展要求，是时刻关注当前社会人才观的发展。就学生个体的要求而言，不合理的人才培养目标使学生的能力与社会需要脱节，社会找不到相应的人才，大学生找不到合适的工作，造成了大学生就业难。

3. 培养目标与预期目标相差较大

培养目标的实现，高校主要依靠的是自己的办学能力。然而多数的高校虽然制定的培养目标很美好，但由于其本身的办学能力，目标很难实现，好高骛远；有的高校盲目的追随知名高校的人才培养目标。虽然高校人才培养目标都涉及到学生的知识、能力和素质以及创新能力和实践能力，培养目标确定了，成为了书面文字，而人才培养目标在实施过程中会因为各种主观和客观原因没有按照目标实施步骤进行，学校只注重的是知识的传授，导致培养目标形同虚设，依然按照传统的教学模式去培养学生，学生虽然掌握了较多的理论知识，但其他方面的素质都没有达到要求，出现的结果是培养目标与预期目标相距甚远。遵循"学术并重、知行统一"的价值取向，真正做到理论与实践并重，既重理论知识，也重技能应用，知识与应用统一。要完成这一要求，对高校来说并不容易，比如一节实践课，需要真实的模拟场景。受到学校办学的限制，很难把几十人，甚至上百人的学生带到模拟岗位上去实践。寻找理论与实践的最佳结合点，在没有经济基础和社会的全面支持下，单纯依靠学校的办学环境很难做到，所以，在学以致用的目标追求上，与预期目标有一定的艰难路径要走。

4. 教学内容和课程与培养目标不符

培养目标的实现必须通过培养方案实现。在培养方案中，高校设计出了相应的培养目标，然而这些目标都是抽象的，在实际的教学过程中，教师没有细化到具体的教学内容中，在实践中很难实现。

对于课程来说，现有的课程体系有专业课、基础课、必修课和选修课等，但是这些课程之间是相互独立的，联系不强，缺乏配合，没有在培养目标方面达成一致。另一方面，对于理论课和实践课的设置，有的高校虽然设置了实践课，但把理论课和实践课进行了分离，不能实现较好的配合，这样就造成了学生的理论知识和实践能力相脱节。

当今社会，随着经济的发展，教育培养目标的变化跟不上经济与社会的变化，学校的教学内容大部分是前人被实践证明是正确可行的理论与知识，才能走向课堂和教学，本身知识就是滞后的，同时，即便是新的知识和技能，都不可避免的在四年后成为落后的知识。另外高校设置了培养目标，但是课程体系的设置又会遇到高校教师紧缺，一部分课程无法顺利进行，只能就现有的资源进行调整，最终也导致教学内容和课程与目标不符的现象发生。

（二）高校专业设置未满足社会需求

专业设置是高校面对的基本问题之一，也是综合性最强、最复杂的一个问题。专业是高校与社会需求的结合点，是高校进行人才培养的载体，在一定程度上，专业的设置反应了高校的社会适应性。对专业的设置是高校主动地、灵活地适应市场需要的重要表现。目前来看，多数高校的专业设置没有反映市场的需求，市场的适应性较弱，毕业生出现了就业难的现象。另外多数高校都存在着重理论，轻实践的问题，培养模式多注重学生理论知识的培养，设置了较多的理论课程，而缺少了学生实际操作能力的培养，学生眼高手低，在求职中得不到用人单位的认可。

1. 专业缺乏时代性，市场适应力弱

对专业的设置需要一定的周期，但时代的要求是动态的。在不同的经济发展阶段，大学的专业设置也应做出不同的调整。然而市场需求的不断转化使一些高校没有跟上时代的要求，其专业结构与经济的发展变化不协调，适应市场变化的专业设置机制没有形成，设置的专业早就已经失去了在社会中的地位，使一些专业的毕业生还没进入人才市场就已经被淘汰。有的学校虽然设置了一些当前比较热门的专业，但不能完全把握社会经济发展的趋势。

这样的随机应变式的操作是不科学的，这样就导致了应用型专业大学生结构性过程和总量不足并存的现象。随着市场经济机制的建立，市场成为需求的主体，对人才的需求也从单一型向复合型转变。然而，多数高校的专业设置培养出的人才是单一的、适应力弱的专门人才，对其他的知识了解的很少，知识面的狭窄使毕业生无法适应市

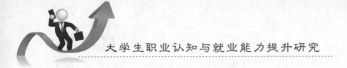

场的不断变化，找不到理想的工作。

2. 专业设置缺乏充足的科学论证

多数高校在设置专业时忽略自身办学资金、师资和教学设备的限制，争办热门的专业，忽视了对本校特色专业的加强，使整个学校的专业体系分布的极不科学，造成了即没有办好热门专业又丧失了特色专业，教学质量低下，培养出的毕业生也没有竞争力。

随着社会经济的发展，对人才的实践能力的要求也越来越高，高校的人才培养也不得不加强实践教学，但制定的实践教学计划大多流于形式，不切合实际，执行起来难度较大，高校的人才培养依然重理论，轻实践。一方面是因为高校的教学评价没有把学生的实践能力纳入考核的范围内，教师和学生的重视程度不够；另一方面是因为地方的高校的"重科研、轻教学"，把工作重点放在了科研上，而忽视了教学，造成了对实践教学的轻视。

3. 专业设置趋同

多数高校不考虑本身的学校类型和层次，一窝蜂地设置热门专业，不同高校设置相同的专业，在社会需求一定的前提下，同一专业的毕业生过多，这在无形之中给毕业生带来了就业压力。近年来，计算机专业一直比较热门，造成了不管是师范类院校、理工类等高校都纷纷开设了计算机专业的现象，然而就目前来看，社会对计算机类人才的需求在逐渐递减，剩余的计算机专业的毕业生就业十分困难。

设置专业趋同也使培养出的人才缺乏特色，高校一味追求综合化，设置了过多的雷同专业，不仅使高校失去自身的特色和优势，而且丧失了专业优势。有的高校不顾学校实际的办学条件和社会的需求，增设了大量的雷同专业，虽然在短时间内吸引了较多的生源，但这种盲目的做法分散了高校的教学精力，全面影响了各专业的教学质量，从而降低人才培养的质量，不利于毕业生的就业。

（三）高校教学方法方面的问题

教学方法方面的问题严重阻碍着高校实现人才培养目标，教学方法影响着教学质量。高校由于其自身办学条件较差，教学方法上存在着较多的问题。

1. 学生参与教学不足

现阶段教育模式是一种规划的教育模式，高校的教学仍是以教师讲课为主，过于注重整体教学而忽略个体的发展，没有充分地引导学生进行自主学习，学生缺乏学习的兴趣和积极性。尤其是注重教师的主体地位而忽略了学生的主体地位。

学生在教学活动中的主动性、积极性和创造性的被抑制了，照本宣科，单一的考试方式，死记硬背的模式，学生被动接受。许多高校为学生安排了繁多的课程，但课时却很少，缺乏教学重点，教师很难在有限的课堂教学实践内讲解完教学内容，学生只能在课外自己学习或者不学，严重阻碍了学生对专业知识的掌握。

在教学课程中，我们提倡师生互动，充分发挥教师和学生的主观能动性，师生间互相讨论，互相沟通，互相观摩，相互促进，不能忽视任何一方的作用。课堂学习是学生学习的主要场所，在课堂上学生通过跟老师的交流参与了教学。然而目前，多数高校的课堂还是"一言堂"，老师只顾讲自己的，跟学生没有互动，或者只是以教师为主，学生为辅助的简单而单一课堂提问和回答的过程。

对于高校来说，教师往往在所在学科有很深的造诣，知识的深度和高度都是学生当前无法超越的，致使学生把老师当成权威，不敢与老师交流，不去交流和反驳教师的问题，互动难以进行。师生难以以平等的身份出现，学生畏惧教师权威，而放弃参与互动的机会。当然也有学生提出了疑问，有的老师却不愿意讲解，降低了学生学习的积极性。

对于近年来高校扩招的现实，不少热门专业学生多，一节课的课堂容纳了两百多学生，老师和学生很难进行课堂交流互动，基本上都是老师一人讲解。在大课堂上，即使老师和学生有互动和讨论的热情，开展起来也受到教学时间、教学进度限制，最终趋回教师的原始教授，学生听课的模式，课堂交流少。

2. 教学设施不完善

培养实用型人才，很大程度上取决于高校教学设备配备和设施的完善性。由于高校的办学经费来源于地方政府，一般会存在资金较少的情况，硬件设施和软件设施都达不到要求。尤其是面对一些高科技电子教学设备，更新换代的速度较快，高校的经费很难应付大量的设备支出。

随着我国经济体制改革的发展，产业结构调整加深，技术密集型逐步取代劳动密集型的经济增长方式，用人单位更需要大量的技术过硬的人才，而这些不单单是纸上谈兵就能清楚掌握。设备落后问题在理工类专业尤其突出，理工类专业需要的设备设施都属于高精尖领域，资金需求量大，设备更新换代远远跟不上设备的发展。另外随着高校的扩招，学生的数量也大大的增加，然而师资力量和教学资源却增加有限。高校多采用几个班级合并成大班形式，这种大班形式在教学设备有限的限制下，干脆直接取消了操作环节，严重影响了教学效率，降低了教学质量。

3. 学生实践教学流于形式

缺乏"双师型"教师，学生实践形式化严重。所谓的"双师型"教师应具备两方面的能力，即胜任专业的理论教学能力和指导专业的实践能力。

虽然"双师型"教师在职业教育的发展着起着重要的作用，但对于高校来说，目前师资中缺少的就是这样能够参与学生的实习过程，在学生的实习中进行指导的教师。在当前的高校中，教师多为研究型教师，只会讲课，对于学生的实践活动基本上不参与，即使参与也只是走走过场，没有真正起到较为理想的指导作用。

多数高校为学生安排了半学期的实习期，让学生自主实习或者为学生安排实习单位。看似合理的举措，其实没有起到多大的效果，实习多流于形式。一方面，学生的不重视，学校虽然安排了实习时间，发放了实习表，要求学生按照要求填写表格，但多数学生为了逃避实习，弄虚作假，学校也疏于对实习过程的考核，使实习成了走过场；另一方面，学校为学生安排了实习单位，学生也想去真正的学点实践知识，但实习单位为了保护自身的利益，并没有把学生安放到合适的岗位，学生或在单位无所事事或干一些跟专业知识不沾边的工作，学校也无可奈何，使实习的效果很不理想。

三、优化应用型人才职业认知能力的培养方式

（一）优化人才培养目标

人才培养目标是高校制定理想的人才规格和标准，是高校人才观的集中反映。人才培养目标是人才培养模式的出发点和归宿，人才培养开始于培养目标的设定，也结束于培养目标的实现。因此，人才培养质量首先取决于高校人才培养目标的质量。在制定目标之后，要坚持培养目标，这是保证人才质量提高的前提。面对当前的就业压力，地方高校的培养目标一方面要反应社会对人才的要求，确保培养出的人才符合社会的需要，能够满足社会对人才的各种要求，得到社会的认可，从而促进就业；另一方面，培养目标还要满足学生个体发展的需要，从学生的实际出发，提高学生的综合能力，特别是毕业之后的就业力，以此满足学生对就业的需要。

高校要坚持以人为本的教育理念，即人才培养要关注学生个体的全面发展，要时刻坚持高校的基本职能，把育人放在第一位，不能舍本逐末。在当今社会经济发展的今天，高校也经历着严酷的考验，一方面是来自于自身的办学愿望与实际的办学能力的差距，另一方面来自于社会较高的期望，这些都深深地刺激着高校。目前，社会对高校的作用产生了一些怀疑，高校在社会中的地位也有所降低，思考其原因，最主要的还是来自于社会的拷问：为什么现在的大学生连个工作都找不到？这些问题都需要高校进行深刻的自我剖析，特别是高校，虽然处于国内高校排名靠后的位置，但仍要清楚的认识到自己的重要作用，高校办学水平的高低不仅关乎到本校学生的前途命运，更重要是关系到国家的发展和社会的稳定，因此，高校要坚持以人为本，注重实效，提高学生的综合素质，促进毕业生顺利就业。

以学生为中心的具体要求是：第一，人才培养模式的重心要放在学生身上，而不

再是老师，这样学生在培养过程中将会有更大的积极性和主动性，学生在培养过程中将发挥更大的作用；第二，在人才培养的过程中，学校的一切工作都要促进学生的学习和成长，以促进学生综合素质的提高为基本的目标；第三，要制定科学的培养目标，地方高校要准确定位，并针对学生的特征和学校的办学条件制定科学的培养目标，这样才能培养出社会需要的人才。

1. 以就业为导向，制定应用型人才培养目标

以就业为导向，主要是指社会的需要。社会对人才的需要是多层次的，包含数量、结构、层次和综合素质等。高校要以社会的需要为导航，社会需要什么人才，就要制定相应的培养目标，这样才能提高毕业生的就业率。目前来看，毕业生的就业率已经成为评价高校的培养目标是否符合社会需要，检验培养目标是否科学的一个重要的标准。因此，高校要认真调查毕业生的就业情况，一方面高校要与地方政府和用人单位结合，了解本地的产业结构，了解本地对人才的需求情况，在很大程度上，地方区域是高校毕业生就业的主要就业区；另一方面，高校要具体的掌握近年来毕业生的就业情况，组织调研，对学生的就业情况进行系统的分析，根据分析结果及时调整人才培养目标，确保培养出的人才符合时代的要求。

2. 制定特色的培养目标，避免趋同

高校就学校类型来看是应用性教育类型；就专业特色来说，绝大多数是按照行业、产业和技术领域来设置的，如培养教师、工程师等应用型人才；从培养层次来看，该校属于教学型高校；从人才的服务面来看，主要是服务于当地的社会发展，为当地提供建设性人才。因此，该高校培养目标应定为在培养应用型人才。

大多数高校的办学水平还比较低。因此，必须立足本地区，深入地研究自身服务面的范围，对本校毕业生的层次有明确的定位，结合当地的自然环境、经济发展、社会发展和产业结构的现状，认真分析自身的办学优势和劣势，在利用地域自然资源特色所建设起来的特色学科具有较强的独特性和不可替代性，在科学研究和人才培养方面都具有很强的竞争力和生命力。

3. 人才培养规格要切合实际，要细化分层

为了确保人才培养目标的实现，人才培养规格要进行细化分层。学生在知识结构、能力结构和素质结构方面有较大的差别，因此要对学生群体进行分细化层次，并落实到相应的教学中。如知识结构有工具性知识、专业知识、人文知识和自然科学知识等；能力结构有专业应用能力和关键能力；素质结构有基本的素质和职业素质等。在细化之后，要把相应的要求落实到教学中，特别是要落实到具体的课程上，建立"人才培养规格体系"。

4. 在教学和实践中要谨遵培养目标的要求

教学不能脱离培养目标。高校的人才培养主要是依靠教学来实现的，因此要实现人才培养目标，必须从教学入手。首先，重新安排课程体系，要按照知识、能力和素质的要求，设置课程。其次，要及时更新教学内容，改变单一的社会科学的课程和自然科学的课程，要从不同的领域挑选经典课程让学生学习，培养通识人才。再次，改革教学方法和教学手段，以学生为主体，采用多种教学手段，灵活运用，确保学生各方面能力都达到培养目标的要求。最后，建立科学的教学评价体系，推行多样化的考核方式，如技能操作、撰写论文等；还要进行多阶段考察，强化学生的学习意识。

实践内容要紧扣培养目标。高校的主要职责是培养应用型人才，为当地服务。因此，高校要根据自己的专业特色，为学生提供实践途径。在学校内部，高校利用校内的资源，构建实践教学体系；在校外，与用人单位进行合作，学校为单位提供技术、人力支持，用人单位为学生提供实践的场所，实现了双赢。

（二）以就业为导向进行专业课程革新

1. 高校专业设置应紧跟市场的需求

高校要明确社会对人才的要求，根据当地经济发展的情况，科学地确定办学方向和目标，充分发挥为社会服务的职能，真正成为促进当地经济发展的中坚力量。对办学方向和目标定位实际是高校在社会系统中宏观位置的选择。高校应立足当地的实际，一步一个脚印，从基础的教学开始，提高学校的办学实力；要把培养实用性人才作为主要的人才培养目标，满足社会的需求，促进地方经济的发展。

市场需要什么类型的应用型人才，就培养什么类型的人才。这样结合社会的发展，应用型专业大学生对于社会职业的认识自然就能够深化。因此，高校应紧跟市场的需求，对专业进行革新。近年来，随着地方经济的不断发展，其产业结构和劳动组织形式也发生了巨大的变化，一些旧产业的岗位在逐渐的消失，伴随着也产生了许多的新兴的职业，这就使传统产业劳动力过剩，而新产业部门劳动力短缺。对于地方高校来说，不能总是闭门造车，要适时地了解市场对人才的需求，对一些过与陈旧的专业要进行改造，甚至要舍弃，还要设立新的专业，在新专业设立的同时，要考虑学生的就业问题，没有就业出路的专业就不能开设。

为了更好地跟随市场的需求，高校还应该做好科学的人才需求预测，使专业的设置具有一定的超前性。因为人才培养需要一个较长的过程，如果只在意目前的热门专业，等过一段时间后，培养出的人才可能市场已经不需要了。因此，高校要做好人才需求预测工作，一方面，要成立市场调研组，结合政府和各行业提供的信息，和专家学者共同研究劳动力市场需求的变化，做好预测工作；另一方面，高校要敞开大门，主动进入当地市场，广泛联系社会，加强对产业结构和人才需求结构的研究，掌握人才需求信息，这样基础上设置的专业才会满足社会的要求，促进当地经济的发展，又能实现本专业的长远发展。

2. 高校的专业设置要与自身的优势结合

高校应对自身进行深入的研究，对自身的办学条件、师资条件、学科专业、管理水平、办学经费、历史沿革等因素进行准确地调查，对自身存在和发展的空间进行合理的预测，并在实践中对这些因素进行科学的组合和配置。高校要深入了解自身的学科优势，依托当地的经济和文化、要根据自身的办学条件等努力扩大优势，突出自己的特点，找到主攻方向，从比较中获得更多的优势，提升在高等教育中的地位；地方高校明确服务范围，既要根据自身的规模、教学质量等定位，又要从当地的社会需要出发，但又不能拘泥于现实，高校要解放思想、实事求是、与时俱进，力求扩大服务范围，进而促进毕业生就业。

高校的专业设置要与自身的优势结合，这样才能有特色。目前的高校多朝着综合性方向发展，许多高校也增设了许多热门专业，但自身并没有的办学优势，不仅造成了资源的浪费，更重要的是造成了培养质量差，学生难以就业的负面影响。因此，高校在增设新专业时，要认清当前高校的办学水平和自身优势，依靠当地的经济和文化特色，使新专业有较强的地域色彩。另外新专业要最大化地利用学校的资源，形成特色，并加强专业间的合作，形成专业间的协调发展。只有特色专业才能提高学生的竞争力，才能够使毕业生顺利就业。

市场对人才的需求在细化的同时也在综合化，因此在给予学生专业知识的同时也要教会学生非专业知识，这样才能使学生的能力全面提高，为他们的工作打下一个良好的基础。

3. 高校专业设置既要稳定又要灵活

对专业的设置，高校一是直接设立新专业，二是对原有专业的改造。高校要在改造就专业时要有充分的准备，必须做好充足的市场调研，不能盲目地对就专业实行改造；在设置新专业时，要考虑该专业是否有较强的生命力，是否值得开设，一旦设置就不能随便取消。只有相对稳定的专业高校才能提供稳定的师资和教学设备以及实习基地，只有相对稳定的专业才能使高校不断地积累经验，提高办学水平。

灵活性是指高校在设置专业时要主动适应市场的需要，对市场提供的就业信息要给予高度的重视，根据实际情况做出调整。对专业的及时调整是高校主动适应市场的体现，高校要想培养出来的人才被社会接受，就得敢于对专业进行改革，有针对性的调整专业，改造旧专业或增设前景好的新专业，把对专业的不断优化作为高校工作的重点来抓。

4. 高校专业设置要处理好地域性和开放性的关系

高校不同于重点院校，它们主要是为当地的社会经济发展服务，有较强的地域特色。因此，高校在设置专业时。应该依据当地的社会经济发展的需要、产业结构和人才市场，这样才能使毕业生为当地所接纳，推动当地经济的发展。否则，毕业生脱离了当地的实际情况，在本地找不到工作，会造成巨大资源浪费，同时会造成社会的不稳定。

在坚持地域性的同时，高校的专业设置还要有开放性。所谓的开放性是指，高校在做大做强优势专业后，要充分利用优势走出当地，走向全国，为全国的社会经济发展培养人才，从而提升了专业的影响力，进一步地提升了专业优势，培养出的人才就业自然也就容易。

（三）创新教学方法

1. 转移教学重心，引导学生学习

首先要确立学生的主体地位，重视学生在教学活动中的作用，逐步引导学生成为学习活动的主体，提高学生自主创造力。教师要担当引路人，引导学生自我分析问题、解决问题，这样就有利于学生在探索中掌握知识，提升了自身的能力。

其次，高校人才培养模式应该为学生的发展提供条件，高校教育从某种程度来说实际上是一种基础教育，因此，必须在这一阶段培养学生的综合能力，在教学中体现社会的需求，不仅提高学生知识水平，还要帮助学生综合能力的提高，为社会提供复合型人才。高校要随时关注学科的发展动态，掌握最新的学科成果，引领学生提升知识水平，注重对知识的应用。

2. 改变教学形式

高校目前已经形成了较为稳定的教学形式，以促进学生对知识的掌握，以考试成绩作为评价的标准。但这种评价很难衡量实际的教学效果，而学生也大多为了考试而学习，很难使学生产生学习兴趣。学习虽然是学生的第一要务，但仅凭好成绩不足以证明学生的能力，要转变以教授、知识传递、灌输为主的教学方法，采用在传授知识的同时，注意发展、培养学生的能力，加强学习方法与研究方法的指导，以提高学生独立获取知识的能力、实践能力与创新能力为重点，发展应变能力，增强学生的适应性和创新性的教学方法。

教师应该多引导学生去思考问题，帮助学生建立系统的知识体系，从而提升学生的专业知识水平，同时也提升学生的职业能力水平。在课堂上，教师应该多提出一些问题，引导学生去探讨，查找资料论证问题，同时也要注重提升这些问题的应用性；

在课下，应利用网络等交流平台进行问题的讨论或者扩大信息量。这样学生不仅学到了专业知识，而且提升了发现问题和解决问题的能力。

3. 组建教学团队

组建教学团队不是对现有的教师进行重新整合，而是在现有教师的基础上，引入行业人才队伍发展的特征，使得高校教学团队能够和行业发展相契合。同时，组建教学团队有利于整合高校内部的师资和信息，减少不必要的工作量，使教学过程更加综合、流畅，教师之间的合作也使各学科之间有了结合点，解决了教学松散的问题。同时组建教学团队有利于促进了学科的发展，提升了相关专业的优势。

首先，组建教学团队要选核心学术带头人。一个教学团队必须要有学术带头人，学术带头人是团队的核心。学科带头人必须有丰富的教学经验和学术水平，能够科学地把握学科的发展方向，有较强的组织能力和协调能力。学校应该通过政策和利益的引导，帮助学科带头人组建教学团队，通过待遇扶持建立强大的教学团队，确保教学质量的提高。

其次，与其他院校进行团队合作。高校的师资水平对学生知识能力的提高有很大的局限性，因此，高校要针对教学任务与外校进行合作，解决教学中的难题。也可以依靠互联网进行结合，形成范围较大、实力更强的团队，有助于更好的解决问题。

（四）注重培养应用性大学生的职业实践能力

实践是衔接大学生在校学习的知识和走出校园运用知识不可缺少的途径，人的认识水平升华和动手能力的提高也离不开实践活动。

学生能力的知识水平和操作能力也是在实践中提升的，更加有助于学业生实践能力的提高，使他们在找工作时能够得到用人单位的青睐从而顺利就业。

1. 加强师生的实践意识

"重知识、轻实践"的传统观念已经根深蒂固，再加上对于知识的培养比实际能力的培养要容易的多，因此，转变师生的传统观念较为困难，因此，要提高师生的时间意识，让他们意识到实践能力的重要性。高校的管理者要通过讲座、和师生交流等形式，让广大师生认识到实践能力的重要性，促进师生传统观念的转变。

2. 提供多样化的实践场所

实践场所是学生进行实践的必要场地，高校要根据自身的办学条件和当地的社会关系，为学生提供多样化的时间场所。学校要积极联系用人单位，让用人单位提供实践场所，让学生较为真实的感受工作氛围，取得第一手的实践经验，使学生在实战中提高了实际操作能力；学校要积极的创设虚拟的工作环境，主要的做法就是在校园内建立实践基地，虽然高校在办学资金上存在着一定困难，但高校仍要积极地争取经费，建立实训基地，对学生进行系统地实践能力培训；在课堂上也能够进行实践能力培养，对于一些特殊专业的学生来说，课堂就是他们的最好的实习基地，例如师范专业的学生，在课堂上让学生进行实际的操作，教师和学生共同发现问题，解决问题；也可以充分利用课外时间创设形式多样的实践活动。

3. 利用专业的实践指导教师，指导学生进行实践活动

由于大学生本身的实践能力较低，对于实际操作中产生的问题只依靠学生自己也难以解决，因此，就需要专业的实践指导教师对学生的实践活动进行指导。指导教师可以来自学校的内部，也可以聘请校外的人员，这些教师应该具有深厚的理论知识和丰富的实践经验，能够在学生的实践活动中发现问题，并帮助学生解决问题。

4. 完善学生实践能力的考核机制

高校要完善学生实践能力考核机制，把学生实践能力纳入学生的评价系中，改变传统的只重成绩不重能力观念。对学生的实践活动的过程要有专门的考核人员进行监督，制定合理的考核标准，科学评价。同时要实行一定的激励措施，让学生乐于参加实践活动，并在实践活动中积极表现，通过考核，对实践能力提升较大的学生给予一定的物质奖励，这一做法虽然显得有些功利，但对于学生实践能力的提高有巨大的促进作用。

第二节　就业服务式职业认知教育模式研究

一、"六位一体"大学生就业服务模式

"六位"分别指政府部门、用人单位、高校、毕业生、第三方就业服务机构、家长，他们各自发挥自身作用并相互联系和协调以保证此就业服务模式的运转。

（一）政府部门积极发挥就业服务促进和监督作用

市场经济有其天生的缺陷，完全由市场来平衡劳动力的供需必然会给人才市场带来混乱，所以政府部门在人才资源的分配和供需方面起着不可或缺的重要作用。

从宏观上来讲，政府部门通过税收、财政和调整银行利率等手段来对市场进行调节，在消费需求量不足的时候，通过扩大内需，为企业拓宽消费渠道，生产会随之增长，与此同时，也会带动就业，使劳动力需求量增加，促进劳动者的就业；反之，在

供需失衡、供不应求时期，政府部门会相应地采取经济紧缩性政策，防止生产膨胀、消费膨胀，通过维持生产秩序来保持经济的稳定。同时，政府部门也是公共行政管理部门，最重要的职责也在于保障社会的和谐稳定，在顺应市场规律制定、出台相关经济政策之外，还需要根据社会需求拟定相关的管理政策、就业政策、法律政策等来监督和管理市场的正常运转和社会的安全稳定。通过出台政策和采取相关措施给毕业生提供公平竞争的机会和创造公正的就业环境。

政府部门制订和改革大学生见习制度来促进大学生就业。提供给在校生实习岗位或者见习岗位的用人单位，政府部门将给予其一定的经济补贴或政策优惠。而且，在实习期满后，如果用人单位对其在实习期间的表现满意，可以直接留用。对于用人单位而言，省去了选拔人才所需的经费和精力；对于毕业生而言，有了一份工作，两厢受益；如果不能留下，政府部门可以设置专门机构对毕业生进行免费培训或者相应的失业补贴，从而帮助和促进毕业生就业。

政府部门通过强化网络信息服务功能来促进就业。现代社会是网络社会，网络提供给人们的信息是及时的、全面的、高效的，政府部门可以完善就业网络，让毕业生能直接通过网络可以了解高校、中外企业、事业单位、行政机构等的详细招聘信息，同时，免费提供相应网络课程，通过学习网络课程掌握求职技巧，能提升自己的就业能力，实现顺利就业；此外，微信、微博等新媒体被广泛使用，使信息传播的速度和广度大大提升，因此政府应积极开发新媒体平台，为毕业生提供更加便捷的网络化服务。

（二）用人单位调整与完善人才选聘服务机制

近年来，由于高校毕业生数量连年递增，且社会可提供的就业岗位不能满足就业需求，为了提高本单位员工质量，提高单位效益，面对庞大的就业群体，就业单位不断地"挑肥拣瘦"，甚至制造种种关卡，让众多毕业生望而生畏：第一，用人单位提高了学历门槛，更多的用人单位开始非研究生不进，甚至前两年出现了招聘事业单位编制环卫工，很多本科高校毕业生竞相报名的现象，大材小用现象比较普遍；第二，重视名牌和重点高校的毕业生，有些单位明确要求非 985 和 211 高校毕业生不要，尤其歧视民办高校和高校的毕业生，这种唯学校出身的现象屡见不鲜；第三，用人单位在对男性和女性的选择上，更多的用人单位倾向男性，有些用人单位则明确要求男性，使很多女性毕业生丧失了就业的机会。以上这些现象屡见不鲜，更有甚者，一些用人单位"趁火打劫"，制定繁杂且与招聘岗位不匹配的笔试、面试等过程来考验和消耗毕业生的耐心和能力，还有些用人单位收取相关费用，扣押证件等违法违纪的事情也时有发生，让被正式录用的毕业生长嘘一口气的同时，也让被淘汰的人对前途更添一份不安与无奈。

根据全球化对于中国市场的影响和近年来各用人单位的招聘要求，笔者认为在设置选聘环节中，应坚持两个重点：一是注重品德与能力，建立科学合理的人才评价机制；二是注重公平公开，建立人才选拔及任用机制。注重品德与能力，建立健全科学合理的人才评价机制：用人单位在评价人才标准时易采取单一、统一的体系，不能体现人才的差异性，也显示不出个人特色。长此以往，导致用人单位工作氛围刻板，影响长远发展。为此，在评价机制的调整方面要更加注重品德和能力，并且因岗差异。如党政机关的人才评价体系可以更多的注重品德、才能、是否贴近群众、是否能让群众接受并认可等等；管理型的人才评价标准可以更多地注重管理效益和组织能力等等；技术型的人才评价标准可以更多地注重其业绩、创新性和同领域专家的认可度等等。只有建立健全完善的评价标准体系，才能够增强人才的社会认可度和用人单位的公信度。同时，在全球化不断深入的过程中，也要积极借鉴国外的选人和用人机制，以顺应时代对于多元化人才的要求和用人单位的发展需要。注重公平公开，建立健全人才选拔及任用机制：有些用人单位将毕业生分为三六九等，使得有着远大理想且能力、综合素质满足用人单位需要的毕业生因为"门槛"问题而无缘自己心仪的工作岗位，为确保公平起见，在选拔任用人才方面需要有所完善：

第一，拓宽人才选拔的途径，任人唯贤；打破学历禁锢，敞开大门，面向所有毕业生，合理设置所需人才的各项条件，如英语等级、计算机水平以及与招聘岗位相关的技能水平要求等，使毕业生有机会接触选拔的环节中，在意识到用人单位对于人才的具体要求外，也能够有针对性的"查漏补缺"，尽快调整状态，增强综合素质，尽快达到市场需求的水平和层次；同时也能使得用人单位能够任人唯贤，招聘到符合岗位需求的人才，改善人才结构，完善人才队伍；

第二，在选拔过程中，保证公开透明；目前用人单位在选拔人才方面基本上遵循"发布招聘信息——接收毕业生简历——筛选符合条件的毕业生进行现场确认——笔试——面试/选取一定比例——录取"的顺序和环节，但是也不能忽略有些用人单位存在暗箱操作的可能。为保证公平公正，用人单位应该公开各环节的录取方式和选拔标准，使得选拔能得到社会认可。

（三）高校改革人才培养模式并提高就业服务水平

这一点在前文已经详细论述，不再多言。只是有一点要认识清楚，毕业生在人才市场是否具有竞争力，很大程度上取决于其所在院校的培养水平，因此，提高高校的人才培养水平势在必行，高校的每个教学主体都有责任及义务为毕业生就业贡献自己的一份力量。

（四）毕业生树立科学就业观并提高自身综合水平和就业能力

目前毕业生存在着眼高手低、自身的综合素质不能满足用人单位的需求、心理承受能力脆弱等问题，因此，针对于这些薄弱的特点，毕业生也要相应的提升。笔者认为毕业生树立科学的就业观、提升自身综合素质和提高就业能力显得尤为重要。

第一，毕业生积极树立科学的就业观。科学的就业观往往也指正确的职业观，是指在正确认识社会和自我的前提下，能够将社会发展和个人的发展相统一进行就业选择的观念。目前国家积极鼓励和提倡大学生到西部去、到基层去、到祖国最需要的地方去，这是国家的号召，是社会发展的需要，目前我国区域经济发展不平衡，基层和中西部地区欠发达，但是急需人才。然而，我们的毕业生愿意选择大城市工作，北漂族和上漂族等广泛存在，一些毕业生过分地看重了职业给自己带来的物质利益，而忽略了社会的发展和需要。因此，毕业生应该顺应国家的发展和社会的需要，结合自身家庭情况，个人抱负，有选择地到中小企业，到部队，到中西部欠发达地区去，这样既能避免过度的人才竞争，也能找到适合自己能力发展的空间。

第二，毕业生不断提升自身综合素质。实践能力是毕业生顺利就业的重要砝码，因此毕业生应争做"职业院校中的学术型人才"和"本科院校中的职业技能型人才"。打铁还需自身硬，只有将自己的基础打好，才能为将来就业做好铺垫；同时，积极地探索和寻找实践的机会，努力掌握一线经验，在实践中检验知识，在学习中积累经验财富，将自身的实践水平作为衡量将来就业的把握程度，须知自己的优势在于实践的丰富，为此利用课余和假期寻求好的实践机会，在丰富自己的大学生活的同时，有效地提升自身的综合能力；另外，毕业生应注重德的培养，强调"德"的重要性，突出德的特长，所以，在道德方面也需要有针对性的进行提升，通过不断学习和实践，使得高校的大学生在道德方面成为优势，心态上也能逐渐的有所收获，不断提升自己的自信和价值，以饱满的情绪应对竞争，同时也应该认识到自己的性格与特点及价值所在，才能在就业中取得成效。

第三，毕业生积极提高自身求职能力。求职能力主要是指推销自我的能力，包括制作简历、着装、礼仪、演讲和沟通能力等。求职能力不因学历、学校、专业和性别等有所区别，它完全可以通过后天的培养和锻炼来提高，可以通过参加课程训练、讲座、辅导和模拟求职等途径来实现，因此，毕业生应该积极掌握各项求职技能，做好充分准备，同时，也应该积极调整好就业心态，自信、乐观、敢于失败。正如著名教育家梁锦松先生指出：现代的孩子既要掌握如何面对成功，更要学会如何面对失败、挫折，所以，培养毕业生的抗压能力也要作为提升就业能力的重点之一。

（五）第三方就业服务机构不断培养并优化市场服务

本书提出第三方就业服务机构与"第三部门"属于同一性质，本质上是同类中介组织，在毕业生、高校和用人单位之间起着桥梁、纽带的作用，同时也是我国就业政策的落实和监督者，就业市场的推动者，是就业工作中的重要力量。在我国近几年逐渐兴起的第三方就业服务机构中，形式较多的是由政府部门设立的大学生就业指导中心、人才交流中心和各种就业服务为主题的协会等公共就业服务部门。随着国家对就业工作的高度重视，第三方就业服务机构取得不断的完善和发展，不但建立起网络门户网站，工作人员的数量不断增力口，而且在服务的内容、形式、种类和质量等方面到得到了丰富和提升。这些机构旨在为大学生就业和创业提供指导和服务，也承担了政府赋予的专项就业职能，是大学生就业指导服务体系的重要补给力量。

与国外相比，我国第三方就业服务机构，起步较晚，发展较快，但在服务设施，服务内容和服务的专业化水平上还有很大差距，为了能够给毕业生提供良好的就业服务，帮助政府积极开展就业工作，第三方就业服务机构还需要完善并不断优化就业服务：

在服务内容上创新并不断丰富。如将网络服务不断升级，及时提供招聘信息，尤其面向应届毕业生的招聘信息，可以分区域，分板块，细化网络就业服务，比如提供面向京津冀的招聘信息，甚至有针对毕业生的服务板块；同时可以考虑通过手机 APP 的服务，让学生得到信息更及时，更便捷，提高信息服务的效率；同时，面向毕业生，结合毕业生存在的突出问题，有针对性地提供"私人订制"服务，让服务更温馨，更贴心。

在服务形式上，应该提供多样化的服务。在提供就业服务方面也可以新增"就业服务站点"，可以借鉴美国的做法，把服务站点可以设在高校、街道和社区里，甚至多设置一些流动服务站点，更方便提供就业服务，目前我国大部分省份，在区县级单位都建立了就业服务中心或就业服务工作站，在社区或者街道及乡镇都还没有覆盖就业服务站，可以定期设置一些就业流动服务站，把信息和服务送到基层去，以地方为单位，根据市场需求适当安排咨询服务次数，招募一些有工作经验的志愿提供帮助，能够现身说法，用自己的亲身实践给毕业生以指导和心理上的鼓励、安慰，让毕业生更自信，并且能够顺利就业。

同时，第三方就业服务机构当好桥梁和纽带的作用，加强与用人单位和高校之间的联系和沟通，帮助高校积极拓宽就业市场，根据高校专业特色开设行业专场招聘会，根据用人单位的需求定向招聘适合的毕业生，解决用人单位和高校信息不对称的矛盾。同时第三方就业机构还可以发挥就业调查、就业权威数据的发布等多项功能。随着就业服务专业化程度加深，第三方就业服务机构的前景光明，必将发挥越来越重要的作用。

（六）家长积极发挥在就业全过程中的作用

本书将家长作为"六位一体"大学生就业服务模式的重要因素之一，在于家长在大学生就业环节中有着不可忽视的力量，应该重视并加以研究。家长的熏陶是毕业生形成积极就业观的决定性因素。家庭因素是孩子的性格、价值观形成的决定性因素，家长的一言一行都能影响孩子的成长，在诸多影响毕业生就业观的因素中，家长是也是最强烈的因素之一。笔者发现很多毕业生存在着就业的迷惑，不知道就业的方向，比较过分依赖家长，缺乏就业的主见，这种状态不利于毕业生的就业，使毕业生丧失了就业的积极主动性，这也是家长在家庭教育方面的不足，因此与家长做好沟通和联系，通过家长影响毕业生，让毕业生形成积极地就业观，科学的就业观是解决就业的主要途径；

家长在毕业生就业的过程中还有很多积极的作用，比如通过家长的人脉和资源可以帮助毕业生进行推荐工作，一方面家长了解用人单位，另一方面家长也了解毕业生，避免信息不对称的问题，这种就业的方式是最直接的，也是最有效的；同时家长还可以帮助学校拓宽就业市场，解决毕业生就业见习、就业实习乃至解决更多毕业生就业的问题，同时有些家长还可以提供就业咨询和就业资助等多种服务，是推动就业工作顺利开展的重要力量。

二、积极探索发挥"六位一体"就业服务模式合力保障机制

"六位一体"高校大学生就业服务模式并非由六个主体各自发挥自己的职能或影响力即可，他们相互之间也要通过不断地沟通和联系来合力维系这一模式的运行，只有六个主体之间能在发挥自己功能的同时又彼此合作，以帮助毕业生就业为目标尽心尽力，那么，这一模式才能发挥出大于自身功能的作用。

（一）优先建立就业协调服务制度保障

1. 制度保障的界定

本书中，制度保障指的是保障"六位一体"高校大学生就业服务模式能够合理循环运行的前提条件，指为了确保"六位一体"高校大学生就业服务模式运转，政府通过制定法律、法规等对"六位"主体监督与管理的一系列措施或手段。

2. 建立制度保障的意义

建立制度保障对"六位一体"高校大学生就业服务模式的运行有着重要的意义，

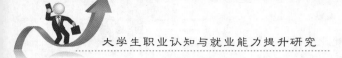

具体如下：

第一，有助于"六位一体"就业服务模式规范发展。在政府统一规范之下，需要"六位一体"高校大学生就业服务模式各个主体为了同一目标而发挥自身的作用，为了实现这一目标，就要对该模式的运行规则和标准进行规范，地方政府部门也可根据国家就业方针和政策制定地方性法规从而对该模式进行规范管理，有助于该模式健康、有序的发展。

第二，有助于"六位一体"就业服务模式长远发展。通过政策支持、经费扶持、宣传先进事迹和激励措施鼓励等有利于"六位一体"就业服务模式向着良性发展；同理，对于违法、违纪或者不利于该模式运转的行为进行必要的惩治也是该模式长远发展的保证手段。只有鼓励和鞭策相互作用，才能保持该模式特有的生命力和活力，从而获得长足发展。

3. 制度保障建设

政府部门是"六位一体"高校大学生就业服务模式制度保障的主体，对于用人单位、第三方就业服务机构、高校、毕业生等采取适度的干预措施：

第一，对用人单位的监管。首先，政府部门积极"撮合"校企合作。校企合作是多方共赢的合作模式，一方面有利于毕业生在实践方面的提升和技能方面的发展，另一方面，对于用人单位而言，是人才储备的重要途径之一，对于学校而言，也一定程度上解决了实践教学的问题。然而，在实际的校企合作中，高校和学生更加积极主动，但是对于用人单位而言，提供实习岗位、带实习生本身有可能影响正常工作进度安排，影响自身效益，有些不可避免的在安排实习岗位和实习指导方面以敷衍了事的态度应付，在实习效果和质量上很难达到预期。

因此，政府部门需要对用人单位实施监管，为大学生提供相应的实习岗位并安排经验丰富的人员来指导实习，与高校之间保持"双管"，即在学校保证大学生的知识储备和素质培养，在用人单位则以用人单位的标准来严加管理，在综合素质的提升上有所成效。为了弥补实习给用人单位带来的收益影响，政府部门应给予一定的经济补偿，以帮助用人单位真正的为大学生提供实习锻炼的机会，而且也不会因为实习影响本单位的发展。

第二，对第三方就业服务机构的法律监管。我国对第三方就业服务机构成立条件、服务人员的专业性要求、服务内容的科学性等都需要严格把关，只有按照专业化、职业化的标准来严格要求，才能提高服务的水准和质量，切实为毕业生提供必要的服务和帮助。

目前，政府积极鼓励第三方就业服务机构的发展，通过划拨专项资金支持，减免相关费用，加强业务人员知识培训等，作为第三方的服务机构得到了快速发展，但目前这些机构发展水平参差不齐，还存在着服务缩水，服务态度差、服务高收费和服务不及时的问题，有些还存在着坑蒙拐骗等不法行为，这些都严重损害了毕业生的合法权益，这些都需要政府加强监管，净化服务市场。

第三，对高校的引导和扶持。长期以来，高校的生存依赖于生源，为了追求生源，在就业率方面不免产生"就业率至上"的片面思想，将高就业率当作政治任务去完成，有些学校甚至不惜造假，让学生被就业，这种只重结果而不重服务，只重数据而不重质量，致使很多毕业生即使实现了就业，也无法真正就业，不知道自己是否适合当前的职业和岗位，对于就业以后的职业生涯规划更是茫然。因此，政府部门需要对高校加以引导，既要注重高校的就业率，也要注重提高大学生的就业质量。政府部门在对高校加以引导的同时，在政策和经费上也应该有所扶持，支持高校联系用人单位的实习岗位，建立自己的实习基地，成立全国性质、省级性质的高校联合组织，成立公益性的就业专家团队免费为高校就业服务部门培训，或各省给高校分配名额，每年推荐优秀教师到国外接受就业培训、学习实践，逐步将就业的先进理念和职业规划的内容落实于各高校，让高校的就业服务变得职业化、专业化，使就业服务真正为毕业生所用。

第四，开展毕业生就业调查。政府部门应牵头组织对毕业生就业开展调查，包括不同类型高校的就业率、签约率、升学率、热门和冷门专业就业排名以及就业满意度等，定期发布官方就业数据，给毕业生、家长乃至高考学子等提供参考。政府部门成立义务性、志愿性的专家服务团队，定期、定点为毕业生提供咨询服务，这个服务站点可以设置在大型的招聘会旁，给毕业生以全面、有力的指导和帮助，让毕业生能在就业期间得到直接的辅导，让毕业生在择业过程中客观、冷静，给自己的未来作出长远的规划。

（二）统筹成立就业协调人才保障机构

1. 人才保障的界定

人才是国家发展的重要资源，指的是拥有一定知识、技能，从而对社会有所贡献的人，在本书中，人才保障指的是在"六位一体"高校大学生就业服务模式中，具有专业的知识和技能，为本个体、部门或组织提供专业化的服务，从而保证维持服务模式良性运转的人才支撑。

2. 建立人才保障的意义

人才是国家的财富，没有人才，没有不同领域人才发挥的作用，人类社会就无发展可言。在"六位一体"高校大学生就业服务模式中，人才保障必不可少，建立人才保障机制有着重要的作用：

第一，更专业。就业是关乎国计民生的大事，就业问题是不同国家都要面临的问题，为了解决这一问题，就要有专业的团队来献力献策，共同解决。没有专业的知识积累和实践经验，没有创造性的思维和较强的执行力，就业问题就很难得到有效的解决。有了人才的保障，"六位一体"高校大学生就业服务模式会以专业视角看待就业问题，更能以专业的知识和技能去解决问题。

第二，更科学。任何一件事物的存在都要实事求是地尊重现实，接受实践的不断检验，人才的推动使得"六位一体"高校大学生就业服务模式更加科学、合理地为毕业生就业提供方方面面的服务，使得各项服务更加贴近社会现实、就业现状、毕业生的需要等，满足不同人群的不同需要，这些都需要人才做保障。

第三，更高效。"六位一体"高校大学生就业服务模式在人才的保障之下才能更加高效得运转，服务人员专家化、服务流程程序化、服务内容标准化和服务效果数据化，各个组织或部门在人才保障之下日益完善，服务更加高效，更多人或组织将能接受到更加专业化的服务。

3. 人才保障建设

第一，高校的教师是大学生就业的引导者、推动者。毕业生就业对于高校而言举足轻重，其就业指导的水平直接关系到服务的效果，只有建设一支职业化、专家化的就业指导团队，才能更科学、更有效地帮助大学生成功就业。

高校要加强就业辅导老师的技能培训，让他们学习和掌握与就业相关的知识和技能，考取相关职业技能资格证书，不断向专业化、专家化的方向发展。除了培养已有的教师队伍，还要积极引进高质量的人才，如涉及到职业规划研究、心理以及人力资源等领域的专业人才，完善教师队伍，提高就业服务的水平。通过这些人才的合力努力，就业指导工作一定能取得长足的进展，不断朝着科学化的方向前进。

除了不断提升自我能力，就业辅导老师还需要不断在人才市场进行调研，对于人才市场针对毕业生具体要求的细微变化、对于各专业人才数量的需要变化、对于男女生的要求有哪些细节的不同等等，都需要去调查和研究，闭门造车永远跟不上时代的脚步，只有与社会接轨才能不断进步和提高，才能使辅导的毕业生能有针对性的去提局。

另外，也要加强就业服务的研究，首先是通过利用管理学、心理学、教育学、社会学等基础知识，研究提升就业服务的科学理论，通过研究不断创新理论；另外，负责教授全校大一至大四年级的就业相关课程，事实证明，只从大三或大四阶段开始对学生进行就业技能等培训对于学生而言并非合理，从低年级开始对大学生展开职业生涯规划相关知识的教育，让低年级学生有充足的时间为未来的择业和就业做好准备；同时，负责研究的老师也深入学生负责接待和咨询工作，从专业性的角度帮助排除就业中的难题。随着专业化的程度深入，也可以学习国外（如美国）大学聘请与大学生学科相关的咨询专家和顾问给大学生以指导。

4. 用人单位的招聘人员也要不断强化理论知识，向专业化水平发展

用人单位是一切人才的归属中心，人才选拔、任用是最重要的环节，这一环节要求严格把关，而在把关的标准要求上要靠专业人才的把守。在全球化已成格局的现状下，要求用人单位的工作人员应具备专业化的业务知识，创新精神，强烈的爱才、惜才和用才的人才观，树立公平、公正的选聘意识。

用人单位在人才保障的前提下，可以深化合作，比如可以建立与高校人才数据的贯通机制，加强对于所需的潜在人才信息的收集，加强和高校之间的交流与沟通。人事部门专业人才研究建立与高校就业部门的长期合作制度，高校可根据用人单位的需要培养（即订单式培养）推荐人才给用人单位，用人单位也要不断对人才标准作出调整并及时与高校沟通。同时，要采取科学合理的选拔方式，在制定人才选拔或推荐标准上一定要科学把握。

5. 第三方就业服务机构服务人员的专业化建设

第三方就业服务机构具有公共性，所从事的活动具有公益性，这就要求第三方就业服务机构的从业人员具有爱心、公益心和专业化知识，对自己事业有坚定的信念，矢志不渝地追求它的公共性、公正性和公益性。

第三方就业服务机构需要通过网络来吸引人才，因此，加强人才信息网络建设，加快开发适合人才市场运作的各类应用软件，包括人才交流服务急需岗位的分类，人才简历的自动筛查等，逐步实现国内到国外的人才资源互通，从而建立一个容量大、效率高的人才市场电子信息系统。

另外，要提高第三方就业服务机构从业人员的基本专业技能主要包括信息管理、人力资源管理、服务、心理认知等。信息管理技能是对于人才个人信息的收集、存储、传递以及使用技巧；人力资源管理技能包括对人力的培训的组织以及调配和激励等，充分发挥从业人员的主观能动性，使每个人都能充分发挥自我最大优势和能力，从而更科学、更合理地达到预定目标，充分提升办事效率；服务技能除人力资源的专业技能外还包括对于相关法律、法规、政策、方针的熟悉和了解，同时能够通过运用这些知识来保障自己和所服务人群的合法权益，除此以外，还需具备与人沟通和协调方面的能力等等；心理认知技能包括对于所服务人群的心理、行为的认知和把握，能准确判断人的心理状态和心理需求，使所服务人群能充分理解和接受就业服务的内容。因此第三方就业服务机构应加强从业人员素质提高，可以组织培训，高度重视培训工作，精心设计培训的内容和形式，树立员工的道德意识、敬业精神，不断使服务向专业化方向发展。

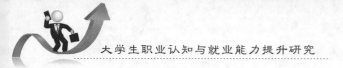

（三）重点做好区域公共就业服务项目保障

1. 项目保障的界定

本书中项目保障指的是为了解决问题、矛盾或为了达到一定目标，通过设立一定的项目或者活动并且完成项目，以实现解决问题的目的或达到预定任务和目标。

2. 建立项目保障的意义

为了使"六位一体"高校大学生就业服务模式真正发挥作用，避免陷入仅仅是理论上的探讨而不能达到较好效果，从而设立一定项目，具有重要的意义：

第一，项目保障是实现该模式自身长足发展的重要载体。一个模式之所以存在是因为有着自身的目标、使命，模式中的各个主体也是为了这一共同的目标、使命而存在的，同时，这一模式若想被认可、被鼓励，就需要有成绩作支撑，而项目就是模式运转的最好例证。有了项目的支撑，该模式就能为其发展积类更多的资源，从而保证模式的长远发展。

第二，有利于促进主体自身发展和完善。"六位一体"高校大学生就业服务模式包含六大主体，每个主体承载着不同的任务和责任，各自将专业的知识应用于项目本身，发挥出自身应有的价值，同时，也正是各大主体功能的相辅相成，才保证该模式的运转和各主体间的相互利益。

第三，有利于直接提升就业服务的效果。本书主要研究如何促进高校毕业生顺利就业，因此解决毕业生就业是本书研究的主要目的，而通过实施项目保障将能能更好的服务广大的毕业生，毕业生理所当然也是该项目群的体验者和获益者，同时也是反馈者，项目如何创建、创建的效果和意义都与毕业生直接挂钩，所以，对于毕业生来说，项目保障的创建能使自己更直接、更有效、更便捷地得到更好的服务。

3. 项目保障建设

项目保障属于公共就业服务的基本范畴，它是政府部门对于劳动力市场进行有效干预的重要手段之一。而在社会主义市场经济体制中，政府部门很少直接干预劳动力配置，而只能通过针对所有劳动者的一般就业服务，以及针对就业困难群体的特殊就业服务，去引导劳动供求的匹配，并对失业者实施社会保护和就业激励。

第一，职业介绍项目。职业介绍项目又称为职业中介服务项目，它是公共就业服务的典型服务项目，也是特色服务项目，是公共就业服务成立之初的主要内容，目标在于为求职者寻求工作，为用人单位筛选合适人才以填补岗位空缺。私立的职业介绍所和公共就业服务机构均提供职业介绍服务，两者相比，私立职业介绍的服务对象更加宽泛，包括初次就业人员、欲跳槽人员，以及没有登记的失业人员，私立的职业介绍有时也为失业人员提供免费的职业介绍服务，之后从国家公共财政部门获取职业介绍补贴等。

第二，公共就业信息服务项目。公共就业信息服务项目可以划分为三个不同的层次：一是劳动力市场信息的统一收集、分析、发布，通过这一共享平台，实施自身的就业服务，是整个公共就业服务的基础；二是劳动力市场信息，比如劳动力市场总体的状态和信息，人才市场上的工资浮动情况等，这些信息能有效地推动就业政策的更新和调整，同时也为各类就业服务机构的服务内容提供重要的依据；三是具体的就业服务活动所需要的职业培训等信息。

第三，就业培训项目。在我国一般意义上的就业培训项目包括职业技能的培训、求职技能的培训和创业相关知识的培训。我国公共就业服务机构在创业培训方面取得了一些进展：

一是创业培训的范围有所扩大，有很多具有创业愿望和接受创业培训的城乡劳动力被城市接纳、吸收，基本实现了创业培训的全覆盖，其中最重要的力量来自于有创业意愿的高校毕业生；

二是把创业培训质量提高到重要位置，根据就业服务需要制定科学的课程标准、严格的教学管理规定、缜密的培训质量监管细则等；

三是创业培训模式多样化实践探索，比如网络化培训、创业实训等。

第四，就业岗位开发服务项目。我国政府部门近年针对毕业生开发的西部计划、三支一扶和大学生村官等就业岗位，在前文中已有介绍，这些岗位的开发解决了一部分毕业生的就业问题，同时也解决了中西部基层地区人才短缺的状况。另外，政府部门设置专项资金去鼓励和支持企业录用有困难的失业人员。

（四）合力搭建区域就业信息服务保障平台

1. 信息保障的界定

信息化时代，信息平台的搭建必不可少。本书所指的信息保障可定义为为了保障"六位一体"高校大学生就业服务模式六大主体之间的信息畅通，通过网络等新媒体手段，建立信息发布、信息共享和信息交流的平台，使得各主体之间能够互通有无的手段或措施。

2. 建立信息保障的意义

第一，信息平台是保障"六位一体"高校大学生就业服务模式得以运转的基础。没有各主体之间的沟通和交流，各主体之间不能有机统一，而是相互独立的个体。有了信息的传递和交流，才使得该模式能更好的为毕业生提供服务。

第二，信息平台有利于各主体之间最方便、最快捷、最灵活、最有效的沟通。我们处于信息化时代，掌握第一时间的信息是各个社会成员之间生存的基本前提，更是一个模式立足的基本保证，如果服务理念与社会脱节、服务内容不能满足市场需要、服务质量因得不到及时反馈而难以提升，那么最终该模式也将不复存在。

3. 信息保障建设

当前是知识经济时代，更是信息化时代，在这样的背景之下，信息是一项工作、目标或者任务取得好坏的关键性因素。对于各主体而言，信息的作用都不可小觑，尤其对于毕业生而言，掌握最新的就业政策、就业信息就为自己创造了一个机不可失的机会，而信息的缺失或延误不但会影响就业的进度和效度，更有甚者会耽误自己的职业生涯。因此，为各主体搭建就业信息服务平台是促进就业的重要举措。

第一，建立就业信息共享平台。

我国有两千多所高校，很多高校都有一定的共性，毕业生在就业过程中也面临更多共性的问题，尤其在招聘信息方面与公立高校相比较少，因此应该加强信息共享，搭建一个共享的就业信息平台，主要功能可以包含三部分：第一，高校介绍，让更多的用人单位了解高校，宣传高校，推介高校；第二，招聘信息的发布，既可以由用人单位发布招聘信息，也可以由高校经用人单位许可的前提下共享针对该学院的招聘信息；第三，毕业生推荐，由高校的就业指导老师或者辅导员审核之后发布毕业生的推荐信息，用人单位在网上可以择优选聘；第四，远程面试，远程面试有利于节省招聘和求职的成本，用人单位和毕业生通过网络可以实现面对面沟通和交流，尤其对于用人单位和毕业生距离较远的更加适用。

第二，建立各主体之间对话交流的沟通机制。首先，可以建立高校的就业联席机制，通过定期召开就业联席会议，研讨高校在就业中存在的问题，并且共商对策，共享资源，可以通过轮流主持的办法由每个高校轮流承办，甚至可以邀请政府就业主管部门参加给予指导，这样共同发出的声音也能够引起相关部门的重视；其次，可以通过建立校企对话机制，通过校企联谊会、校企论坛以及校企沙龙等多种形式建立企业和学校的沟通机制，共同研讨促进招聘和求职的措施，解决存在的问题，加强双方之间的沟通和交流，实现双方乃至多方共赢；最后，通过举办招聘会实现就业信息等直接交流，招聘会是目前毕业生求职的主要途径，用人单位和毕业生可以实现面对面沟通和交流，这样更直接，能更加全面加强相互之间了解。高校可以联合举办招聘会，既可以举办综合性的大型招聘会，也可以举办行业性招聘会，也可以以区域为单位举办相应的招聘会，形式可以多样，满足不同行业，不同区域的人才需求，这种招聘会可以通过政府支持，第三方就业机构积极主办，高校、用人单位和毕业生积极参加，最终实现多方共赢。

第三，探索建立以新媒体形式为主的信息交流平台。新媒体是在新的技术应用下呈现出的媒体形态，是相对于传统的媒体形式而言，如我们经常见到的数字技术的应用，手机的普遍使用，以及微信、微博等形式，新媒体的应用加快了信息传播的速度和广度。我们在毕业生就业工作中应该积极适应新形势，加大新媒体的使用，建立涵盖各个主体在内的信息交流平台，比如贴吧的使用，手机 APP 软件的开发和 BBS 等多种形式，各个主体在信息交流平台上进行就业经验分享、就业信息发布、就业问题咨询和就业指导等，当然也应该加强对信息发布的监管，避免不良信息的发布，使信息平台真正发挥作用。

（五）搭建一体化后勤保障

1. 后勤保障的界定

本书中，后勤保障指的是"六位一体"高校大学生就业服务模式的各个主体为其自身或模式提供的一切服务，包括物资的提供、氛围的创建、文化和精神的宣传等。

2. 建立后勤保障的意义

第一，发展的保证。后勤保障为主体提供了物质需要，这是维持其生存和发展的基础，如果没有物质的保障，没有财力、物力的投入，工作无法有效开展，项目建设无法实现，就业工作信息化、专业化和专家化的目标也将是空谈。

第二，增强凝聚力。后勤保障建设还包括文化层面的建设，包括：理念、文化氛围、环境建设和宣传口号等，这些都是后勤保障需要建设的重要内容，通过文化层面的建设将更能统一思想，明确目标，达成共识，增强组织和个人乃至社会对就业的高度重视。

第三，后勤保障建设。近几年，政府对就业高度重视，对就业的投入力度也不断加大，社会资源也不断加大对就业的投入和支持力度，只有全社会高度重视和支持就业工作，尤其本书中谈到的就业模式的六方主体都能重视就业工作，确立正确的观念，创造优良的环境，提供足够的资金支持，就业问题才有可能顺利解决。

3. 后勤保障体系的建设

（1）确立人才至上的思想观念

知识经济时代，尤其是现代科学技术发展突飞猛进，信息化进程日新月异，全球化趋势日益凸显，创新浪潮全球涌动的当下，人才是经济发展的决定因素。

随着科技的发展，人类的智慧不断被发掘，经济的推动力也逐渐由自然资源消耗为主转向由人力资源消耗为主。目前，我国正处在产业结构转型升级的关键时期，优化产业结构，提高第三产业在经济中的所占比重，在第三产业中，以技术、智力为依赖的就业领域占比较大，高校毕业生将是第三产业就业的主力军，毕业生也倾向到智力密集型的就业领域就业。过去提到第三产业，人们一般意义上理解成服务员、保姆和维修工等基层服务行业，而现在第三产业更多依靠知识和技术进行服务，知识成为推动经济发展的主要动力，因此人才资源的开发和利用越来越受到重视，全社会要形成人才至上的思想观念。

（2）创建优良的人才环境

"桃李不言，下自成蹊"，要招揽人才、吸引人才、留住人才，就要从创造良好人才环境抓起。我们应该用新的思路来确立人才选拔和评价的标准，采用有效措施，尊重知识、尊重人才、尊重劳动，创建人尽其才的良好环境，最终实现人才辈出的大好局面。

良好人才环境的创建需要政府推动，用人单位积极参与，全社会共同支持。近些年，我国在人才环境的创建上做了大量的工作，中央和地方都出台了相关的政策和文件，比如中央在2015年出台了《中共中央国务院关于进一步加强人才工作的决定》，国务院每年都会召开人才工作专门会议，专题谈论人才工作。各地也都积极优化人才环境，为引进人才，留住人才出台各项优惠措施，比如浙江、江苏和广东等东南沿海率先提出引进人才的优惠政策，实施优先落户、住房优惠及科研启动金等吸引人才。很多用人单位为了吸引人才，也都抛出了优厚的条件，在福利待遇、住房保障以及带薪休假等方面都相当诱人，比如中国广东核电集团除了提供五险一金基本的待遇外，提供住房和上下班班车服务，组织员工参加培训，实行带薪休假，据笔者的一个本科学生所述，工作环境优越，2009年到该单位工作，月薪已经在万元以上，年终更有丰厚的奖金等，国内很多企业在人才环境的创建方面都取得了很好的经验。

（3）确保就业经费投入

政府一直高度重视就业工作，高校、用人单位乃至整个社会近些年对就业工作都高度重视，前文已有述及，在此不再赘述。国家在不断加大教育经费投入的同时，就业经费自然得到了快速增长，我国到2013年教育经费已经占到了GDP的4％，这是一个很大的突破，每年中央和地方政府都会设立专项就业经费用于支持各类就业，尤其大学生就业项目。在此笔者倡议，政府的专项就业经费很多用于政府的专项就业培训，就业岗位开发和就业援助等方面，由于高校独特的办学性质（具有民办办学性质），经常会遗漏或者忽略高校，致使高校毕业生并不能享受政府所提供的就业帮助，因此在呼吁政府加大就业经费投入的同时，应把更多的毕业生包括民办高校的毕业生涵盖在范围之内，使每个毕业生都能公平地得到就业帮助的机会。

高校高校自身也应该加大就业经费的投入，用于积极开拓就业市场，给毕业生提供全方位的就业指导服务，尤其为毕业生提供个性化的就业服务，根据前文的调查了解，很多高校仅是提供一些基本的就业指导服务，没有为毕业生乃至低年级学生开展深层次的职业生涯规划服务和个性就业服务,一方面原因是专职就业人员较少,另外一方面就是就业经费投入不足。根据教育部要求,公立高校就业经费应占学费收入不低于1％,笔者认为,高校就业压力更大,更应该加大对就业的投入,以保证就业工作的充分开展。以笔者所在单位北京交通大学海滨学院为例,学院高度重视就业工作,投入充足的经费开展就业,按照就业的实际需求提供,并且每年还专门设立30万元用于支持大学生创业,就业取得了良好的效果,近四年来,毕业生就业率连续四年达到90％以上,得到了毕业生、家长和社会满意的效果。

(六) 通过效应保障反馈就业服务成果

1. 效应保障的界定

效应泛指事物的发生、发展在社会上引起的反应和效果,反映的是一种因果关系。本书所指的效应保障是指为了了解"六位一体"高校大学生就业服务模式的效果而对与之相关联的不同个体展开联系与沟通,从而得到反馈,进而有针对性地对模式进行提升或完善的一系列手段或措施。

2. 建立效应保障的意义

第一,有助于发现问题并提高就业服务质量。如前文所述,我国的就业服务真正开始于上个世纪末期,发展到现在也不到20年的时间,过去我国实施计划经济,就业主要以管理为主,实行就业分配,根据目前的就业方针,政府、高校和社会主要是以提供就业服务为主,由于发展的时间段,毕业生规模增长迅速,就业服务还不能完全适应就业服务市场的客观需求。因此,及时对就业服务的质量和效果开展调查,发现就业服务中存在的问题,并且针对问题进行有的放矢地整改,对于整体提升就业服务的水平是十分有必要的。目前政府、高校和社会就业服务机构也都会针对就业服务对象开展调查,但囿于专职工作人员较少,涉及工作量大,就业调查不够全面,也缺乏连续性地调查和跟踪,就业调查效果不能够令人满意,也缺乏一定的公信力。因此,建立就业服务的效应保障十分必要。第二,有助于就业服务顺应市场需求,提供市场需要的服务。就业和经济紧密相连,经济在发展,时代在变化,就业服务对象也因时代而不同,因此就业服务市场就不可能是一成不变的。只有及时了解市场需求,发现市场变化,根据变化,就业服务主体应及时调整就业服务形式、就业服务内容和就业服务重点等才能满足就业服务对象的客观需求,这些都需要通过对就业服务进行调查获得及时反馈,效应保障体系建设正是满足这一客观需求。同时,建立效应保障也有利于就业服务体系本身在市场需要的前提下不断调整目标和方向,满足未来发展的需求,从而不断得以提升。

3. 效应保障建设

"六位一体"高校大学生就业服务模式的运行效应如何，需要相互之间的联系和沟通，而联系和沟通的有效形式就是反馈意见或建议，然后根据意见或建议进行相应调整和完善，否则就会陷入闭门造车的窘境，不利于服务的与时俱进，更有违于就业服务的长远发展。"六位一体"高校大学生就业服务模式不是单独一方发挥作用即可，它是一个循环的模式，只有信息"流动"才能保障其整体效应。

（1）建立以政府为主导的信息沟通机制

政府部门应积极发挥在就业服务各主体间的服务效果信息交流和沟通方面的主导作用，一方面注重和各主体的服务效果沟通和反馈渠道，另一方面建立服务的反馈和共商机制。

政府部门应设置相应的调研部门，追踪各主体对政府方针、政策的执行程度和实施落实情况，收集各组织对于这些方针、政策的反馈建议，以利于政府部门在方针、政策方面的及时补充、调整与完善。

高校的就业服务部门每年应开展毕业生就业情况的调查，了解毕业生对就业政策、就业法规的把握和了解，了解毕业生的实际需求，掌握毕业生对就业服务的满意程度，根据就业调查分析在就业服务过程中，各主体可能存在的问题，把相应的情况汇总后反馈给政府相应部门，政府相应地调整政策，完善服务。

用人单位在就业服务的环节中，起着重要的作用，和高校及其毕业生都有着密切的联系，也应该结合招聘过程及人才使用过程中就业服务的反馈意见，及时向政府部门反馈。比如在招聘过程中存在的普遍性较高的毕业生违约现象，用人单位与毕业生签订劳动合同以后，毕业生遇到了更好的就业机会，很多毕业生会认为违约只是多交一个月的工资，与自己未来的更好的就业机会相比不算什么，宁愿违约，不愿考虑自身诚信和名誉问题，这样对于毕业生本人而言，只是损失了一小部分资金，但是对于用人单位而言，首先造成了在招聘环节而形成的资金和人力的损失，再有就是对自身工作进度的影响。针对这样的现象，除了用人单位向高校积极反映，高校的老师对毕业生进行诚信教育之外，还需要政府部门对毕业生违约问题进行更明确的规定，针对此类问题，用人单位都可以反馈给政府部门，政府部门根据存在的问题对相关主体实施干预，或者做出政策上的调整。

第三方就业服务机构在就业服务市场直接面向毕业生及其家长、高校，有时候政府也从社会就业服务机构购买就业服务，因此就业务机构更能直接面对就业服务对象，由于其独立的第三方性质更便捷、更直接了解到就业服务的满意程度、意见和建议及就业服务中所存在的突出问题，一方面其本身可以不断完善服务，丰富服务内容、在服务形式上不断创新，更好的为高校和毕业生服务，另一方面，也做好政府的参谋和助手，及时把相关信息反馈给政府，使其协调和解决，也需要政府部门出台对应的法规、政策，以保障就业服务公平有序进行。

同时，政府应积极协调就业服务各方主体，定期举行就业服务效果反馈的相关活动，建立各方主体对话机制，面对面沟通和解决，并且形成一种长效机制，使就业服务效果反馈活动常规化、制度化。

（2）建立以第三方就业机构为主导的信息调查和发布机制

目前我国主要就业数据的发布是由政府来实施的，过去是由教育行政部门根据各高校上报的就业数据汇总后发布，分初次就业率和年终就业率；目前，主要是由人力资源和社会保障部门发布就业数据，每年发布一次作为当年就业率。而对于就业的调查主要各高校自主进行，一般情况下是针对在校学生进行，由于毕业生还没有离校，就业调查的数据并不能真实反映就业服务的效果，个别高校有针对毕业后学生的调查，但由于工作量较大，专职人员较少，就业调查的效果和影响力都相对有限。

根据国外的经验，针对毕业后学生的调查主要是由社会第三方机构来完成的，由于其独立于政府、高校和毕业生之外，具有相对的独立性，因此其调查更公平、公正，其结果更具有公信力，往往政府也委托第三方机构来开展就业调查。我国目前第三方就业服务机构也积极开展就业调查，比如政府部门往往委托就业服务中心或人才交流中心开展就业调查，由于涉及对象较多，这种调查往往针对某一区域，涉及全国性的调查还比较少。目前，我国也开始出现了完全独立于政府之外的外资企业、民营企业及个人开展的就业调查、就业统计和就业数据的发布，比如麦可思数据公司在2006年成立，是一家海归创业企业，每年进行就业创业调查，并且每年编著出版《中国大学生就业报告》（就业蓝皮书），目前受到了政府、高校和用人单位的认可。随着，就业服务市场的不断发展，我国第三方就业调查机构还将不断涌现，就业调查，就业反馈及就业数据发布的机制将不断形成，更加公平、公正、公开的就业服务市场正在形成。

三、大力加强高校大学生思想政治教育

研究高校大学生就业服务必须立足于或者着眼于大学生思想政治教育，因为大学生就业和大学生思想政治教育密不可分，甚至有学者认为大学生就业属于大学生思想政治教育的一部分，从很多高校大学生就业指导中心作为学生工作部门的一个重要职能部门来看，大学生就业确实在很多高校是一个学校学生工作当中的重要一部分。但更多的学者还是认为，大学生就业和大学生思想政治教育相互联系，但应该属于两个部分，工作的内容和性质等方面有很多区别。笔者认为，随着大学生就业形势的严峻和就业作为民生地位的不断突出，就业作为一项重要的工作越来越加强，应把它独立出来凸显其重要性，但也必须和思想政治教育工作紧密结合。国家教育行政部门也曾

明确发文指出：高校思想政治教育的最终目标在于培育德、智、体、美全面发展的综合型人才，其与高校就业指导工作同属于社会主义高等教育的重要内容，二者在功能发挥上具有相互辅助、协同推动的作用。从通知精神来看，教育部门比较倾向于相互独立，但也具有相互辅助、协同推动的作用。因此本书认为应充分发挥大学生思想政治教育的传统优势，积极发挥其育人功能、引导功能、激励功能和品格的培养和塑造功能，为大学生就业积极发挥作用。由于高校的就业相对较难，因此更应该借助思想政治教育的平台，加速助推大学生就业工作。在本书当中，笔者认为，应从加强理想信念教育和社会主义核心价值观教育两方面来引导大学生合理就业、科学就业。

（一）加强理想信念教育

理想信念教育是大学生思想政治教育的重要内容和组成部分，它是引导大学生向往什么、追求什么，是价值观的核心深层次形态。在大学生就业过程中加强大学生理想信念教育，可以使大学生把眼光放长远，把个人的发展目标、家庭期待和集体目标、社会目标乃至国家长远发展目标相结合，在实现个人发展的同时促进社会的发展和国家的发展。从调查中可以发现，学生在求职的过程中考虑个人利益和家庭的占了较大多数，考虑社会和国家利益的占了少数部分，这说明学生在求职的过程当中越来越务实，也需要我们在做大学生就业指导过程中积极引导学生，笔者认为应该从以下几个方面在大学生就业的过程中加强理想信念教育。

1. 通过理想信念教育帮助毕业生树立正确的就业观

就业观其实是大学生对就业的具体看法，是其世界观、人生观和价值观在就业中的具体体现，认为什么样的工作值得去追求。通过理想信念教育，可以帮助毕业生培养正确的"三观"，对世界和人生有着更正确的认识和深刻的理解，能够不局限于个人和家庭，能够思考地比较长远，把眼前的利益和长远的利益相结合，把个人的利益和社会的利益、国家的利益有机结合。尤其毕业生在择业的过程当中，面临很多种选择，有着各种的诱惑，也收到来自各方的压力，做出人生当中最重要的选择的时候，如果没有正确的"三观"作为引导，利弊很难权衡，很难取舍，因此通过理想信念教育，可以使毕业生仰望星空，有着正确的就业观。

2. 把理想信念教育融入全程化的大学生职业生涯规划当中

大学生职业生涯规划就是帮助学生通过认识自我，了解自我的基础上，认识职场，了解社会，并进而确立职业目标和人生目标，使大学生不在大学期间迷茫和困惑，使其有目标地学习和生活。理想信念教育恰好能够和大学生职业生涯规划工作有机结合，两者的目标都是一致的，都是帮助毕业生树立目标和理想，只不过职业生涯规划更多的是从职业的角度，而理想信念是从人生的大格局出发的，但目的都是相同的。

因此，笔者认为大学生理想信念教育应从大一抓起，贯穿大学四年的全过程，在大学生职业规划课程、活动和咨询当中都要贯穿进去，并且大一到大四应该分年级，侧重点有所不同。大一阶段，可以通过职业生涯规划课，让学生了解自我，并通过职场中的先进人物，典型榜样，树立一个较为笼统的理想；大二、大三阶段，通过专业课程的学习，社会实践地参与，职场地探索，让学生更多地了解社会，了解专业的发展方向，使职业目标和人生理想进一步清晰；在大四求职阶段，毕业生马上面临就业，就业目标引导应从实现自我价值出发，主要考虑工作发展机会，教育大学生要有担当责任，并进一步提升为奉献社会。

3. 在就业的实践中加强大学生理想信念教育

高校经常会组织学生到各地去进行社会实践、企业实习等等，比如北京交通大学每年暑期组织几十支学生队伍，由老师带队到全国各个地方去考察、去采访，深入到企业的一线去。因此笔者建议，应该把更多的暑期社会实践地点选择到西部、到基层、到祖国最艰苦的地方，让学生了解到祖国的幅员辽阔，了解到社会的实际发展状况，了解到这些基层艰苦地区对人才的渴求，使他们看到更多的人才奋斗在基层的一线，他们为了该地区的发展所做出的卓越贡献，了解到基层地区企业和政府对人才的呼唤，使他们自觉产生服务基层地区的热情和动力。

（二）加强社会主义核心价值观教育

党的十八大提出，要"倡导富强、民主、文明、和谐，倡导自由、平等、公正、法治，倡导爱国、敬业、诚信、友善，积极培育和践行社会主义核心价值观。"mA会主义核心价值观正不断深入人心、进校园、进企业，然而笔者发现，目前大学生对于社会主义核心价值观的理解和应用还远远不够，尤其表现在就业方面。笔者在就业岗位上工作十余年，尤其近几年，发现大学生在就业的过程当中，广泛存在对就业的迷茫、困惑，就业不自信、就业期望值偏高，在就业的地域选择上倾向于到北京、上海、广州和深圳等经济发达和沿海开放地区，就业价值观的选择上更多地考虑薪水待遇，同时还存在着就业违约现象频频发生等一系列的问题，这些问题产生的原因是复杂的，是社会、学校、家庭和个人等多方面因素综合作用的结果，从本质上来说，是社会主义核心价值观方面教育的不够，实践的不够，没有能够真正的把社会主义核心价值深入人心，活学活用。因此，笔者认为应该重点从以下几个方面加强大学生社会主义核心价值观教育，从而引导大学生树立科学就业观，合理就业，科学就业。

1. 以社会主义核心价值观助力大学生就业梦的实现

社会主义核心价值观三个层面各有侧重，第一个层面是国家层面的，即"富强、民主、文明、和谐"，这也是国家发展的根本目标，是中国梦的体现，也是我们共同的目标。以国家层面的目标引导大学生的就业目标，可以从以下几个方面来加强理解：首先，国家的富强能够为大学生创造更多的就业岗位，国家的富强必然是和经济的增长相联系，经济的持续增长能够为毕业生创造更多的就业岗位，就业岗位的充裕也能使毕业生有更多地选择，也才能谈到高质量的就业；其次，文明、和谐的社会是毕业生顺利就业的保障。只有社会的发展程度高了，文明、民主的就业氛围才能形成，社会才能保证安定团结，学生毕业后也才能安心就业，全身心投入到工作中去；最后，高度发展的社会，中华民族的伟大复兴，国家的繁荣昌盛也是我们每个人就业的终极目标，引导每一位毕业生合理认识这一问题。个人目标的实现和国家目标的实现息息相关，只有国家的目标实现了，个人的目标才有可能实现，因此我们应合理引导毕业生在强调个人目标满足的同时，一定要和国家的目标紧密结合，而不能仅仅满足个人目标，当前中西部地区还比较贫穷落后，国家要富强必须帮助这些地区发展经济，振兴这些地方的经济发展需要人才，因此毕业生应该响应国家号召，积极到西部和基层就业。

2. 以社会主义核心价值观助力创造公平竞争的就业环境

社会主义核心价值观第二个层面是社会层面的，是倡导"自由、平等、公正、法治。"从大学生就业层面来说，就业歧视现象屡禁不绝，性别歧视、学历歧视和出身歧视等层出不穷，这些就业歧视现象是社会不公平现象在就业市场上的一个反映。同时在就业中走后门、拉关系、讲派系等这些不正之风也充斥着就业市场，广大毕业生对此也深恶痛绝。因此在就业的过程中，以社会主义核心价值观的第二个层面来教育和引导学生，让其理解这些现象的出现正是社会主义核心价值观没有得到充分贯彻和落实的结果，引导同学们理解只有人人自觉践行社会主义核心价值观，全社会的公平正义才能保障，我们的就业市场才能干净，不合理和不正常的就业之风才能得到根本遏制。

3. 以社会主义核心价值观助力大学生职业道德的养成

社会主义核心价值观的第三个层次是公民个人层面的要求，是倡导"爱国、敬业、诚信、友善"。目前，大学生在就业中，不诚信的现象屡屡发生，签约后又再次违约的比比皆是，不少毕业生到了单位之后频繁跳槽；不少毕业生上班迟到早退，在上班的过程中，不安心工作，上网打游戏、购物等等，其实都是缺乏职业精神的一种体现，没有达到社会主义核心价值观对我们个人的要求。因此，我们应该在就业指导过程中，教育毕业生树立职业精神，遵守职业道德，干一行，爱一行；爱一行，钻一行，在岗位中建功立业，以个人的实际行动践行社会主义核心价值观。

第三节　信息化背景下大学生就业能力提升策略

一、信息化背景下人才培养的新常态

随着网络信息技术的飞速发展，社会已经进入了互联网大数据时代，在信息化时代的大背景下网络就业、网络教育、网络资源等各种新网络手法层出不穷，互联网已经彻底改变了人们的生活方式，随着信息化教育的实施，已经成为了培养大学生创业人才的新模式，为信息化就业打下了坚实的基础。

（一）社会对复合型人才的需求

现代社会的发展已经离不开互联网络技术，任何行业都需要大数据的支撑，商业、工业、金融、教育、医疗等行业都已经与互联网紧密的融合在一起，导致社会对网络技术型人才的需求在不断的扩大。所以高校在实施教育的过程中，一定要选择信息技术和网络相关专业理论，以便于大学生在步入社会之后，降低就业的压力，同时大学生尽量选择互联网技术的实践课程，为今后的创业就业打下基础。现代社会的就业难度非常大，现在企业需要的是技术、能力、素养等多能力的复合型人才，大学生要在接受教育的过程中将自己塑造成符合现代社会需求的新型人才。

（二）缓解创业资源紧张

上世纪的九十年代，随着国家教育政策的出台，我国的高校开始实施扩招政策，但是随着高校教育的普及，造成了教育资源的高度紧张，进而影响了对大学生接受教育的质量，导致大部分的高校毕业生普遍存在就业困难的问题。而企业也因为社会缺少符合企业规定的复合型人才，造成企业用人困难的情形发生。而出现这种情况的根本原因，就是因为高校对人才培养的体系僵化，造成大学生创业就业能力不足的现象。随着这几年的发展和互联网技术的普及，高校已经非常重视对高校人才能力培养的问题，为了解决僵化的人才培养模式，高校搭建了网络信息科技园、互联网实践基地等技术平台，同时要建设了大学生创业的培训平台，虽然这些教育平台已经非常成熟，但是因为教育资源的紧张，导致学生参与的时间少热情低，还有教育平台和互联网社会脱轨等问题的出现，所以高校在互联网＋背景下，建立创业就业的技术平台，能够有效的缓解教育资源的紧张的现象，让大学生可以公平、高效的享受高校的创业就业教育。

（三）信息时代中知识经济的新特征

处在网络信息的大数据时代，大学生基本都是通过互联网来探索各种资源，依据最新的调查数据报告显示，在 2017 年 5 月实施的调查中发现，我们国家的网络用户已经发展到了七亿人口，在统计的网民数据中显示，大学生的占比达到了四成，已经成为了网络用户的最大一拨群体、手机、平板、笔记本等网络终端已经成为了大学生的随身用品，也是大学生接受各种资源的载体，大学生通过论坛、微博、微信等网络新型媒体为交流平台，来寻找各种信息和资源。所以互联网创业就业的平台建立，能够很好的连接大学生获取资源的网络平台，有效的吸引大学生关注，提升大学生参与的积极性，同时平台也能培养大学生创业就业的能力，很好的解决了大学生创业就业资源紧张的问题，符合网络新型媒体的主导性，也符合大学生通过网络获取信息资源的方式，成为了高校培养人才的新常态模式。

二、新常态下大学生提升自身就业能力的策略

（一）大学生要主动提升自身的就业创业能力

较多高校大学生思想观念超前，易于接受新事物，但是思维跳跃，处事随性不踏实，且在工作实践中发现其缺乏主动就业创业意识，高校可通过互联网中相关平台来有效改善此现象。

首先，通过采取当前创新创业成绩较为显著的学生、校友或创新创业能力较强的学生在校内展示宣讲，通过录制视频的方式通过诸多媒介传播，如微信平台、微博、QQ、校园网等，让更多学生群体学习他人创新创业的经验，以此启发自身创新创业思维。如北京理工大学珠海学院连续多年鼓励学生参与国家级、省级大学生就业创业相关能力大赛，激发学生就业创业思维，取得较好效果。其次，高校需在转变大学生就业创业观念上下功夫，帮助大学生树立积极就业创业思想，而非让学生通过互联网仅是看电视剧、玩网络游戏。近年来，大学毕业人数逐年递增，随着国际形势发展，就业形势也愈发严峻。要提升学生整体就业水平和竞争能力，需三个方面共同努力，分别是大学生自身、高校及政府。学生学习和实践就业创业技能，要从自身做起，做到主动学习和自我完善提升。尽管对学生就业竞争力产生影响的因素众多，但最为重要的还是学生自身。因此，要引导学生不但要学好专业学科知识，还要积极学习有关信息化时代的就业创业知识，从而提升就业竞争力，丰富知识储备和提高核心竞争力。

（二）增强营销意识，加大毕业生就业推荐力度

从某种角度说，高校与学生的关系，就像是企业与产品的关系一样，都面临着既

要生产（培养）高质量的产品（大学生），又面临着市场的激烈竞争，解决产品销售的问题。企业在解决产品销售方面有着较为完善的市场营销模式，相比之下，高校则更多的是侧重于人才培养工作，而在毕业生就业推荐方面力度相对较小；新建地方本科院校在办学历史、办学条件和办学成就等方面与老牌高校相比明显处于劣势，在竞争激烈的就业市场中，新建地方本科院校要想提高就业市场份额，实现就业工作目标，需要增强营销意识，加大对毕业生就业推荐力度，具体做法：一是转变传统就业工作思路，承认现实，放下身段，降低姿态，主动上门向用人单位推荐毕业生。二是积极利用电视、网络、报刊、宣传牌等媒体加大毕业生宣传力度，向社会推荐毕业生，如刊登广告、聘请知名人士形象代言、制作就业专题纪录片等。三是积极争取政府支持，增加大学生公益岗位数量，使大学生在融入社会的同时，锻炼自己、展示自己，提高社会的认可度。四是加大对大学生的典型事例宣传，增加社会对新建地方本科院校大学生的了解。新建地方本科院校要以欣赏的眼光看待毕业生，以真诚的态度打动用人单位，以感恩的心情回报社会，坚定不移的为地方经济建设和社会发展培养人才，提供助力。

（三）转变大学生的就业观念

1. 树立正确的就业观念

对于即将毕业的大学生来说，内心比较焦虑和迷茫。因此，在大学生上岗之前在校教师应加强培养其对就业观的正确认识，重新让大学生树立自信，以积极乐观的心态选择就业，并帮助学生分析当前就业形势，教导学生先就业再择业。在选择就业上，大学生应摒弃盲目追求高薪职位的心理，尝试选择与众不同的就业方向。虽然北京、上海、广州等一线城市具有较多的工作机会，但是其就业形势极为严峻。而边疆地区虽然路途遥远，但是就业空间比较大，人才稀缺且竞争力薄弱，大学生完全能够在那里实现自己的价值。

2. 丰富社会经验，提升自主判断意识

在信息化时代高速发展的情况下，大学生普遍通过网络搜索了解新事物以及关注热点话题，因此，大学生可以借助信息化平台学到很多知识。大学生在就业的时候，如果遇到困难，应及时与老师和家长沟通，听取他们的意见和建议，再根据自身的实际情况作出判断，但要始终把自身的人身财产安全放在第一位。在大学生毕业季时，很多企业为快速招聘人才在网上发布一些虚假的信息，大学生在面试之前应在网络上搜索有关公司的简介，并且在随后的面试中，要仔细观察公司的外部环境和内部环境，由此判断该企业是不是在网络上打着招聘人才的幌子欺骗求职者。

参考文献

[1] 粟显淇，刘新玲. 提升大学生职业素养的"哲学咨商四步法"[J]. 商丘职业技术学院学报，2019-11-06.

[2] 于跃. "互联网＋"时代大学生职业生涯规划教育及网络化建设借鉴 [J]. 学术探索，2018 年 2 月.

[3] 吕梦醒，戴坤. 高校大学生职业生涯规划教育研究 [J]. 中国大学生就业（理论版），2018，（4）.

[4] 陈蓝燔. 大数据环境下大学生职业生涯规划课程教学改革探析 [J]. 高教学刊，2018，（7）.

[5] 李晓洁，周焕彬，袁逸佳. 积极心理学视角下的大学生职业生涯规划教育实效性研究 [J]. 科教导刊，2018，（5）.

[6] 郭蕾. 自我效能感与大学生职业生涯规划的关系研究——来自河南省大学生的调查数据 [J]. 内蒙古师范大学学报（教育科学版），2016，29（1）.

[7] 孟芳. 综述与展望：大学生职业生涯规划课程教学改革研究 [J]. 现代教育科学，2017，9（9）.

[8] 张文双. 大学生就业与创业指导教程 [M]. 北京：中国传媒大学出版社，2010.

[9] 张文双. 大学生职业生涯与发展规划教程 [M]. 北京：中国传媒大学出版社，2010.

[10] 王今朝. 大学生职业发展与就业指导 [M]. 沈阳：辽宁教育出版社，2010.

[11] 程良越，谢珊. 大学生职业生涯发展 [M]. 广州：广东高等教育出版社，2011.

[12] 任芳. 大学生职业发展与就业指导教程 [M]. 北京：北京出版社，2010.

[13] RobertD. Lock. 把握你的职业发展方向 [M]. 5 版. 钟谷兰，曾垂凯，时堪，等，译. 北京：中国轻工业出版社，2006.

[14] 彭聃龄. 普通心理学 [M]. 北京：北京师范大学出版社，2001.

［15］韩雪，周颂．大学生创业宝典［M］．北京：中国金融出版社，2013．

［16］殷智红，邱红．职业生涯规划［M］．北京：北京大学出版社，2010．

［17］Robert C. Reardon，Janet G. Lenz，James P. Sampson'et al. 职业生涯发展与规划［M］．侯志瑾，伍新春，等，译．北京：高等教育出版社，2005．

［18］吴芝仪．我的生涯手册［M］．北京：经济日报出版社，2008．

［19］中国高等院校《社会心理学》编写组．社会心理学［M］．4版．天津：南开大学出版社，2003．

［20］金环，刘平．职业生涯规划［M］．北京：清华大学出版社，2013．

［21］邹少军．大学生职业生涯规划与就业指导教程［M］．北京：中国传媒大学出版社，2011．

［22］徐伟东．论大学生就业心理健康教育体系的构建［J］．北京：中国高教研究，2007（8）．

［23］吴金秋．大学生创业管理"三个一"教程［M］．哈尔滨：黑龙江大学出版社，2012．

［24］关怀.《劳动合同法》与劳动者合法权益的保护［J］．法学杂志，2006（5）．

［25］李家华．创业基础［M］．北京：北京师范大学出版社，2013．

［26］董青春，吴金秋．大学生创业教程［M］．北京：北京航空航天大学出版社，2010．

［27］高校毕业生就业政策百问（2014版），hup：//www. work. gov. cn/.

［28］李海明．论劳动法上的劳动者［J］．清华法学，2011（2）．

［29］陈成文，杨歌舞，谭日辉．就业政策与大学毕业生就业的关系——基于2008届大学毕业生的实证研究［J］．北京：高等教育研究，2008（11）．

［30］张宏如．大学生职业适应的归因性研究［J］．中国青年政治学院学报，2008，27（6）．

［31］吴役兵．大学生就业指导与职业生涯规划［M］．北京：科学出版社，2009．

［32］鲁宇红．大学生职业生涯规划与就业指导［M］．南京：东南大学出版社，2008．

［33］张智强．大学生职业规划与人生发展［M］．北京：北京大学出版社，2011．

［34］董文志．大学生职业规划与就业指导［M］．石家庄：河北大学出版社，2009．

[35] 王凌峰. 我的大学：大学生职业规划与就业指导 ［M］. 北京：中国时代经济出版社，2005.

[36] 梁其贵. 大学生职业发展与就业指导 ［M］. 郑州：海燕出版社，2011.

[37] 周德明. 大学生职业规划与就业指导 ［M］. 北京：科学出版社，2011.

[38] 高超. 大学生素质教育十八讲 ［M］. 北京：人民出版社，2010.